作者简介

　　张　爽　女，法学副教授，海南政法职业学院教师，从事犯罪学、罪犯心理矫正方面研究。

犯罪学理论与实务

张　爽◎著

人民日报学术文库

人民日报出版社

图书在版编目（CIP）数据

犯罪学理论与实务 / 张爽著 . —北京：人民日报
出版社，2014.12
ISBN 978 - 7 - 5115 - 2941 - 1

Ⅰ. ①犯… Ⅱ. ①张… Ⅲ. ①犯罪学—研究 Ⅳ.
①D917

中国版本图书馆 CIP 数据核字（2014）第 298569 号

书　　　名：	犯罪学理论与实务	
著　　　者：	张　爽	

出 版 人：	董　伟
责任编辑：	袁兆英
封面设计：	中联学林

出版发行 人民日报 出版社

社　　　址：	北京金台西路 2 号
邮政编码：	100733
发行热线：	（010）65369527　65369846　65369509　65369510
邮购热线：	（010）65369530　65363527
编辑热线：	（010）65363105
网　　　址：	www. peopledailypress. com
经　　　销：	新华书店
印　　　刷：	北京彩虹伟业印刷有限公司

开　　　本：	710mm×1000mm　1/16
字　　　数：	250 千字
印　　　张：	14.5
印　　　次：	2015 年 1 月第 1 版　　2015 年 1 月第 1 次印刷

书　　　号：	ISBN 978 - 7 - 5115 - 2941 - 1
定　　　价：	68.00 元

目 录
CONTENTS

第一篇

导 论

第一章

概述

第一节　犯罪学的定义和研究范围

日常生活中发生的那些对民众的人身安全和财产安全都产生严重危害的反社会行为，它对民众的生活和整个社会的经济成长都会产生侵害，这种现象被称谓犯罪，当前来说，它已经是一个得到了全球各国普遍关注的重大社会问题。这是因为它本身会给社会带来极大的危害，还因为犯罪本身就是件极难遏制的事情。为了有效减少犯罪对社会带来的危险性，联合国每五年就召开一次专门针对这个话题的会议，它被称为联合国预防犯罪和罪犯处理大会，全球各国之间也成立了很多种类型的机构来处治犯罪行为，比方说我们常听到的国际刑警、国际社会防卫协会等多种类型的防范犯罪的研究机构。具体到全球的各个国家而言，每个国家都有建成庞大的刑事司法体系，各国政府在这方面做了大量的人力、物力、财力的投入，其金额之巨称得上是天文数字。不过，即使这样，这些年来，犯罪率不但没有得到有效控制，反而呈节节攀升的趋势，某些国家的犯罪活动已经严重到危害到基本社会秩序的程度。这种情况面前，上到国家执政者下到社会普通民众都拿不出有效的处理办法，所以说，当前社会最紧迫的事情并是使各种犯罪现象的原因得到有效的诠释、找寻管控犯罪的方法、设置防范犯罪的对策。在社会各界的紧迫需求之下，一种专门研究犯罪的知识体系随之形成，在已经过去的一百多年时间里取得了一定程度的发展。实际上，在犯罪学研究的深度和广度都得以拓展的前提下，它在犯罪防范和社会管控中的作用也日趋增强，现阶段已然化身成各大高校法学院系里一个常设的课程之一。

犯罪学和其他学科一样是一门独立的、拥有独立研究对象和范围的学问。

通常来说，人们认为犯罪现象就是这门学科的研究范畴所在，不过，这种说法只是停留在比较初级的层面，并没有把犯罪学研究的所有犯罪现象的领域都界定出来。比方说刑法学、刑事诉讼法、刑事侦查学等内容也都与犯罪的研究工作相关，那么，它们之间到底存在着什么样的区别呢？首先我们得弄清楚犯罪学的概念：从字面上的含意来说，犯罪学就是关于犯罪的学问。不过，单纯从字面上来理解一个学科的概念显然是与科学性相违背的。事实上，不管是刑事侦查学还是刑法学都是与犯罪有关的学问，正是因为这种情况，只有搞清楚犯罪这个概念的内在含义才能明确犯罪学这个概念。

粗略来说，这个概念在犯罪学界有两个不一致的观点。前者的观点在于：犯罪学和刑法学两门学科中的犯罪概念有着同样的含义，它们都是代指那些对社会危害严重、与刑事法律相违背的、必须受到刑罚处理的行为；第二种观点则认为刑法学和犯罪学两门学科中的犯罪概念是不一样的两个含义，它认为犯罪学里的犯罪代表的是那些对社会公众产生严重危害、必须受到法律制裁的行为。第一种观点把两种学科综合到一起，非常简单明了，在大多数情况下是行得通的，不过，它没有顾虑到犯罪学本身独有的任务，而是把它当作刑法学的一个下属分支；第二种观点则是基于坚定不移地认同犯罪学拥有和其他学科不一样的特定使命和其存在的特殊价值。

把前面提到的两种和犯罪有关的定义予以对比，我们可以看到它们在严重的社会危害性方面达成了一致，犯罪本质作为犯罪行为最本质的特点被充分体现了出来。如果不具备严重的社会危害性，不管从刑法学层面还是从犯罪学角度来说，它都不是真正意义上的犯罪。犯罪行为应该承受的制裁涵盖了刑罚处罚和非刑罚处罚两种。非刑事制裁和既行刑法虽没有做出处罚规定、但更改后的刑法必须把它规定为刑罚处的处罚都被视为非刑罚处罚的内容。从外延上来说，应受制裁比刑罚处罚更宽些，两者之间也存在着一定程度上的重合，称得上是有半点相同之处。它们二者的差异之处在于是不是涵盖了刑事违法的因素。这是由学科自身的性质和任务来决定的。这两种学科都对犯罪展开了研究，不过其研究工作的角度和重心是不一样的。确定犯罪的法律特点是刑法学的主要任务所在，在一个法治国家的刑事司法工作中，刑事违法性是其工作的基础，国家立法充分明确了罪和刑的具体规定，这也成为刑法的第一个基本原则。不过，对于犯罪学来说，因为它并不提供处罚犯罪人的法律论证，所以对于它来说，刑事违法性这个刑法学上的犯罪特点并没有什么重要性可言。对罪犯采取何种处罚措施并不是犯罪学研究的内容所在，人们为何会进行犯罪和怎样防范犯罪这两个不必要、也不应该受到既有法律限制的内容才是它研究的重点。从逻辑的角度上来说，犯罪学层面上的犯罪概念的外延比刑法学上的犯罪概念外延要大，具体从时间和空间两个维度来体现。

从空间的角度上来说，随着社会的变迁，某些行为已然给社会带来了严重的危害性，不过，既行的法律并没有把它规定成犯罪，即便是将来很有可能会被规定为犯罪，但它仍然不属于刑法上的犯罪。比方说我国从计划经济体制转型为市场经济体制的工作中，在证券市场渐渐成形的同时，一系列对正常证券交易秩序产生严重影响的行为虽然没有受到相关已出台法律法规的约束，不管它们给社会带来的危害有多大，它们都还算不上是刑法意义上的犯罪。

刘红是某上市公司董事长秘书，在公司虽然没有具体的实权，董事长日常要用的一些文件和信件等文字信息基本上她都可以接触得到，各部门提交的一些报表也都是通过她递进来的，一些会议发言资料甚至都是出自她的笔下。上半年公司与另一家公司达成了并购意向，从证券术语上来说，该公司面临着优质资本的流入，在并购意向未正式确定之前，这些相关的事项对外都是保密的，刘红在一些文件往来中发现了公司的新动向，并把这个息消卖给了在证券行业工作的同学郑某，郑某利用这个内部消息在该公司正式公布重组之前大量买进该公司的股票，非法获利400多万元。虽然刘红的行为从某种程度上极大地扰乱了证券市场的秩序，但从刑法的层面上来说，它还称不上是犯罪。

与上述情况完全相反的是：既有法律规定上的犯罪受到情况变更的作用对社会不再产生危害性，甚至会对社会各界带来益处，这种情况就应该把它予以"洗白"非罪化。比方说长途贩运商品的行为，在计划经济体制下，因为它会扰乱供、产、销的政府管控局面，所以在当时是被法律明文禁止的，不过，在现行的计划经济体系下，它对商品流通工作很有好处，已经成为现阶段受到政府鼓励的事项。对于犯罪学来说，应予犯罪化和非罪化都是它研究的对象所在，不过，刑法学并不关注这两方面。为了体现犯罪学存在的价值，犯罪学很有必要超脱于刑法之外。

从时间的维度上来说，通过对社会发展史的观察，人类社会发展到相当程度出现了财产私有制，国家和法律也随之而生，此时也就产生了刑法意义上的犯罪。不过，刑法意义上的犯罪不过是从法律上对此前已经存在的严重危害社会的行为的再次确认。基于因果关系而言，前因是严重危害社会的行为，后果是刑法上的认定。从时间层面上来说，因和果从时间上来说肯定存在着先后的顺序，它们完全没可能是同时产生的，否则就不存在因果关系。理所当然的是，国家和法律的形成并不是一朝一夕的突然改变，这是一个逐步变化的工作；与之相似的是，国家和法律的出现同样是一个渐进的过程。同时，犯罪也是一个渐进的过程，它是用法律方式来确认的严重危害社会的行为。对于刑法学来说，法律特点才是刑法学的关注内容，它对来龙去脉并不关注，渐进的过程才是它研究的重点所在。所以说，假如从历史成长的角度来探讨犯罪源头，就无须受私有制和阶级斗争出现的时间限制，假如犯罪学上的犯罪概念要有"刑事违法"因素，那么，探讨犯罪根源就必定受私有制和阶级出现的时间限制，这是因为，从历史角度上来说一般认为国家和法律是和私有制及阶级一起出现的。这个假设成立的话，那么，给社会带来严重危害的行为的出现就必须和被法律确认属于同一个时间，在时间上并没有先后之说，因此而对它们之间的因果关系予以否认，如此一来，法律确认并就成了无因之果，不但无法体现历史的真实也无法体现刑事的立法过程。从全球领域来看，一定是先出现了制毒、贩毒的行为，然后才会有法律上制毒、贩毒的罪名；再比方说杀人，因为生产力和生产关系之间的冲突，前阶级社会的氏族之间因为争抢猎物而杀人，被抢的一方会把对方的行为视作严重危害了自己生存利益的行为，但却无法给对方相应的法律制裁；虽然这种杀人行为和后来的阶级社会中那些劫财杀人的行为性质上没什么两样，但它并不像后者那样属于刑法意义上的犯罪。不一样的学科在同一件事情上因为角度的差异而做出不一样的定义是一种非常正常的现象。比方说基于各自不同的研究任务，生物学和刑法学对于生命这个概念就不一样，直接决定了它们在对"犯罪"这个概念上存在着一定程度上的差异。诸如犯罪产生的根源、犯罪能不能被消灭之类的问题的讨论等犯罪学中一些重大的问题争论，都或直接或间接地和犯罪概念有关，所以说，确定犯罪概念是件至关重要的事情。

上述内容对犯罪学意义上的犯罪概念应该是一种严重危害社会的、应受到法律制裁的行为的原因展开了充分的论证。这一论证工作和犯罪学的目的及任务有着密切的关系。犯罪学不可侵占刑法学领域，不对怎样依法处罚犯罪的问题进行研究；另外，它又和刑法学有着一样的目的，那并是有效地管控犯罪，所以只可从探索犯罪现象的发生、改变规律来找寻预防犯罪的方法，这并不是犯罪学的任务所在。由此可见，犯罪现象和它产生的缘由及预防对策就是犯罪学任务圈定的犯罪学的研究对象，它决定了犯罪学这个概念的内涵一定是关于犯罪现象和它产生的原因及预防对策的知识和理论机制。

这个概念拥有如下含义：

第一，犯罪学是一种知识体系，它把犯罪现旬、原因和预防的系统性知识，它由一系列特有的基本范畴所构成的内在关系紧密的知识整体。

第二，这种知识体系一般情况下属于刑事学科，也就是研究犯罪的科学知识。综上所述，刑事科学是犯罪学中的一支，属于刑事科学的大家族，它是一种刑事学科，因为其独特的研究对象而区别于其他的刑事科学。刑事科学只是一个总称，其中有的学科研究查找犯罪和犯罪人的技术手法和策略方法，有的学科研究追究犯罪人刑事责任的司法程序，有的学科研究的是犯罪的法律特点和法律后果，有的学科则对剥夺犯罪人自由的刑罚执行进行研究，犯罪学所研究的是经犯罪现象来追索犯罪原因，以此来防范犯罪的发生这个完整的过程。

第三，假如以犯罪发生的时间来界定，那么，犯罪学主要是一种前犯罪学科，重点探讨犯罪实际发生之前的情况，可是其他刑事科学主要是一种犯罪后学科，重点探讨的是犯罪实际发生之后的状况。这并不是这门学科与其他刑事科学的区别所在，这个特点集中体现了犯罪学的研究对象方面。

第二节 犯罪学的学科特点和学术地位

在确定了犯罪学的研究对象以后，其特点和学术地位就成了必需阐述的内容，如此才能更好地确定犯罪学的科学价值和社会功能。

一、犯罪学的学科特点

从字面上来说，特点的意思是指事物独有的本质和性能。犯罪学的特点是指相对于其他学科来说所体现出来的独有性状。针对这个话题，可以从下列三个方面进行分析：逻辑起点、价值基础、内容和方法。

1. 犯罪学承认犯罪的不可避免为研究的逻辑起点

对于一门学问或是一个学科来说，逻辑起点是不是恰当对它们的有着举足轻重的重要性。犯罪不可避免是这门学科研究的起点和基础，现阶段已然是学术界里普遍的共识，不过，在 20 世纪 80 年代中期之前，国内的犯罪学界主流的观点还主张犯罪是可以被消灭的。这种状况的产生有着其深远的政治和历史背景。新中国成立初期，本着"一边倒、倒向苏联"的政治路线，我国的犯罪观和刑法理论依据并是苏联的犯罪观和刑法理论。苏联是全球第一个社会主义国家，它从一开始成立就受到了全球资本主义的包围，随时都有被颠覆的危险；基于这种险峻的政治环境，苏联共产党基于团结内部一致对外的需要在社会生活中强化阶级斗争、突出意识形态是它唯一的选择。当时的历史前提决定了政治色彩强烈的犯罪学和刑法法当然特别需要突出社会主义的意识形态。这其中表现得最为突出的是犯罪观。犯罪被看作为私有制、剥削、社会不公平的产物，资本主义残存势力导致了社会主义国家的犯罪的存在。日益减少犯罪并最终消灭犯罪的根本保证是社会主义制度，这也是它表现出来的优越性中的一种。基于犯罪是阶级斗争的反映及财产私有制的产物的犯罪观，我们得以知道社会主义制度可以消灭犯罪的结论。由 20 世纪 50 年代至 80 年代初，国内刑法界虽然打着净化社会、减少犯罪、最终消灭犯罪的口号，可事实上，这些年来我国的犯罪率却高居不下，各种大案、要案持续攀升。随着社会生活自身的变迁和理论研究的深入，消灭犯罪的提法到了 21 世纪 80 年代中期开始渐渐地被控制犯罪所代替。提法上的改变体现了认知上的改变。通常情况下，把犯罪控制在一定的范围之内或一定的程度之上的被称为控制犯罪，其立论基础在于承认"无法消灭"。犯罪能不能被消灭是基于犯罪现象能不能避免作为认知基础的。假如认为犯罪现象能被有效避免，那就表示犯罪是一种偶然的社会现象；相反的，即使它是一种有害的现象，也表示犯罪是一种正常的社会现象。比方说人们在日常生活中遇到的台风、地震、洪涝灾难等都是存在于自然界的必然现象。把犯罪看作是社会各种矛盾的综合反映，就表示只要有社会存在，就一定会出现社会矛盾，犯罪源于社会矛盾是一条基本的犯罪规律。犯罪学一切学说的基础在于：对于犯罪现象的科学认识以承认犯罪现象不可避免的历史唯物主义观点为起点。预防犯罪的前提是科学地认识犯罪发生和变化的真实机制，准确地寻找犯罪的原因，它也是犯罪学的主要任务所在，假如对犯罪原因的认识失真，就不可能设置出合理的防治策略。

这个逻辑起点不单只是犯罪学和其他相关的学科的特点区别，它也体现出国内犯罪学研究发展历程与国外犯罪学独有背景的差异所在。在国外的犯罪学术界，犯罪是不是能有效避免还并没有变成一个可以讨论的问题，可这个问题在我国上世纪八十年代中期之前却有着非常重要的地位，属于一种意识形态色彩强烈的学术性问题。犯罪学研究假如不能突破政治樊篱和思想禁锢就不会有学术上的繁荣，更加不会有真正意义上的犯罪学。另外，从整体的层面上来说，到底犯罪能不能避免不单是犯罪原因的焦点，它还和犯罪控制的观点和政策有关，涉及犯罪预防的预期指标定于到底是遏制还是预防犯罪，还是所谓的消灭犯罪这个实际的问题。大量的历史证明，缺少正确的犯罪观引导的预防犯罪策略，难以得到期待中的效果。

2. 它属于前犯罪学科，这一定位集中体现了犯罪学的价值基础。

前犯罪学科和犯罪后学科遥相呼应；前犯罪学科的学术界阈大致限定于犯罪之前的犯罪现象和原因研究，后者的学术界阈当然在它后面。刑事科学从时间的角度上可划作两种类型，它的目的在于体现犯罪学的独有性和实际价值。虽然人类防范灾害的能力仍然有限，但随着人类社会文明的发展，人类已经开始预测灾害并防患于未然，在犯罪学科上也有着与此相似之处：20世纪之基本都是在犯罪行为产生之后再来采取处罚及矫治举措，以此来渐渐减少犯罪的发生，随着科学成长和认知水平的提升，人们逐步追求防患于未然，并将目光移向犯罪发生以前，着力于研究犯罪的原因所在，如此一来犯罪学就应运而生。早初的犯罪学并是现阶段所说的狭义上的犯罪学，即犯罪原因学。犯罪学的产生把人类对犯罪的关注提前到犯罪出现之前，这是刑事科学领域内的一大飞跃，犯罪学的基本价值也就在这里。犯罪学从建立之初一路走到今天，它最主要的意义在于有助于人们提升认识的水平，以此确实提升控制和预防犯罪的操作水平。提升操作水平的条件就是认识能力的提升。

3. 它把多门学科交叉融合在一起，把犯罪学在内容和手法上所拥有的特殊地位充分地体现出来。

现阶段，国内学术界把这门学科当作刑法学的一个构成部分或附庸的观点已不复存在，持"犯罪学并是社会学或社会学一部分"这种观点的人也日益减少。这充分体现了学术界已然清楚地意识到了这门学科并不是一个单一的学科，社会各界已然充分认识到这门学科是多个学科的交叉形成的。正是因为致使犯罪产生的原因是多方面的，犯罪前因此拥有多义性。作为一种社会现象，犯罪的发生和经济、文化、科学技术、社会、政治及意识状态都有着密切的关联；另外，它还是一种个体选择的行为，它的出现肯定和个体的心理、个性、人生观、价值观也有着必然的、紧密的联系。这些多样化的缘由和综合性导致了这门学科研究工作的多样化，这也是犯罪防范论研究具备多学科交叉特性的原因所在。

前述内容所述的犯罪学学科种类繁多是刑事科学大家族中其他人文学科不能相提并论的，这全面证明了犯罪学是个多学科交叉的综合性学科的特点。

二、犯罪学的学术地位

犯罪学本身是犯罪学的特点命题重点分析的特点所在，它的学术地位并是从这门学科的外部关系中来分析犯罪学的作用、考察该学科到底具备何种社会价值，它基于该学科的特点，是特点和外部事物产生关联工作时所形成的效益，通常来说，它的学术地位体现在下列三个方面：

1. 全面认识犯罪规律

对犯罪现象的正确认识是调整刑事策略和设置犯罪对策的根本。对犯罪规律的认识正是正确认识犯罪现象的关键所在。事物内部的本质联系和发展的必然趋势就是规律，它是现象中相对统一、静止、稳定的方面；现象的产生和成长受到规律的支配，属于一种反复起作用的内部力量。用犯罪现象来当作该学科的第一研究对象，其目的在于认识犯罪的特点，摸索其规律，利用观察犯罪现象来研究其特点，寻找其原因所在并对犯罪的产生、发展和防范规律进行提炼，它是研究该学科的基本路线，也是该学科的学术地位所在。

2. 对刑事政策乾地指导的导向地位

国家或执政者基于犯罪态势对犯罪行为和犯罪人使用刑罚和相关措施以求有效地达成处罚和防范犯罪目的的方法被称为刑事政策。不一样的国家在不一样的时间段里其刑事政策都有着不一样的具体侧重点，其政策订定的根据的认识的真理性水平也各有千秋，换句话说，并不是全部的刑事政策都是科学、有效的，它的有效性从一定程度上来说受限于该学科研究的深入性。

刑事政策对刑事立法和司法都有着导向的地位。这是因为，刑事政策的中心内容涵盖了打击面的宽窄程度、打击力度的大小和处置方法的设置等三个方面的工作，这三个事项都和犯罪的认识有着直接的关联。面对这些事项所采取的处理方法决不可只单纯地从犯罪数量来进行，犯罪态势才是更需研究和分析的事项，如此一来所做出的对应决定才会取得最好的效益。刑事政策订定和调整的理论依据就是犯罪学。

3. 对刑法的发展有着促进的作用

这里所说的刑法指的是刑事立法和刑法理论。所有事项的发展都离不开内外合力作用，刑法也一样，它的外部直接动力是犯罪、犯罪学、刑罚以及监狱学。就该学科对刑法的功用来说，它的具体操作是：该学科的研究推动刑法思想改变进而促进刑事立法的不断进步；这一观点可从全互不干涉内政的刑法学派演进及刑法变革过程来得以证明。行为决定论提出人的思想意志和行为都受到外界因素的影响，所以它并不自由；不同的犯罪者其犯罪的缘由肯定不一样，所以说，行为人才是刑法处罚的对象，而并非行为本身。刑事政策是刑法新派理论的产物，和刑罚同时存有的保安处分制度也因此形成，这就造成了刑罚个别化原则的出现，在刑事立法上也就有了缓刑、减刑、假释等政策，这属于刑法适用中的允许扩张解释和类推解释，如此一来，一种在全球各国都接受的囚犯累进处遇制度随之产生。

现阶段全球的刑法变革工作中，犯罪学对刑法发展的促进地位有着显著的展现。刑罚变革是所有国家刑法变革的核心事项。

第三节　犯罪学的研究方法

主体认识客体的媒介和桥梁就是方法，它也是活动的程序和格式。该学科研究对象的复杂程度决定了其研究方法是不是合理、该研究方法有没有被合理地利用到工作中来，这对犯罪学研究水平有着非常重要的影响。

该学科研究方法涵盖了极为丰富的内容，基于不一样的标准，可把它们划作不一样的层次和不一样的类型。基于研究方式的不一样的层次来说，它可以分成犯罪学研究方法论和犯罪学研究具体方法两个级别。第一种级别的层次相对会高一些，它是后者的基础，后者则是前者在研究工作中的详细体现，其层次相对较低。

一、犯罪研究的方法论

取得这些事实和认识的方法的原理、根据、特征、作用是该学科研究的方法论关注的内容所在。其详细的操作方法是：犯罪学研究具体方法们指导研究人员具体的操作内容，可方法论只是这些具体行动规范的理论，它向研究者揭示这些操作的理由是什么。学者们一致认为：该学科研究的基本方法论就是因果观和系统观。

1. 因果观

它是该学科研究的方法论中的一种，在它的要求下，研究工人员在整个研究工作中贯彻立体的因果思维方式，其解释犯罪现象、原因、防范的科学依据就是从研究事物因果互动的运动体系中取得的。

该学科研究的因果观得以深入分解成下列两个法则：

（1）环境法则。这是一种特别的因果解释方式。强调犯罪和犯罪预防受环境的依赖是它的实质所在，换句话说就是环境对于犯罪和犯罪预防的制约作用。在人们日常工作和生活中，一定的犯罪现象必定是一定的罪因架构所产生的，一定的犯罪预防对策只有针对一定的罪因架构才起作用。罪因架构自身就汇集了自然、文化、社会、个体心理、个体生理等方面的因素，是一个开放的系统，设置和运用犯罪预防对策也必需基于一定的社会历史背景。所以说，假如不从环境的制约功用着手来展开研究，并找不到查找犯罪的真实原因，设置和运用理想的犯罪预防对策也将成为一纸空谈。基于这个理论，我们认为环境对于罪因架构的产生有着非常隐蔽、复杂的作用机制。该学科研究工作中对于决定论的一种自觉就是认可环境的制约和根本意义上的决定作用。

（2）可能法则。它用环境的可能性空间来论证犯罪现象、原因和预防的复杂性和偶然性，其目的在于阐述犯罪的产生和其预防对策的作用过程中随机原因的作用和影响。犯罪现象是一种社会现象，它的形成不单只有决定论规律还体现了统计规律。换句话说，犯罪和环境的关系绝不只是单纯的、绝对的单向因果联系。通常来说会有很多种要素同时一起作用于犯罪的形成和发展过程中，以这就导致了犯罪的形成和发展具备一种多种要素和相关要素带来的不确定性。由此看来，犯罪是一种综合性特点的社会现象，它和环境之间存在着概率性的因果产联。它用统计学的概率方式把大量偶然犯罪现象中或然地、平增色地表现出来的总体犯罪发展态势和随机变量所具备的内在规律性充分地反馈出来。

案例：

2014年1月12日晚上十一点半，张姗打完麻将后提着手提包独自一人行经一条小巷子，这条小巷子位置较偏僻，白天的行人都不多，到了晚上八点以后更是基本没有行人会经过这里，张姗作为一个单身女人独自一人从这条小巷子路过，很有可能被坏人劫财劫色。

假如张姗真的在这条小巷子里遭遇到了抢劫，那么，这个案件的犯罪时间、地点、犯罪人、被害人等环境要素和犯罪案件本身之间就具备了因果的内在联系，原来的可能性就转变成了现实。当然，张姗也并不一定就会遭遇到抢劫，假如劫匪正准备行凶时，恰好有人从这里经过，这个案子就不会发生。由此可见，研究犯罪现象、原因和预防就必定要把这些随机性和不确定性列入进来，这样才有可能地穷尽所有可能性空间；也只有做到这些，才可以掌控犯罪原因和预防的规律以及它更深入的复杂机制。

2. 系统观

它要求我们把犯罪现象、原因、预防视为彼此之间既独立又互相关系的有序整体予以考察，并把它放到和环境互动工作中来加以说明和阐述。

它也能更深入地划分成下列两个原则：

（1）整体原则。在这个原则中，研究人员必须把犯罪现象、原因、预防视为一个有机的系统，着眼于整个系统的整体和全部来对系统内部各因素之间和各不同子系统之间的整体架构和功能来进行研究。

多质、多层、多变量的各类要素互相作用产生了犯罪。只有各种要素和其他要素依一定的方式构成一定的罪因架构的情况下才具备犯罪原因的意义。在它的要求下，人们不单要把犯罪现象、原因、预防分别视作一个整体来进行研究，还要把它们三者有机地融合到一起视作一个整体来展开研究，如此一来才可能透彻地把犯罪现象体现出来，找到犯罪的真正原因所在，并在此基础上订定出最有效的犯罪预防对策。

（2）双向法则。在这个原则中，研究人员必须对相同的事项从不一样的两极作双向的考察，以些得到对于犯罪问题的深刻把握。它的基本路线是：总体的犯罪原因和犯罪预防的研究是基于具体的犯罪人和他的犯罪行为来进行的，透过个别来研究一般；另外，着眼于社会经济、政治、自然、文化、个体等诸多原因所结成的环境来研究具体犯罪人的犯罪原因和相应的预防地策的优势和劣势，透过一般规定个别。其优势是：同时避免了还原论和共性论，从个人到环境、从环境到个人的双向考察中来揭露犯罪的发生、发展、预防的普及性和特殊性。

二、犯罪研究的具体方法

它有思辨方法和实证方法两种。

1. 思辨方法

也被称作抽象推理法。其根本路线在于：将最简单、最常见的抽象规定视作研究的理论出发点，在叙述中持续深化和丰富这些最普遍的定义和原理，并辅以更加具体的内容加以充实，直到使研究对象取得完整的描述为止。这种方法主要有分析、演绎、比较、溯因等，这当中，演绎是最重要的方法，其基本特点在于从概念到概念、从判断到判断地展开论证，换句话说就是从既成的一般性理论中导出个别性结论。它又分为假说和公理两种。将既定的公理视作逻辑起点再依严格的推理从公理中推导出一系列个别的结论，以此构建一个完整的理论体系的方法被称为公理法。公理和假说的最基本的区别是假说还没有得到证实，它不过是一项可能的答案而已。假说一旦形成，研究人员并将它视为逻辑起点展开推理判断，以此产生自己的理论体系。只有在正确的前提下，才能从演绎中获得正确的判断。

2. 实证方法

也被称作实践证明的方法，它超越、排除价值判断，利用实地调查和观察得到经验资料的考察，以此对一定社会行为客观效果展开分析和预测。

用这种方法来研究犯罪学，就必须遵循一定的程序，主要有下列几个方面：

（1）、研究课题的确认和研究类型的确定。研究工作的主要事项就是研究课题，它的确立主要秉持下列原则：首先是注重社会需求，必需基于犯罪学理论现状和预防犯罪的实际需求作为出发点；其次，从客观上对研究能力进行评估，一定要从现实的研究力量和从事研究的客观前提出发，千万不要选择那些现阶段不可能完成的课题；再次，注重选题的合理性和理论价值。最后，不能重复选题，这就要求在研究课题确认之前必需全面掌控到犯罪学理论研究的讯息，弄清楚该学科既有的研究成果和它所处的研究水平，避免重复选题带来的人力、物力、财力和时间上的各种浪费。

与研究课题的确定一起进行的是研究类型的确定工作，这项工作大概可划分成下列几个方面：

A. 描述性研究。从客观的角度来对犯罪现象的情况、架构、动态等方面的特点和规律进行描述。

B. 解释性研究。其研究重点在于犯罪现象的存在和发展变化的原因和前提，犯罪现象的情况、动态、架构的特点和规律以及其他现象之间的因果关联或是有关的关联。

C. 预测性研究。对犯罪现象的情况、架构和其日后的动态发展趋势进行推断和预估。

D. 横向研究。描述或解释某一特定阶段犯罪现象的情况、架构、动态特点、规律、成因；或是对比、分析相同阶段、不同区域内的犯罪现象的情况、架构和动态特点、规律、成因；其目的在于揭露或证明相同时间段、不同区域的犯罪现象和成因等方面的同一性和差异性。

E. 纵向研究。考察某一较长时间段里的犯罪现象的情况、架构、动态，以求体现犯罪现象伴随着时间改变而发展改变的特点和规律。

F. 定量研究。采用一系列以统计学原理的测量、分析、计算为基础的手法来揭露或证明犯罪现象和它有关的现象的数量特点、规律、关系，以此来掌握犯罪现象的量的规定性。

在现实工作中，一般来说，同一项犯罪学研究课题的研究类刑往往不是单纯的，可能同时具备前面提到的两种及以上的研究类型。

（2）研究假设的构建。它指的是研究人员在其工作的初始阶段依据研究课题和研究类型来取得的结论所做的初步的、合理的假定、设想、推测，又被称为科学假设。这项工作的目的在于使研究人员在研究工作中确认自己必需搜集哪些资料、怎么来搜集这些资料。研究假设的构建必须贴合一定的科学程序和前提，虽然它还没有得到验证，但它的构建必须是基于研究目的这个出发点来进行的，而且是基于初步掌控相关资料和前人的研究成果，通过初步的、必需的探索性研究，绝不能漫无根据地来进行。一旦假设得以建立，研究者就不要被之前的假设所约束而不把实证研究所得的相反结论放到一边去。在研究工作中，研究人员一定要秉持科学、严肃的态度，培养自身尊重客观的科研品格。

（3）研究设计工作的展开。这项工作也就是订定具体的研究计划。其基本工作内容有：描述研究的目的、任务、意义，研究步骤及时间安排的拟定，研究人员和组织形式的确定，研究资料的搜集、整理、分析等方法的确定，使假设具备可操作性。

（4）搜集研究资料。这项工作指的是搜集犯罪问题研究资料的过程，应关注下列两个事项：资料的完整性——该学科的研究是利用搜集资料来认识犯罪现象的，在研究工作中搜集到的资料越完整，对犯罪现象的认识就越发地全面和深刻。资料的针对性。基于犯罪现象非常复杂的原因，在搜集该学科研究资料的工作种务必要针对既定的课题来搜集与之有密切关联的资料，搜集到的资料越集中，其突显的问题本质就越突出，研空人员对它的理解就越发地深刻。搜集资料的主要渠道在于犯罪调查工作，基于不一样的标准而言，犯罪调查可划分成不一样的类型，具体包括下列几个方面的内容：从调查的目的层面上来说可划分成工作性、对策性、学术性三种调查；基于调查的内容而言可划分成案件、人犯、被害人三种调查；基于调查的时态可划分成静态、动态、追踪三种调查；基于调查方法可划分成个案、典型、抽样、全面四种调查。

一般情况下，犯罪调查采取下列几种方式：

A. 观察法。在自然情况下直接或间接地接触调查对象，利用亲身感受来体验、搜集相关的犯罪学研究资料。

B. 访谈法。利用和调查对象谈话的方法来搜集相关的犯罪学研究资料。

C. 问卷法。利用发放和收回问卷表的方式来搜集相关的犯罪学研究资料。

D. 文献法。在既有的文献记录之上搜集相关的资料。

E. 实验法。把具备同样基本特点的研究对象划分成实验组和对照组，并把它们放在同样的环境下利用对比实验变量所导致的两组间变化的差距来搜集相关的资料。

（5）研究资料的整理和分析。

A. 资料的整理。把搜集到的资料予以整理，使其合理化、系统化。

B. 资料的分析。把搜集而来的有关资料予以整理后进行分析，以此验证和创建某种犯罪学理论。其具体的操作方法主要有定量和定性两种分析方法。

（6）产生、检验研究成果。把搜集得来的相关资料予以整理分析之后就要基于其分析结论来获得相应的研究成果，以此来创建新的理论或是把既有的理论展开新的验证。调查报告、建议书、研究报告、预测报告和决策方案等都是研究成果的具体表达方式。必须要通过实践来对已形成的研究成果进行检验。在实际工作中，现代犯罪学研究工作中其研究地程往往是多种方法的综合运用，单纯地使用一种方法来研究是极少见的。只有从各种侧面同时结合多种研究方法对相同的犯罪问题展开研究才会得到相对全面、深刻的认识，这也是犯罪问题的复杂性对研究方式做出的必然要求。

第二章

犯罪学的成长史

只有在了解和研究了一门学科的历史和现状之后才可能对该学科展开全面、系统的研究，对于加深犯罪学性质和基本问题的理解来说，了解该学科的形成、演变过程、掌握其成长变化的特征和规律可有更深入地认识到该学科的现状及将来的成长趋势。

第一节 犯罪学的西方发展史

18 世纪的古典犯罪学派、19 世刀末的实证犯罪学派和当代犯罪学研究是西方犯罪学的三个发展时期。

一、18 世纪古典犯罪学派

"神的意志"是中世纪欧洲各宗教统治者和世俗统治者借以规范被统治者的行为和思维方式，当时的刑罚思想也充满了浓浓的神学味道，当时的基督教思想中一条重要的准则并是：利用惩罚犯罪来熄灭上帝对人类罪恶的愤怒，对罪犯的灵魂永远得救具备着决定性的意义在于让他自身接受惩罚的痛苦并和向上帝请求和解。此时人类对犯罪行为的解释超脱了世俗的概念，没有受到时间和地址的局限，甚至没有受到人类理性的束缚，这种情况下根本没必要建立犯罪学的系统研究。到了 18 世纪，一场庞大的启蒙运动在欧洲各地兴起，人们开始对宗教神学和封建专制统治展开了无情的揭露和批判，在这场运动中第一个批判封建专制的刑事司法制度的人是法国学者孟德斯鸠。

这场启蒙运动诞生了 18 世纪的犯罪古典学派，是西方对人类犯罪行为展开自然主义探讨的起点，从此人们不再用超自然的力量来解释人的行为，而采用人类自身的要素来解释人类的行为。自来意大利的贝卡利亚、来自英国的边沁、来自德国的费尔巴哈等学者都是犯罪古典学派的主要代表人物。

该学派中在解释犯罪原因方面秉持着一个主要的论点是：但凡一个达到一定年纪的人（精神病人不在此列）都具备认识和区别是非好坏的本领，一个正常人的犯罪行为完全是出自其自由意志的选择，当然，它也提及了一些社会方面的原因。比方说，贝卡利亚就指出：因为贫困和实在没办法而造成了盗窃犯罪，因为关税增长的法律本身造成了走私犯罪。

总体上来说，该学派对犯罪缘由的研究是不够深入具体的，相对来说，他们更注重预防犯罪，在这方面有着比较系统的阐述。该学派提到的预防犯罪思想大体上可归结为下列几个方面：

1. 法律控制论。它认为要想真正预防犯罪，只有依赖于法律的制定，遵守法律并秉持法律面前人人平等的原则。

2. 心理强制论。它提出了人类和动物有着本质上的区别。人类不仅可明辨是非，还具备在权衡之下做出选择的天性。

案例：张三知道贩卖毒品可以很轻松地从交易中得到暴利，有了钱以后就可以实现他之前订定的所有理想：实现财务自由，想吃什么就吃什么，想买什么就买什么，想去哪里就去哪里……

不过，他也知道，万一他所贩卖的毒品被公安查获，他就有可能面临死刑的处罚，也就是说，他会有命赚、没命花这笔钱，思来想去，他最终放弃了贩毒的想法。

从这个案例中可以看到，人类会因为自己的心理强制而放弃犯罪、实现犯罪预防的目的。这个理论对犯罪行为给到何种惩罚进行了强调，它认为行为前法律要有明文的规定，要不然就起不到预防犯罪的作用。法律对犯罪活动的处罚造成的痛苦一定要超过犯罪活动本身会给人们带来的快乐，要不然也没办法实现预防犯罪的作用。

3. 报应刑论。它认为只有对犯罪分子给予惩罚才可以保护法律的严肃性，以此来抑制犯罪、达到预防犯罪的目的。不过，对犯罪者执行的刑罚要建立在其犯罪活动的基础之上，对他的报应程度要视其犯罪活动的轻重来定，不可滥施刑罚。所以说，报应刑和无节制的报复主义还是有着根本意义上的差异的。

二、19 世纪末实证犯罪学派

19 世纪中叶之后，很多西方国家已经实现了资产阶级革命，新的统治者们急需一个良好的社会环境来巩固自身的统治、发展社会经济，可事实上当时的犯罪不但没有因为古典学派所提倡的刑法改革而下降，反而日益严重，这使得政府和民众都陷入了担忧之中。此时，意大利的实证犯罪学派应势而来，其代表人物有来自意大利的龙勃罗梭，他是一名犯罪学家；还有同样来自意大利的菲利和加罗法洛等人。他们都不认同古典犯罪学派的自由意志论，坚信犯罪是一些客观原因所决定的决定论。在具体是哪些原因决定了犯罪的问题上，三个有的观点不完全一致。

三、当代西方犯罪社会学

从上世纪初，意大利实证派犯罪学之后的西方犯罪学统称为当代西方犯罪社会学。此时，西方犯罪学的研究重心逐渐由意大利等欧洲国家转移到了美国，如此一来，美国的犯罪学在当代西方国家中走到了前列。当代西方犯罪学离不开实证犯罪学派的重要影响，与此同时，古典犯罪学派又再次得到了人们的关注。当今时代的自然社科学、人文学科等方面的成长可谓日新月异，西方国家出现了多个犯罪学理论、流派，众说纷纭、百家争鸣，产生了诸如犯罪心理学、经济学、生物学、社会学、社会心理学等多种学派，它对于犯罪分子的心理和生理因素的研究水平也远超 19 世纪末的实证派犯罪学，然而，这些并非当代西方犯罪学的主流，其最为明显的特点在于广泛采用不同社会科学（尤其是社会学）的理论和研究方法来对犯罪问题展开研究，犯罪社会学理论占据了主导地位，大多部的犯罪学家都认可生物学和心理学要素只有和社会要素有机融合到一起才能发挥出其应有的作用。社会架构和社会化过程是当代西方犯罪社会学理论研究犯罪问题的两个层面。

1. 社会架构理论。

它认为社会可划分成各种不同层次，各层次之间的成员享受着不一样的政治、经济、其他社会权利，犯罪行为和这类的社会架构脱不了干系。社会架构理论大体上又划分成文化冲突、紧张、亚文化、社会生态学、激进派犯罪学等五个理论分支。

2. 社会化过程理论。

很多西方学者认为，个人在社会架构中的地位并不具备全盘决定其行为方法的能力。那些社会地位不高的人并没有犯罪，他们在自己辛苦的工作下勤俭节约、放眼将来化解了他们自身的经济问题并得到了相应的社会地位；相对的，某些富有人的却干着偷盗、吸毒等犯罪的勾当。社会化过程理论正是基于解释此类社会架构理论无法解释的现象而产生的，它认为犯罪是个体和社会、个体和各种社会机构在个体社会化过程中互相作用的产物。比方说，紧张的家庭关系，学习成绩不好、司法单位的不良形象都会导致个体走向犯罪。它有社会架构理论的区别在于：它认为各不同阶层、行业、地区的人都有可能犯罪，如此一来，它的注意力不再集中在社会底层成员身上，而更关注青少年的社会化过程和他们在成长生活中对他们影响较大的内个要素（诸如：家庭关系、同伴的影响、学习困难、自我形象的树立等）。该理论的分支有：社会学习、标签、社会控制、基于前三者产生的整合等四种理论分支。

四、当代西方犯罪心理学

个人是心理学的根本对象，和社会学的差异在于，社会环境在心理学的认为中只是刺激的源头，个人对刺激的反应是心理学注意力集中所在。犯罪心理学也有广义和狭义的区别。想人把人类所有行为都解释清楚的是广义的理论，而狭义的理论只试图诠释人类的犯罪活动。现代犯罪心理学的理论在西方犯罪学历史上表现得非常活跃，还曾一度跃为犯罪学理论的主干，很多学者都受其吸引投身于这项研究事业中。它也因此分支成众多的流派，受篇幅的影响，我们只提到这当中影响最大的精神和攻击两种理论。

1. 精神理论

来自奥地利的西格蒙德。弗洛伊德是这个流派的创始人，他撰写了多部著作对这个理论进行论证，他认为精神分析理论的主要内容有潜意识理论、人格架构理论两种。

2. 攻击理论

它主张人类的犯罪行为起源于人类本能的攻击性心理。人类世界上其他动物一样都有着外界接触过程中的攻击性本能，虽说在长期的进化过程中人类已经逐渐淡化了这种本能，但它全为一种本能是不可能完全消除的。在社会规范的束缚之下，日常情况下它以潜伏的方式存在，可是，如果出现争斗或遭遇挫折的刺激，攻击的本能就会自然地表露出来，以至于引发犯罪。所以说，该理论认为人类的犯罪活动其实就是人类从动物状态时遗留而来的攻击性本能，也可以说是动物的攻击性在人类社会日常生活中的表现。还有一种观念是：挫折会引发攻击的欲望和行为，进而引发犯罪，尤其是暴力性犯罪。

五、当代西方犯罪生物学

它也有广义和狭义的区别，广义的犯罪生物学涵盖了犯罪人类学，单指上世纪初成长志来的应用生物学方法展开的犯罪学研究的是狭义层面上的犯罪生物学。通常情况下人们认为狭义的解释比较合理。

当代西方犯罪生物学研究工作在上世纪初风靡于西方的学术界，并引发了极大的反响，虽说其地位后来被犯罪社会学和心理学取代，但它的研究也从来没有中断过，它大体上可划分成犯罪遗传学和犯罪体质生物学两方面的研究。

六、恢复性司法

近二十几年中，恢复性司法运动在西方各国造成的影响力越来越大，即便是美国这种倾向于行使来历刑罚的国度也没能跳出它的影响。联合国于 1999 年在相应的决议中提倡各成员国在合适的案例中行合恢复性司法。第二年，维也纳也在第十届联合国犯罪预防与罪犯待遇的会议上提出要求，让各成员国扩展恢复性司法的运用。恢复性司法这一活动具有下列五种因素：

1. 鼓励全面的参与和协商。

2. 追求愈合因犯罪带来的伤害。

3. 追求全面和直接的责任。

4. 追求整合已然形成的分裂。

5. 追求强化社区预防更深入的伤害。

恢复性司法有下列几种基本模式：

1. 犯罪人和被害人的调整模式

2. 小组会议模式。

3. 圆桌会议模式。

恢复性司法的价值在于：它反应和改革了西方国家对西方现代刑事司法危机甚至是社会危机，它提出了现代刑事司法制度的怀疑、批评和否定。在它的认为中，被害人和犯罪人、社区等都在犯罪事件中受到了相应的损害，处罚犯罪人不是刑事司法的主要任务，全面恢复犯罪人、社区、被害人在犯罪事件中受到的损失、实现无害正义才是刑事司法的职责所在。它追求的是无害正义的核心价值。

七、当代西方犯罪学研究的主要特点

当代西方犯罪学研究的特点在于下列几个方面：

1. 随着时代的发展，人们越来越重视科际整合的犯罪学理论。
2. 研究犯罪预防理论工作是其重点所在。
3. 全球各国都开始关注青少年犯罪的问题。
4. 犯罪学研究的领域正在日益扩大。

第二节　犯罪学的中国发展史

一、新中国成立之前中国犯罪学的研究情况：

中国拥有五千年的灿烂历史，先祖们在研究犯罪学的道路上留下过诸如人类社会犯罪原因和犯罪对策问题等方面的研究成果。伟大的圣人孔夫人就曾经指出：统治者必须用思想来疏导民众，用伦理道德来教化民众，使民众懂得违法犯罪是可耻的事情，而非直接采用政令和刑罚来驱使、制裁民众；换句话说，他认为道德教化在教育民众弃恶从善、消除犯罪动机方面比刑罚更具效果。

老子则提出了愚民政策，他认为民众如果能清心寡欲并不会做违法的事情，以此并可起到预防犯罪的效果。

还有很多先贤们在预防犯罪和刑罚方面都提出了自己的观点，不过他们的这些思想都是散布于自己的著作中，并没有形成系统的理论，更不可能当作一个独立的学科出现。

上世纪初，国内兴起了资产阶级民主革命运动，西方的很多政治、哲学、历史、文化艺术等随之涌入，中国也就在翻译介绍西方犯罪学著作的基础上开始了犯罪学的研究之路。20 世纪 20 年代末直到 30 年代末，犯罪学课程在国民党统治区的一些高等学校的法学院以及法律科系中受到了普及。相关学都基于西方犯罪学理论成果着手研究中国社会的犯罪现象，他们通过实际研究撰写了很多犯罪学教材和著作。这个时间段里，我国的犯罪学研究已经有了一个好的

开端，学者们的研究工作获得了一定的成绩，这些研究成果对现今的研究工作依然具有相当的借鉴价值。

二、新中国犯罪学研究情况

新中国成立以来，党和政府高度关注犯罪现象的斗争，通过前辈们的努力，在这方面已经取得了一定的成绩。

新中国成立之初，理论界把国内当时的刑事政策、刑罚体制、改造罪犯体制融合起来，针对犯罪现象、原因、对策事项展开了一系列的理论研讨，奠定了新中国的《刑法》、《刑事诉讼法》的理论基础。不过，后来的左派指导思想将它压制在了起步阶段，它造成了新中国成立30年中没有一个专门的研究犯罪问题的机构。

直到党的十一届三中全会的召开，国内刑事法律科学研究工作才突破了诸多思想的禁区得以空前的繁荣。

20世纪70年代末80年代初期，国内青少年犯罪率急速攀升，青少年犯罪的现象非常严重，在犯罪总量中占比达七成，这一现象得到了全社会的广泛关注。研究青少年犯罪就成了新中国犯罪学研究的开始。

我国犯罪学创建工作起步得迟，经历的时间也不长，可在这短短的二十几年里却得到了举世公认的成绩，具体体现在下列内容中：

1. 从事犯罪学研究工作的队伍日益壮大。
2. 先后成立了犯罪学研究机构。
3. 研究犯罪学理论的刊物先后出现。
4. 取得了丰硕的犯罪学研究成果。
5. 社会各界高度关注犯罪学的教学工作。

第二篇 **02**

犯罪现象

第三章

犯罪现象

它是闯进犯罪学家视线中的基本事实,是展开犯罪学研究的原始素材。一定的犯罪原因引发了一定的犯罪事项,一定的犯罪事项成为一定犯罪原因的原因,更加深入地分析其社会和历史背景,所以说,犯罪预防是一种社会调控和文化的整合行动,犯罪现象的研究是所有犯罪学的逻辑起始点,它也是成就犯罪学家的根本训练内容。探讨犯罪原因、设置犯罪预防对策的条件是:客观地描述和解析犯罪现象。在描述犯罪学研究对象和研究方法、回顾犯罪学的历史后深入探讨犯罪现象,详尽解析犯罪现象的内容、特点、种类是犯罪学学科体系的内在逻辑起点,也是探讨犯罪问题的实际起点。

第一节　定义及类型

一、犯罪现象的定义:

一定时空中表述、反馈犯罪原因并受其所决定,既而为预防犯罪供应依据的相关犯罪、犯罪人、被害人的非刑法条文状态的诸经验事实的总括,我们称谓犯罪现象。

它是犯罪原因的结果,是一种表层、直观的经验事实。

犯罪学是一种唯象的犯罪学,从某种层面上来说,我们可以把它看作是直接衡量某种犯罪学理论学术性或是有说服力的最客观的标准。犯罪现象的定义和其与犯罪原因的关系为:

1. 相关犯罪人和犯罪人直观、详细、零散、游离的经验事实称为犯罪现象,它的外在形式生动丰富、千姿百态,决定犯罪现象内在依据的是犯罪原因,它深深地藏在犯罪现象的身后，和犯罪现象一样丰富多彩。

2. 所有的犯罪现象都是犯罪原因的具体存在方式，一定量的犯罪原因有机融合在一起构成某个罪因架构，总是运用一定量的犯罪现象所带来的某种犯罪现象群来表征和体现，反之亦然。不过，相同犯罪现象有可能是不同的犯罪原因的表征，相同的犯罪原因也可以借助不一样的犯罪现象来得以体现，再者说，犯罪现象相互之间也可以互动换位、成为对方存在和运动依据的犯罪原因。

3. 从认知层面上而言，犯罪现象是一种外在物，能被人类的感观直接认知，可犯罪原因却是一种内在的依据，必须借助理性思维进一步探讨犯罪现象后才可探知得到。

二、犯罪现象的内容

犯罪现象基于其表现层次的深浅而言涵盖了以下三个方面：

1. 犯罪状况

一定时空内犯罪的发量及其比例、种类、危害程度、时空分布、罪犯的构成情况、加害/被害互动意义上的被害人的组成情况等都是被称为犯罪状况。它最表浅，是闯入研究人员视线的最根本的经验事实，也是研究人员第一个要搜集的根本研究材料，其对应的特定历史时间段的社会治安情况得到了它的具体反馈，接下来从某种侧面把特定历史时间段的经济、政治、法制、文化、自然等要素的情况和成长、演变趋势暴露无遗。

2. 犯罪特征

犯罪现象表现出来的发生在加害－被害、犯罪人－被害人互动工作中的个别或一般的特殊性和共通性被称为犯罪特征。

案例：

2013 年 6 月 8 日下午，刘红和闺密逛完街回来，行经晓东路旁的一条巷子时她下意识地把小挎包换到了右手边，她的右边是一起走着的闺密，两个人把她的小挎包夹在了中央的位置，她们尽量沿着马路的右边行走。这是因为她早就听同事说起这段路上已经发生了很多起飞车抢劫的案例，她的认为中，依她们现在的这种走路方式，即便是有飞车抢劫的劫匪应该也抢不到她的挎包。真是越怕什么就越有什么，尽管她们已经尽到了最大的防护办法，可是，不知道怎么地，她只听到身后响起一阵摩托车的声音，然后闺密不知道怎么回事就被拉到了一边去，她自己也被挤到了路中间，然后她只觉得一阵剧痛，自己被拉着往前不由自主地跑了一段路，肩上一松，她下意识地夹紧了手臂，然而，等她回过神来的时候她的挎包已经不见了。她紧张得大叫起来。回到公司才听同事们说起这段时间里晓东路几乎天天都有人遇到飞车劫匪，他们的做案方式和刘红的经历一模一样，都是这样被抢走了身上的包或手里把玩着的手机，警察接到报案后派出便衣装作行人，一举端掉了这个犯罪团伙。

案例中的抢劫事件其性质、种类、被害人和侵害手法上都有着共同的特点。相对于犯罪状况而言，犯罪特征体现的犯罪现象层次更深一些，它是认知上的较高层次和认知犯罪规律的条件，也是思维中连接犯罪状况和犯罪规律的媒介所在。

3. 犯罪规律

一定时空中犯罪的升降、涨落和犯罪人的改变发展的一般趋或必然倾向被称为犯罪规律。它是犯罪现象的最深层次，从某种程度上来说对犯罪状况和犯罪特征起到了决定性的作用，它运用犯罪状况和犯罪特征来表征、体现自己。

三、犯罪现象的特征

为各种犯罪现象所事构而表现其质的规定性的一般共性被称为犯罪现象的特征，静止的分割样态是它最显著的特质。通常情况下犯罪现象有以下特征：

1. 直观性。
2. 综合性。
3. 因果性。
4. 相关性。
5. 饱和性。

四、犯罪现象的种类

基于一定的目的和原则，依照一定的准则，提炼、抽象丰富多样的犯罪现象之后根据它内在的类似性予以分析、归类的相关加害和被害、犯罪人和被害人的非刑法条文状态的各种经验事实的群体被称为犯罪现象的种类。

在刑法学的历史上，基于犯罪学或是刑法学层面对犯罪和犯罪人有着长时期的分类实践和分类尝试。现阶段，受到广大学者认可的犯罪现象种类如下列所示：

1. 基于犯罪现象的地位，划分成主犯罪和副犯罪两种犯罪现象；犯罪行为和罪犯本体及它直接具有且表征其特点的各种经验事实被称为主犯罪现象，经犯罪行为或罪犯所衍生并围绕其本体而表征其特点的各经验事实被称作副犯罪现象。这两种犯罪现象的区分有利于人类辨别各类犯罪现象的级别和与犯罪原因联结的结度，以此来奠定探究犯罪原因的科学条件，再者说，这样的区分也有一定程度上的思辨作用。

2. 基于犯罪现象的明显和隐蔽程度划分成显犯罪和隐犯罪两种犯罪现象；犯罪的非抽名胜性架构或表征罪犯的反社会性进而体现成外化的社会、生物－生理现象的各经验事实被称为显犯罪现象；位于犯罪人的精神领域或犯罪行为内部的具备抽象性架构往往必需依托理性思维才可探究到的犯罪现象被称为隐犯罪现象。

3. 基于犯罪现象形成和存在的概率性划分为常规和随机两种犯罪现象；一般情况下为犯罪人和其犯罪行为所一般或特别具备，和一般或特定犯罪原因间有着稳定持久的因果递进关联而稳定、经常、普遍发生的相关经验事实被称为常规犯罪现象；并不是一般犯罪人或犯罪所必定、固定具备的，往往以偶然或个别形式表现的不稳定、不持久的零散、游离的相关经验事实被称为随机犯罪现象。

4. 基于犯罪现象存在的形态可划分成静态和动态两种犯罪现象；状述和反馈犯罪与犯罪人的具备相对稳定或持久不变特点的各种经验事实被称为静态犯罪。

案例：

某公安局干警负责所辖片区的治安工作，他的日常工作是反扒，他每天着便装出入在辖区的各大市场或步行街等人群密集的地方，一双敏锐的眼睛一眼就能看出人群中谁是那个不怀好意的、又眼盯着别人口袋的扒手，用不着等扒手出手他就能锁定目标，他尾随前行，等到扒手出手的时候来个人赃俱获，其判断的准确率高达百分之百，周围的朋友都对他的这种识扒手的本领佩服得五体投地，他每次都微笑着跟朋友们解释说这没什么好佩服的，这是因为惯犯扒手们的言行举止和面部表情、肌肉都与普通人不一样，他们表现出来的那种扒手职业性非常明显，比方说扒手们的眼睛往往飘忽不定，为了寻找下手的目标他们每到一个地方都会习惯性地东张西望却又掩饰性地故作姿态，然而，不管他们怎么掩饰都盖不住他们内心深处的真实想法，他们越是想掩饰自己的罪行就越明显地把犯罪行为暴露在专业干警的眼前。

反馈和状述犯罪与犯罪人的拥有变动不居特性的各经验事实被称为动态犯罪现象。基于最终的意义而言，所有犯罪现象都是动态的犯罪现象，动态与静态两种犯罪现象的分别在于限定的时空坐标中对永恒奔流状态的犯罪现象做出的人为割裂。所以说，所有静态犯罪现象不过是相对静止的，它是一种以静目状态现于人前的运动过程。通常情况下，基于犯罪学研究的实际来说，相比之下，认识、掌握动态犯罪现象难于状述静态犯罪现象。

5. 基于犯罪现象的依附趋势，它又可划分成加害和被害两种犯罪现象。直接附属于犯罪及其主体却经主体体现或承担的各种经验事实称为加害犯罪现象；直接附属于被害及被害人，却经被害人所承担或形成的，状述和反馈了具备被害性质的相关被害及被害人的各种经验事实被称为被害犯罪现象。

前面提到的各种犯罪现象种类是基于各种角度来区分和状述生活中各种各样的犯罪现象，大体上描述出了一个犯罪现象的序列图景；在生活实践中，各类犯罪现象种类之间往往又有不同程度的交叉和重叠，也就是说，一种犯罪现象很大概率上同时类属于另一种犯罪现象。基于这个现实，区分犯罪现象的具体种类其目的在于提供犯罪现象自身的概念工具和思维框架，以此来达成准确状述犯罪现象、查找犯罪缘由的目的，继而为防范罪供应可靠的根据。

第二节　犯罪现象在世界各地的情况概述

组成犯罪现象根本内容的犯罪情况、犯罪特征、犯罪规律存在的情况、演化的轨道、成长的趋势合称为犯罪现象的情况。

一、犯罪现象在发达工业国家的情况

这里所指的发达工业国家也就是我们经常提到的西方国家，从 19 世纪末期，西方发达国家的犯罪现象通常的表现形式是：因为贫穷、失业、不适应急剧变化的社会环境而引发的暴力和财产两种犯罪，它充分体现了当时特定的罪因架构内容，其犯罪的主体通常是下层阶级的人员，相比之下，在犯罪率方面来说城市要比农村高，导致这种现象发生的原因是，大规模的城市化导致城市

没有社会内聚力，而此时人们离开了以往稳定的家庭生活迈入了非人情关系、变化无常的城市，在无法充分就业、教育不良、医疗条件匮乏、住房拥挤、追求利益的道德氛围中，生活在城市中的人们长时间地处于紧张的生活状态，给他们的家庭生活带来了极恶劣的影响，继而引发了社会的反常心态，最终引发了犯罪。到了上世纪初，尤其是二战以后，西方国家的犯罪现象有了众多新的情况和倾向。

（一）新犯罪形式

此时，社会上除了存在以往的自然犯罪还产生了很多后工业社会的新型犯罪。暴力犯罪率远比财产犯罪要高，不过，伴随着工业化、城市化过程的实现，财产犯罪率反而超越了暴力犯罪，并出现持续高涨的架势，诚然，并不是全部的发达国家都有这种现象。现阶段而言，财产和暴力两种犯罪依然是这些国家里最突出的两种犯罪种类，并且还派生了以抢夺财产为犯罪目的的暴力犯罪，另外，财产犯罪还日趋智能化。毫不夸张地说，在以后的犯罪中，财产犯罪仍然占据了较大的比重。二战之后的五十年里，西方发达国家较为明显的犯罪种类主要有下列七种类型：

1. 白领犯罪。上层社会经理阶层的人在他的职业行为过程中触犯刑法的行为被称为白领犯罪，常见的有贪污，欺诈，虚假广告、滥用职权等。

2. 环境犯罪。但凡因空气、水、噪音、土地等方面的污染或是水土流失、化学制品、核事故等带来的一定的危害而触犯刑法的行为都属于这种犯罪类型。

案例：

山东省某市的一家化学制品企业因排污措施不到位导致化学物质泄露，造成当地出现了癌症村，当地居民的饮水、空气、土地等自然资源都受到了不同程度的破坏，经当地环保局测定其生产排放超标，长期整改不到位，公司相关部门的负责人被追究法律责任，公司也被叫停生产。

3. 智能犯罪。利用现代高端科学技术手法展开的犯罪活动被称作智能犯罪，它是暴力犯罪的对称，日常生活中见得最多的是计算机犯罪，涵盖了非法安装终端截取资料、变更程序盗窃财产等犯罪活动。

案例：

某市的交通处罚系统是承包给一个专业的软件公司开发的，刘某是该软件公司负责开发此款软件的工程师，项目结束以后，刘某凭借自己掌握到的相关技术登入交警处罚平台，篡改了系统中的有关处罚记录，协助他们非法消除违规罚分达一万多分，消除罚款达十万余元，他的这种行为严重触犯了法律的底线，这种犯罪现象就属于智能犯罪中的一种。

4. 游戏型犯罪。它具备典型的后现代社会特点，二战以后，犯罪多是在社会、精神、病理原因的基础上产生的，有着准确的指向性攻击举动。

案例：

刘某是个标准的富二代，他的父母从事珠宝生意，这些年赚了很多钱，刘某从小被送到国外读书，父母一直忙于打理生意，除了每个月给他足够多的生活费，在其他事项上并没有过多的关注。刘某养成了挥金如土的坏毛病，回到国内以后他每天无所事事，不知道自己要做些什么好，对自己的人生价值也产生了怀疑，无聊之余，他在网上看到了一种死亡游戏的帖子，顿时来了精神，当即约了平时常玩在一起的几个朋友在一家五星级酒店开了一间房，几个人兴致勃勃地玩起了这个死亡游戏。丁某尝试的是上吊的死亡方法，因为没有掌握好时间，他不幸身亡，刘某因此涉嫌杀人。

5. 基于文化的矛盾引发的犯罪。

20世纪，大批发展中国家移民进入发达国家，随之而来的是种族、民族、风俗、审美方面的文化矛盾，再者，那些移民者为非作歹对他们移入的国家文化的排斥和歧视，在文化孤岛的效应下通过暴力来获得生存的机会。

案例：

20世纪，大批的意大利移民到了美国，他们受到了美国当地民众的排斥，不论是从文化上还是从日常生活中的其他方面，他们都觉遭遇到了当地民众的排斥和歧视，为了更好地生活下去，他们组织了所谓的黑手党，黑手党的成员们很多举动都触犯到了美国的法律，他们也因此涉嫌犯罪。

6. 恐怖主义犯罪。绑架、劫持人质、劫持飞机和客船、明显透出政治目的并对国际公认的准则产生严重危害的行为都属于恐怖主义犯罪。

案例：

刘某是一家企业的会计人员，因为其工作的失误，给公司带来了九十余万员的损失，公司总经理给予刘某无薪开除的处分，刘某不服气，多次到公司讨要无果，前天，他再次闯入公司财务部讨要自己上个月连同这个月一起的工资及相关福利津贴合计近两万余元，公司财务人员本着总经理的处分意见不理会他的无理取闹，刘某情急之下抽出随身携带的水果刀威胁财务人员马上满足他之前的诉求，其他同事有悄悄向保安通电话叫他们上来处理，保安到来以后刘某一时误认为对方是警察，并拿着刀把出纳小谢当作人质，要求公司满足他提出的要求，刘某的行为严重危害了社会秩序，他最终受到了法律的制裁。

7. 有组织犯罪。在20世纪之前，家族自卫的方式是典型的有组织犯罪。现阶段，家族解体，这种犯罪也慢慢衍生为以经济利益为媒介、受到社会政治、经济形式束缚的职业犯罪。几乎全部西方发达国家都面对这类犯罪的干扰。

（二）犯罪人的构成

基于犯罪人的构面而言，位于被剥削境员的下层阶级人员和中产阶有的下层成员仍然是罪儿的主要后务，不过，它现在也发生了一些新的状况。

1. 白领犯罪率节节攀升。不过，很多学者们的看法中，现阶段白领阶层的涉嫌犯罪人员并没有太大的改变，只不过是以往没有揭发、披露这种事项，现阶段的媒体曝光率提高了。

2. 青少年犯罪的人数急剧增加。在这些国家里，青少年犯罪者在犯罪人整体占比很大。

3. 女性犯罪比重提升。不管是东方还是西方，女性犯罪的比重一直以来都比男性要低，尤其是社会下层和边缘团体的女性更加变成女性犯罪统计中的主体。

4. 惯犯、累犯、职业犯比率得以提升。虽然每个国家的犯率有着高高低低的区别，不过累犯率却大多维持着相同的水平，大部分的西方发达国家的累犯率都不少。

二、犯罪现象在发展中国家中的情况

发展中国家自二战以后朝着现代社会突飞猛进，它们走上了19世纪末那些发达国家相似的路线上，那就是工业化和城市业过程中的犯罪率都已经大幅提升。正是因为这些发展中国家各自都具备着种族、民族、文化背景，位于工业化成长过程中不一样的时间段，如此一来，其犯罪现象和它的变化也有着各自的特点产生了某些差异。

首先，犯罪率大幅攀升的原因是所在正在完成由农业社会向工商社会的转型工作，这些国家受到了工业和农业两方面矛盾的制约，还受到了这个民族文化的挑战。这些情况都引发了两种甚至更多种类的价值，尤其是形成了人类观念的变革和现实对于这种观念的实践的拒斥的矛盾。另外，这些国家往往都因为其工业急行军和国际经济秩序不合理的特点产生了失业、通胀、贫穷等社会问题，如此一来，各种犯罪活动，尤其是青少年的犯罪活动往往一触即发。不过，就现阶段的情况而言，发展中国家的犯罪率普遍上比发达国家要低，不过，在犯罪增长率方面却比发达国家要高。

其次，全体发展中国家的犯罪种类都表现出财产犯罪持久攀升、暴力犯罪高居不下的迹象，一些原来只在发达国家才会出现的新形态犯罪现象也相继出现在发展中国家里。工业化的必然产物是人情关系的淡泊和金钱崇拜的流行，在这种前提下，得到、拥有财产化身成占有、享受基它所有事物的条件和基础。

再者，发展中国家的犯罪人构成方面女性犯罪率较男性要低，而青少年的犯罪率明显攀升。通常情况下，女性犯罪多发生在城市和城市的四郊区域，相反的，那些落后的、贫困地区的农村妇女犯罪率非常之低。

这些国家的犯罪人组成职业性犯罪集才非常稀少，甚至是不存在，通常情况下不会形成一个盘根错节的犯罪黑社会。实际上，我国这些年来有组织犯罪明升攀升，已然为社会的安定和正常的运作带来了极大的危害。

最后，这些国家中的青少年犯罪骇人听闻，而且从城市往农村波及，对社会生活的各个方面都带来了严重的影响。

第四章

犯罪行为

第一节 定义

行为人实行的对社会有着严重的危害性、应该要受到严厉处罚的有意识的客观外在活动被称为犯罪学的犯罪行为，它也犯罪现象的有机构成内容。

犯罪行为充分透彻地对犯罪行为进行分析和研究，真正理解犯罪人和被害人，查找到犯罪的真正原因，并在此基础上设定有效的防范对策的条件，它是一种主要的犯罪现象。

犯罪行为给社会带来了严重的危害，应该接受刑罚的处罚，假如这个行为不具备社会危害性就不可将它视作犯罪行为。

这里所说的应该接受刑罚的处罚涵盖了刑罚和非刑罚两种。非刑罚囊括了两个层面的意思，第一种指的是刑罚处罚之外的其他处罚，比方说劳教，治安管理处罚等；第二指的是一些行为现行刑法虽并未规定它应该采用刑罚处罚，可视它的行为对社会带来的危害性程度必需利用修订刑法来把它列入儿罪和刑罚处罚的规定。

再者说，犯罪学里的行为指的是犯罪人实和违法犯罪的活动，它属于客观的外在活动。如果单只有违法犯罪的想法却没有付诸实际行动的，不属于犯罪行为，受犯罪学研究的对象和任务的影响，它不单只要对客观犯罪行为展开分析，还要对犯罪人的理念、心理、主观/客观原因等方面展开探讨。

最后，一些行为虽然给社会带来了一定的危害，但它并非人为的意识行为，那就称不上是犯罪学层面上的犯罪行为，所以说，下列行为应该排除在犯罪行为之外：反射动作，睡梦中的动作，不可抗力作用下的动作，身体受到暴力强制下的动作。值得一提的是，虽说完全失去刑事责任能力的精神病患者所做的行为也属于无意识的行为，可一般情况下，犯罪学依然会把它列入研究的范畴，这是因为精神病的形成和危害和普通的犯罪行为带来的危害在很多方面是相通的，在很大程度上来说，它们都是文化、经济、历史、政治等社会和个人要素彼此作用形成的。

犯罪行为的构成因素

组成犯罪行为必须要具备的基本因素被称为犯罪行为构成要素，通常情况下涵盖了下列五个方面的内容：

1. 犯罪时间。所有犯罪行为都于一定时间内实行，如果没有犯罪时间就不可能产生犯罪行为。

2. 犯罪空间。犯罪活动产生的处所和范围被称为犯罪空间。假如没有犯罪空间，犯罪活动就没有依附的对象，也就无法被付诸实际行动。

3. 人。被害人和犯罪人都是其包含的对象，二者共存组成了犯罪图景中的基本事实。人是所有犯罪活动的主体，假如没有犯罪人就不可能有犯罪行为的产生，绝大部分的犯罪活动都指向一定的被害人

4. 犯罪工具。犯罪人实行犯罪活动必须借助的器械和物品被称为犯罪工具，比方说钳刀，锉刀等。

5. 行为方式。落实犯罪活动时选用的手法和形式被称为行为方式。犯罪手法和形式是犯罪活动的详细体现，犯罪活动必须在一定的手法和形式下才能得以完成。

第二节 犯罪行为的类型

基于一定目的和原则，依照一定的标准在纷杂的犯罪行为的基础上展开的抽象、归纳，依托其内部的相似性进行分类被称为犯罪行为的类型。在犯罪活动的复杂性、分类标准多元化的情况下，人们通常把犯罪活动分作很多不一样的种类。

一、基于社会危害性的大小展开分类是很普遍的事情

14 世纪的英国普通法把犯罪划作叛逆罪、重罪和轻罪三种类型。在美国，大部分的州都采用 1 年期的监禁时间，也就是说，所有被判超过 1 年监禁的犯罪都属于重罪，其他的并是轻罪。1997 年生效的俄罗斯联邦刑法典基于法定刑轻重把犯罪分作四种类型：轻罪，中等严重的犯罪，严重犯罪，特别严重的犯罪等，它们的最高刑罚时时分别不超过 2 年、5 年、10 年的监禁，对于最后那个级别的犯罪其最高刑是超过十年之上的监禁各更重的刑罚。

我国的学者基于社会危害程度来把犯罪划分成危害国家安全罪、普通刑事犯罪、轻微违法犯罪三种类型，最后这种犯罪类型代表的是刑法不予追究刑事责任的活动。

二、基于犯罪侵害的客体差异来划分各种犯罪行为

来自意大利的学者贝卡利亚是最早一个依照这种方法来分类犯罪活动的人。在这以后，西方各国都参照他的想法把犯罪活动划分成对国家法律进行侵害、向社会公益进行侵害、对个人法益进行侵害的犯罪类型。

1. 侵害国家法益的犯罪，那些对国家的基本利益和政治统治带来严重危害的行为被称为侵害国家法益的犯罪。

2. 侵害社会法益的犯罪，那些对社会秩序、公共利益和良风易俗进行破坏的人被称为侵害社会法益的犯罪。

3. 侵害人个法益的犯罪。那些直接对民众个人的人身、自由和财产安排等事项带来直接危害的行为被称为侵害个人法益的犯罪。

案例：

2013 年 8 月 12 日，8 岁的玲玲在小区楼下玩耍时被一个陌生男子强行带上一辆面包车，一到车上那个陌生男子就用胶布等物品堵住了她的嘴，使得她无法呼救。关上车门，男子把她带到了郊区一个破败的小房子里。男子在房里强暴了玲玲，然后打电话给她的父母索要五十万元的赎金，玲玲的父母一边稳住男子一边报警，男子满心以为五十万巨款即将到手，在等待赎金的过程中又对玲玲施暴，在玲玲的挣扎中失手将她用棉被捂死，陌生男子的这种行为严重侵害了玲玲的人身、自由，并涉嫌杀人。

1979 年，我国颁布的刑法典基于犯罪侵犯的客体差异把犯罪划分成八大类别，1997 年对刑法重新修订时犯罪类型由原来的八类新增到十大类别。

三、基于行为的性质来划分各种犯罪行为

基于行为的道德评价和规范，意大利犯罪学家加罗法洛反犯罪活动划分成自然和法定两类犯罪，后来，西方很多学者都认可并运用了这种分类方式。

1. 自然犯罪。违反常人共有的怜悯和真正的道德情绪的行为被称作自然犯罪，它从根本上与人类的本性相违背，所以，不管是哪种社会当中，它都属于犯罪行为，比方说杀人，强奸等，它有着显著的反社会和反道德特性，不用再经过刑法来展开价值判断，常人都能明白它是犯罪。

2. 法定犯罪。为传统道德不耻，可单只因为法律禁止面而产生的犯罪被称为法定犯罪。它一般是由国家基于实际的需求来列出规定，并无确切的标准。

在国内，基于行为性质的差异把各种犯罪行为归纳成下列五种类型：

1. 财产犯罪。用非法手段侵夺公私财产和谋取的经济利益犯罪有贪污、盗窃等。

2. 暴力犯罪。用实行暴力活动为它最基本的特点的犯罪行为被称为暴力犯罪。

3. 智能犯罪。利用智谋和技能实行的犯罪活动称为智能犯罪，比方说前面提到的计算机犯罪等。

4. 风俗犯罪。与社会上的良风易俗相违背的犯罪活动称作风俗犯罪。

5. 破坏犯罪。运用破坏手法把公司财务进行损坏时的犯罪活动被称为破坏犯罪。

四、基于行为造成的方法来划分各种犯罪行为

把各种犯罪活动进行抽象和概括的方式划分成作为和不作为两种

1. 基于作为方法来实行的犯罪活动。它代指用积极行为实行一些对社会具有危害性的犯罪行为，这里所说的积极行为囊括了一系列积极的动作，而非某个个别动作。比方说拿刀杀人的犯罪行为，它就包含了靠近被害人，举刀，挥刀等动作。只有完成这些有逻辑性的动动之后，犯罪人才可能完成犯罪活动，以此来完成自己的犯罪意图。

2. 基于不作为方法来实行的犯罪活动。消极地不实行法定义务要求的一些

动作危害到社会的犯罪活动被称为不作为方式的犯罪行为。必须以行为人承担的某些特定义务为条件，要不然就不至于组成不作为的犯罪行动。

案例：

张某有严重的重男轻女思想，其妻生下一名女婴后他非常不高兴，不但从言语上流露出对妻子的不满，还对正在月子里的母女俩不闻不问，整日借酒浇愁。妻子产后身体虚弱，自己都无法打理自己的生活，有一天张某突然对妻子关心起来，不但把她照顾得妥妥当当的，还把女儿带出了医院，妻子满心以为他终于想通了，到了晚上的时候也不见张某把女儿送回来，就问起张某女儿的下落，张某告诉妻子说是看她身体虚弱，怕女儿吵到她的休息，暂时把女儿送到姐姐家代为照顾，等妻子身体养好了再接回来。妻子心里暖烘烘的，也不再问起女儿的下落。等到妻子身体好些了的时候，她再次问起女儿的下落，张某闪烁其词，架不住妻子的再三逼问，张某把妻子带到自家废弃了的柴房，分离多日的女儿原来既然一直是待在这间无人顾暇的柴房里，由于这么多天都没有人对她施以照顾，小女孩早已没了气息。张某涉嫌不作为杀人。

五、基于犯罪人实行犯罪活动的主观罪过心理来划分各种犯罪行为

1. 故意犯罪行为

行为人在实施犯罪行为的时候很清楚地知道自己的举动会给社会带来危害，而且希望或放任这种危害事项的发生的，被称为故意犯罪行为。它有两方面的特点，首先是在认话上，行为人很清楚自己的举动会给社会带来危害性的结果；其次是在意志上，行为人对危害举动的结果的形成是抱希望或放任态度的，也就是常说的直接故意或间接故意，认识和意志两方面的因素有机融合起来就形成了故意犯罪人的心理状态。

2. 过失犯罪行为。行为人在实施行为时预见到自己的举动极大概率上会给社会带来危害，因为疏忽大意并没有预见或是已经预见而轻易相信可以避免的被称为过失犯罪行为，它有两种类型，首先它是疏忽大意的过失，换句话说就是行为人应该可以预见到自己的举动很大概率上会给社会带来危害，可因为疏忽大意没有预见而导致了结果的发生；其次是太过自信的过失，这是指失为人虽然有预见到自己的举动很大概率上会给社会带来危害，但他轻信自己能有幸避免，导致了结果的发生。

3. 无罪过犯罪行为

行为人在实施行为时并不存在故意也没不存在过失的称为无罪过犯罪行为。生活中很多行为的行为人其主观上是不存在罪过的，但他的行为却从客观上给社会带来了危害，犯罪学也关注此类行为。采取绝对责任制能有效强化行为人的责任心，以便防患于未然。此类犯罪中，行为人很大概率上有着一定程度的过失，不过往往是很难证明的，绝对责任制度能有效排除被告人主观罪过的责任。

案例

吴某是一家杂货店的老板，经营日常生活中的一些食杂用品，上个月，附近居民邓某从他店里买了一包袋装的鱿鱼须，因为没注意看生产日期，再加上是熟人，邓某回家以后直接端上了餐桌，导致一家三口人因食用过期鱿鱼须发生食物中毒。吴某涉嫌无罪过犯罪。

六、基于犯罪的公开程度来划分各种犯罪行为

在这个基础上犯罪可分成司法、公开、实际三种犯罪种类。

已经经法院做出判决的犯罪称为司法犯罪，它是民众最熟悉的犯罪，也是公开犯罪的一部分；已被司法机关和警察了解、掌握到的犯罪行为称为公开犯罪，只有一部分会被破获且受到处罚，它是实际犯罪的一部分，生活中有一些犯罪分子凭借自己的狡猾往往可逃避掉法律的制裁，还有一些晨为当事人的隐瞒并没有暴露人前，这就导致了公开和实际两种子犯罪行为在数量上存在着很大的差异数，犯罪学理论称谓犯罪暗数；事实上已经产生或是客观存在的所有儿罪称为实际犯罪。

七、基于犯罪产生的特征来划分各种犯罪行为

1. 蓄谋性犯罪行为，有预谋实行的犯罪活动，在这个过程中犯罪人的危害意志有行为选择上起到主导支配的地位。

案例：

李某是一个年轻漂亮的女孩子，她在网上邂逅了高大帅气的吴某，吴某是一家国企的业务经理，相貌堂堂不说，还有着不菲的收入，两人在网上一聊钟情，顺理成章的约见面。见面之后吴某对年轻靓亮的李某更加喜欢，吃过饭后两人心照不宣的到宾馆开房，正当吴某兴致勃勃地准备和心爱的女人缠绵的时候，门外却响起一阵急促的敲门声，吴某不情愿地起身开门，门锁才刚打开，门外冲进来几个凶神恶煞的男人，其中一个声称李某是自己的老婆，说自己现在捉奸在床，让吴某赔偿他的精神损失费等各种费用计三万余元。吴某此时才清楚自己掉进了一个再老套不过的陷阱，他把身上仅有的五千块钱给了对方，央求说自己今天身上没带那么多钱，请求他们宽恕两天让自己筹钱，对方看他那么胆小怕事、不像有假的样子，并同意了他的请求。吴某借机报案，借着再次送钱的机会，配合警察把这伙人缉拿归案。审讯得知，李某这伙犯罪团伙长期从事这种勾当，先由李某在网上色诱男人，然后再借机行敲诈之举，他们的这种犯罪行为就是典型的蓄谋性犯罪行为。

2. 突发性犯罪行为，指的是某些情况的产生而偶然间形成的犯罪行为，此类犯罪行为的实行并没有明确的谋划过程，可是有明确的犯罪目的。

3. 连带性犯罪行为，它指的是基于达成已定目的而做出的行为导致和行为目的没有关系的犯罪行为。

案例：

刘某是个无业游民，他好吃懒做，经常做些偷鸡摸狗的勾当，这天，他在一家餐馆里趁人家不小心偷走了对方的一个背包，回到家清理时才发现包里除了对方的钱包和证件以外，还有手枪和子弹，他这才知道自己偷窃的对象居然是个军官。他不敢声张，悄悄地把枪和子弹藏了起来。他的这种私藏枪支弹药的行为就司于连带性犯罪行为。

上述内容都是基于不一样的标准来划分犯罪行为的，事实上还能基于其他标准来划分犯罪行为，上述的这些划分标准都有自己的依据和道理，也具有一定的优势和功能，不过，也都存在着自身的局限性和不足之处，基于各种标准来划分各类犯罪行为并对这些种类的犯罪行为展开更进一步的探讨，这对整个犯罪现象和犯罪原因的探讨的全面展开和持续深都很有帮助，也在一定程度上有利于制定科学的犯罪对策。

第三节 犯罪行为的形成

虽说每个具体的犯罪行为发生的情况各不一样，不过，概括对于具体犯罪活动的普遍性特点得知，所有犯罪活动的产生都有着一定的发展轨道，这个发展轨道又以故意犯罪行为最为清楚、最为完整。一般情况下，所有犯罪行为的产生都囊括了下列环节：犯罪的决意、准备、实施。

一、犯罪决意

执行犯罪活动的决心和意向被称为犯罪决意。犯罪动机推动了犯罪行为，可事实上，这些经犯罪动机推动的犯罪行为一般来说都不会马上就付诸实际行动，往往要经历一定的过程。犯罪人有没有犯罪决意决定了他是不是会执行预谋好的犯罪行为，如果没有犯罪决意也就不可能去准备、执行犯罪的具体行为。所以说，产生犯罪行为的第一个步骤就是犯罪决意。一般情况下，犯罪决意又分作下列三种不一样的种类：

1. 预谋犯罪决意。这种犯罪决意是通过深度思考而产生的，它表现得最坚定，大多数是执行有预谋的犯罪或有组织的犯罪活动。

案例：

杨某与同村的唐某、邵某、马某等人一起玩牌，在玩牌的时候和其他三个人之间产生了矛盾，于是有了杀害另外三人的想法。散了牌局之后，他制定了一套完整的杀人计划，先是在旧货市场买了一把水果刀，又找到办假证的人给办了一张假身份证，还跑到火车站买好了前往外地的火车票。一切准备就绪之后他依照之前订好的计划分别对上述三人实施了刺杀举动。

2. 机会犯罪决意。恰好遇到某种机会当场产生的犯罪决意。这种犯罪决意的坚定程度并不好，假如遇不到适当的机会就不会发生。

案例：

郑某和关某两人一起去市场送货，完事之后在回来的途中遇到了杨某和徐某要租车去玻璃厂取货，双方谈好运费三十块钱，郑某把车开到玻璃厂门口，杨某和徐某把装了三十多万元的密码箱放在座位上，让郑某二人把车停在这里等着，他们进去取货。郑某见财起意，调转车头朝着另一个方面逃窜。杨某和徐某取到货以后出来没看到郑某的车，急忙四下寻找。还真让他们好运地在一条小巷子的转弯处遇到郑某开车从他们面前经过，杨某赶紧招手挡车，郑某不但不停车，反而加大油门冲了出去。

3. 激情犯罪决意。犯罪人遇到突然的、强烈的情绪刺激而产生的犯罪决意，这种犯罪决意通常有着突发性，他们不计较其行为带来的后果。

案例：

这天，吴某接到妻子打来的电话，妻子在电话里告诉吴某说他的母亲和楼下的邻居起了矛盾，双方闹了起来，希望吴某可以下来看看。吴某赶到现场的时候，母亲正和对方理论着，他们先是口头上的吵闹，随即就动起了手，吴某赶紧挡在母亲前面跟对方打了起来，在打斗过程中他失手打到了对方的鼻梁上，当即把对方的鼻骨打到骨折。

普通犯罪决意在产生过程中都会经历行为人的思想斗争，但激情犯罪决意就不会有这个过程。换句话说，即便是行为人已经有了犯罪动机，但是不是要把它付诸实际行动还必须在重复权衡之下才能做出决定。假如行为人觉得执行犯罪举动所到的收益比所产生的损失要大，他很可能做出犯罪决意，假如他觉得自己的行为得不偿失，很大概率上他会放弃犯罪的想法。在他们做出犯罪决意之前，通常都会形成一种恐惧感和罪责感，特别是第一次作案的人这种表现更为明显。遗憾的是，犯罪决意坚定的人会最大程度上克服心理冲动带来的恐惧感和罪责感，并找到各种道理来为自己脱罪。犯罪决意对于惯犯和职业犯而言，一直都保持着持续状态。

二、犯罪准备

基于犯罪行为的执行准备的前提条件就是犯罪准备，事实上，犯罪准备的过程是在营造一个对犯罪执行有帮助的环境的过程。它是犯罪行为的反社会性决定的，执行犯罪行为的各方面条件并不是很理想地摆在犯罪人面前，因此，他们基于推动犯罪行为顺利执行的需要必须从客观环境的前提下主动创造条件，营造出一个对执行犯罪有帮助的环境，这并不是犯罪行为的准备过程。通常情况下，它囊括了下列几个方面的内容：

1. 犯罪工具的准备。基于执行犯罪而使用的种类物品被称为犯罪工具。比方说杀人时用的刀、枪、毒药等，制造假币所需的机器、纸张。

这里所说的准备犯罪工具并是指制造、寻找犯罪工具、使这些工具更适合于犯罪活动的需求，它是最常见的犯罪准备工作，某些犯罪活动如果没有犯罪工具就不能得以实现，比方说生产假币。

案例：

岳某等三人计划抢劫芳芳商店，为了顺利实施这次抢劫活动，他们事先准备了仿真玩具枪、尼龙绳、砍刀等作案工具；当天夜里他们趁着店里没什么客人，拿起事先准备好的凶器威胁店主，抢到了两千块钱。

2. 犯罪技术的学习。犯罪人执行犯罪活动为所必需的各类方法、举措、手法。从某种程度上而言，犯罪技术对犯罪目标能不能实现及其实现的程度起着决定性的影响，这也就是为什么犯罪人在执行犯罪行为之前总在千方百计地提升自己的犯罪技能。随着现代科技的高速成长，犯罪人的反侦查本领也日益增加，如此一来，针对犯罪预防治理工作的对策就有了更高的需求。

案例：

陈某开着一家小型的印刷店，他收到消息说刘某等人想要购买一批假发票，看到利润可观，他打起了印刷假发票的念头。刘某看到他送来的假发票时，说他的质量不过关，印得太假，一眼就能看出发票的真假。陈某并没有放弃这次机会，他经过反复实验，并请教了一些印刷业的老师傅，终于掌握了印刷假发票的技术，印出了对方满意的假发票。

3. 犯罪情报的搜集。和执行犯罪活动相关的各类信息被称为犯罪情报的搜集。

案例：

王某是一个盗窃团伙的成员，他们在偷盗某个住户之前一定会事先对住户上下班的时间段，以及得手后的出逃路线作出规划，也就是人们常说的踩点，踩点完毕之后他们还会在某些隐蔽处留下记号以便于提醒团伙做出应有的防范。

4. 犯罪计划的制定。犯罪人在犯罪决意的支配下对执行犯罪活动为详细的步骤考量、规划、安排等，它有可能是书面形式的，也有可能只是口头的约定，是多个犯罪人的协议，一个人的犯罪计划通常只是心理活动而已。虽说犯罪行为尚没有成为正式的犯罪活动的执行，可犯罪人的心理活动已然非常紧张，基于将犯罪行为消灭在准备阶段的需要，必须从客观行为上展开观察并深入犯罪人的主观世界来对他反常的心理活动展开分析，便于尽早发现，快速处理。

因为各方各面的客观影响，犯罪决意在产生之后很有可能会被犯罪人放弃，犯罪准备行为也很有可能被放弃，决定犯罪人是否放弃犯罪行为准备的原因主要有：（1）主观方面的原因，犯罪行为给社会带来严重的危害性，肯定会受到法律的严惩，所以犯罪人在执行犯罪活动时必定会担负沉重的心理压力，很有可能会因为失望、恐惧、悔悟等情绪而放弃犯罪行为的执行。（2）客观方面的原因，假如执行犯罪所必需的一些客观上的原因还不成熟，也会在一定程度上促使犯罪人放弃犯罪行为的准备。

三、犯罪实施

犯罪人的举动已直接指向犯罪所侵略者害的目标被称为犯罪实施。虽说种类不一样的犯罪在犯罪准备时间段所展开的准备没有太大的差别，然而，到了执行阶段它们之间的差异性就会暴露人前。比方说，为了把人杀死，犯罪人准备了刀和枪，从犯罪准备上而言两者没有区别，可到了执行阶段，执行伤害的犯罪人只需使被害人受到伤害就达到了自己的目的，可杀人犯如果要把被害人置于死地，就一定要把被害人致死。犯罪准备和犯罪执行都是为犯罪动机和犯罪决意所推动的，可犯罪执行是要追求犯罪的结果，而儿罪准备则是出于犯罪执行创造更有利的条件。

犯罪活动的执行通常都是依计划展开的，一旦完成犯罪的目的，犯罪行为就结束了。满足了犯罪动机，犯罪决意也消失了。

通常情况下，犯罪活动为执行具备下列几种形式：秘密形式，公开形式，欺骗形式，暴力形式，协议形式。

第五章

犯罪人

第一节　定义

一、概念

犯罪人，是指实施了危害社会的违法行为，应被采取制裁或矫治措施的人。具体包括三个方面的内容，首先，犯罪人实施的行为是反社会的，就是指犯罪人实施了严重危害社会秩序的行为。其次，犯罪人这一概念既具体又抽象。在生理和心理以及社会学上，犯罪人是具体的，而在犯罪学上，又可对犯罪人进行抽象化和概念化，并进行研究。最后，犯罪学上的犯罪人始终是以自然人为标准的以此区别犯罪法人。

二、外延

犯罪学中的犯罪人概念不同于刑法学中的犯罪主体。第一，刑法意义上的犯罪人，必须是具备刑事责任能力的人。而犯罪学意义上的犯罪人，虽然依据刑事法律的规定，但却不完全受刑法规定的限制。第二，刑法规定的犯罪人，必须是实施了犯罪行为的人；而犯罪学意义上的犯罪人，不仅包括实施了犯罪行为的人，也包括实施一般违法行为的人，甚至包括具有不良行为的人。第三，刑法意义上的犯罪人，必须是依据刑法规范应受到刑罚惩罚的人，而犯罪学意义上的人，则还包括应接受教育改造及其他矫治措施的人。总之，刑法意义上的犯罪人，是应对其犯罪行为承担刑事责任的主体；而犯罪学意义上的人，则是为了分析犯罪原因、规律及其防治措施而提出的一个科学术语，只能用于犯罪学的研究。

具体来讲，犯罪学中的犯罪人包括触犯刑律应当受到刑罚处罚的刑法意义上的犯罪人，及一定范围内严重违法或越轨、应受法律和道德责罚的人，具备刑事责任能力和达到刑事责任年龄的犯罪人，及不具有上述特征但实施了违法犯罪或越轨行为的未成年人、变态人格者以及精神病人，以及经正当审判或行政程序而受到一定处罚的"已决犯"，及尚未受到追究的"未决犯"。

三、研究意义

研究犯罪人有其深刻意义，有利于深刻揭示和认识犯罪现象的构成，拓展犯罪研究的范围和深度、丰富犯罪学与犯罪社会学等学科的内容，并有利于制定犯罪的防控对策以及指导被害预防。

第二节　犯罪人的特征

一、犯罪人的一般特征

犯罪人同人的一般特征一致，具有人的社会特征和生物特征。犯罪人是社会特征与生物特征的辩证统一，社会特征与文化特征是包括犯罪人在内的一切人的本质特征。首先，犯罪人具有同人一样的生物特征，犯罪人与非犯罪人的区分是一种文化上的后果，是人们按照某种价值标准进行的人为区分。其次，犯罪人并非先天注定或者生物遗传，同时也不存在所谓注定使人犯罪的"犯罪人格"或"犯罪心理结构"。陷入犯罪不是特定的人群或种群的固有现象，同时任何已经实施犯罪行为的人也都有重新向善、回归社会的可能。最重要的是犯罪人是生物特征与社会特征的有机结合，而不是简单的拼凑相加，二者相互融合。犯罪人是一种具有理性、自我意识和自由意志的精神性存在。人性是非善非恶的或者是既善又恶的，在人的后天发展中，人既可能发展成善的，也可能发展成恶的。

二、犯罪人的特殊特征

（一）概述

犯罪人的特殊特征，即犯罪人具有的反社会性。指犯罪人的人格所呈现出的与社会价值准则相悖的、与亲社会性相反的一种恶的破坏性人格品质或侵向。反社会性是通过犯罪人人格表现出来的，犯罪人的人格结构中既有反社会性也具有亲社会性的方面。

（二）具体表现

犯罪人的反社会性主要有以下表现：

1. 具有错误的信念体系

信念体系，是由人的世界观、价值观、人生观等系统的观念组合而成。错误的信念体系

表现为：（1）极端个人主义；（2）对现实社会持极端的或否定的或敌视态度；（3）接受某种与社会主流文化相对的亚文化或反文化。

2. 具有歪曲的需要结构或者需要的满足经常处于挫折状态

3. 自我意识欠缺

自我意识欠缺表现为过于自卑或以自我为中心，良心、同情心、羞耻心、责任感、法律意识等内在的自我标准不成熟。或者是欠缺应有的自我控制能力。

4. 具有不良的性格特征

有的人高度的内向或外向，有的人冷漠、孤僻，有的人虚伪、狡诈、爱慕虚荣、意志力差。

5. 不良行为方式或生活方式的习惯化

第三节 犯罪人的类型

一、概念与意义

犯罪人分类这个术语可以有两种不同的用法。第一种用法是指为区分犯罪人与非犯罪人而对犯罪人进行的鉴别活动。第二种用法是指基于一定的目的和标准对犯罪人进行类型划分的过程和结果。此处就是在这个意义上使用的。

犯罪人分类可以有多个标准。可以分为经验型的分类和理论型分类两种。前者是司法部门根据常识和实际需要对犯罪人进行的分类。后者是理论研究者根据学理认识和理论研究需要对犯罪人进行的分类。当然二者是有相同和交叉的情况。分类应当遵循的原则：合于目的、具有可操作性、涵盖面尽可能广。

犯罪人的类型，就是指根据一定的标准和方式，对犯罪人进行鉴别、比较

并根据其共性而进行分类。对犯罪人进行科学分类能使人们更加深刻认识到的犯罪现象的本质和内在结构，倘若科学的犯罪人类型体系能建立起来，就能对调查统计工作的进行和现代犯罪状况的认识产生意义，此外，科学的犯罪人分类，将对犯罪预防和罪犯矫正工作有指引作用。

二、类型

最早的犯罪人分类是由龙勃罗梭提出的，他将犯罪人分为天生犯罪人、准天生犯罪人、精神病犯罪人、机会犯罪人和激情犯罪人。之后，加罗法洛分为自然犯罪人和法定犯罪人，其中自然犯罪人又分为：极恶犯、激情犯、职业犯和风土犯。菲利分为：精神病犯罪人、天生犯罪人、偶发犯罪人、激情犯罪人和习惯犯罪人。李斯特则将犯罪人分为：机会犯罪人和状态犯罪人，后来又分为：正常竞争能力不足的犯罪人、怠惰与愚昧犯罪人、社会不良状态犯罪人、风土性犯罪人、恶癖性犯罪人以及固执性犯罪人。

然而，就目前来说，学术界还未对于犯罪人进行统一的标准，较为常见的主要有以下几种：

1. 根据年龄，可分为未成年人犯罪人和成年人犯罪人；
2. 根据精神状态，可分为正常犯罪人和精神病犯罪人；
3. 根据性别，可分为男性犯罪人和女性犯罪人；
4. 根据组织形态，可分为自然犯罪人和犯罪法人；
5. 根据犯罪心态，可分为故意犯罪人和过失犯罪人；
6. 根据犯罪经历，可分为初犯、再犯与惯犯，或者分为职业犯罪人和业余犯罪人；
7. 根据犯罪方式，可分为暴力犯罪人和智能犯罪人；
8. 根据身份，可分为白领犯罪人和蓝领犯罪人、政治犯罪人和普通犯罪人；
9. 根据犯罪性质，可分为暴力犯罪人、财产犯罪人和性犯罪人；
10. 根据罪行轻重，可分为重罪犯罪人和轻罪犯罪人；
11. 根据司法条文进行的犯罪人的分类等等。

案例

留守少年挥刀砍死奶奶原因何在？

班级前十名，未来好苗子。这个不满15岁的孩子却拿起了菜刀，对着朝夕相处的奶奶狂砍十多刀。2014年2月17日，新学期开学的第一天，南阳市唐河县二中初三年级学生方立志（化名）没有到学校报到，而是踏上了逃亡之路。几天后，在洛阳街头被当地警方抓获。是什么原因让他如此疯狂？

2014年2月17日，唐河县第二初中开学的日子。上午9点，初三（1）班班主任发现学生方立志没有到校，便拨打了他家的电话。一遍，两遍……无人接听。无奈下，班主任只得拨打了孩子父亲的手机。

方立志是个留守儿童，父母常年生活在湖北，以经营航运为生。这个行当被唐河当地人称为"跑船的"。因为收入高，在唐河，这是个令人羡慕的行当。

方立志的父亲接到电话后，委托亲戚前往家中查看。当来人到达时，被眼前的景象惊呆了：老人被一床被子蒙着横倒在床上，床单上有很多血迹，方立志也不见了踪影，来人便慌忙报案。警方经过调查，被杀老人的孙子、不满15周岁的方立志，有重大作案嫌疑。当日上午，警方发现方立志已经坐上一辆发往洛阳的长途车离开了唐河。

2月21日下午，西工派出所案件侦办大队民警孙阳和李冬雷，在辖区九都路与体育场路交叉口张贴悬赏通告时，李冬雷的不经意一瞥，发现了方立志的踪迹。由于地处闹市区，抓捕行动多有不便，民警选择了跟踪。

在跟踪过程中，民警发现，嫌疑人的精神状态十分低迷，一直耷拉着脑袋，低头走路。"就是沿着路走，走不动了就拐，没有任何目的性。"抓获方立志的民警孙阳说起当日的情景。

一小时后，方立志突然捡起路边的一个空饮料瓶，向着不远处位于一个小巷子里的公厕走去。

原来，方立志捡空瓶是为了去公厕接自来水喝。就在他从厕所走出的一刹那孙阳两人从背后将其按倒。在给嫌疑人戴上手铐的那一刻，孙阳似乎从方立志的表情中看到了一丝轻松，一种解脱。

原来17日案发后，方立志乘车来到唐河火车站，因没有身份证而购票受阻的他辗转登上了前往洛阳的长途汽车，当日下午到了洛阳。但身上仅有100多元钱的他，到被抓获时已"快两天没吃饭了"，问他这几天都住在哪里，精神状态十分憔悴的方立志只记得是"广场的凳子上"。

方立志落网后，其父亲方国立（化名），当天从湖北赶到了洛阳。方国立见到儿子的那一刻十分愤怒，但看到唯一的儿子已经两三天没有吃饭，又急忙给孩子去买了衣服、食物，甚至拖鞋。

　　不满15岁少年，提起菜刀对准了将他抚养成人的奶奶，血案背后隐藏着怎样的一个留守少年？近来，全国各地留守儿童问题屡见报端，这一现象不得不引起人们的深刻反思。

　　冷漠，是这个不满15岁的孩子留给办案民警最深刻的印象。因方立志尚未成年，为保障未成年人权利，所有审讯过程，方立志监护人要全程陪伴。

　　在审讯中，当方立志的母亲听到案情的细节时，忍不住失声痛哭，而方立志陈述时则异常平静，面无表情。

　　据办案民警回忆，在将方立志从洛阳押解回唐河的路上，警方也曾与方立志的父亲进行交流。方立志父亲坦言自己对孩子关心太少，远在千里之外打工，自己对孩子的关爱只能通过多给钱来表达。毕竟自己不能陪伴孩子，就尽量让他在物质上过得好些。方立志在押回唐河后，他的父母也赶到了公安局，但方立志对于这对双亲的到来似乎没有反应，与他们形同陌路。

　　"我也没有办法，谁不想把娃带在身边，可一家人都指望着我挣钱，我不出去行吗？"方立志父亲对警方说，对于方立志的今天，身为父亲的他只能是无奈。

　　2月22日，方立志的父亲从武汉赶到了孩子的身边，可在26日，他已赶回了湖北。

　　据唐河当地一位熟悉航运业务的人介绍，在长江、汉江以跑船为生的人，每天都很忙，工作停不下来。一旦停摆，便是巨额的损失。

　　与唐河二初中一路之隔，便是方立志曾上过的小学——唐河第二小学。

　　"标准的好学生"，据刘老师回忆，方立志当时在班里成绩一直都是前三名。孩子唯一的缺点就是不善言辞，有啥事憋在肚子里，所以也没有要好的小伙伴。

　　"有次他坐在教室里哭，哭得很伤心，我就过去问他咋了，但就是不说，怎么问都不说。哭罢洗洗脸回来继续上课，给人感觉有点女孩的样子。"刘老师回忆说。5年前的尖子生如今沦落成杀人犯，刘老师怎么都想不通。

　　曾经是方立志四年级时的班主任李老师，不仅教过他，还带着他表演过文艺节目。据李老师介绍，2009年方立志进入校腰鼓队，由于"个子高、白胖"，很是讨人喜爱，还被选为腰鼓队领队。

　　"让他当领队，就是让他和其他孩子打成一片。可是除了表演时和队员合作，私下里他却很少和队员交流。"说起当时的情况，方立志的不善交际让老师感到无奈。

第四节 犯罪人的实证研究

犯罪人的实证研究，是指对犯罪人的性别、年龄、种族、社会经济地位等社会人口学特征的研究，犯罪人的犯罪生涯研究，犯罪人的个性特征研究，犯罪人生活方式的研究等等。本书主要探讨犯罪人的犯罪生涯和社会人口学特征。

一、犯罪人的犯罪生涯

犯罪生涯，是指犯罪人由普通个体转变为犯罪人的动态过程。犯罪生涯作为犯罪学中对犯罪人研究的重要方面，可以通过对犯罪人个人的生活史以及犯罪经历的深入观察和全方位的显现，为犯罪控制和刑事司法决策提供启示和建议。对犯罪人的犯罪生涯的研究主要有以下几方面，首先，是对犯罪成员的研究，也就是通过研究发现哪些人更易于、更经常地参与犯罪，并对这种现象的产生进行详细解释和探讨。其次，是对犯罪频率进行研究。即对犯罪人实施犯罪的频繁程度以及犯罪高峰期加以研究。再次，是对犯罪的严重程度进行研究。即对犯罪人的犯罪类型和主观恶性程度加以研究。最后，是对犯罪生涯长度进行研究。即对犯罪人初次实施犯罪直至最后实施犯罪行为的时间跨度加以研究。

因此，从以上论述，可知犯罪生涯研究的对象主要是在一定时期内反复实施犯罪行为的人。

犯罪生涯研究的具体方法有出生群体研究、自我报告研究、对特定区域内的已知犯罪人的个人犯罪史资料进行纵向分析以及实地观察，即研究者介入犯罪人的社会领域，全面观察并记录其生活方式与规律。

二、犯罪人社会人口学特征

（一）犯罪人的年龄特征

就目前实际情况证明，犯罪日趋低龄化，而25岁以下是犯罪的主力军。根据相关资料显示，实施严重罪行的一般是25周岁左右的年轻人，在被逮捕的犯人中，有四分之三是18周岁到25周岁的青年。在杀人犯中，25岁以下的占三分之二。青少年犯罪率也显著上升，我国目前青少年犯罪占比70%－80%。随着主体年龄的增高，犯罪率呈逐渐下降趋势，据统计，从25岁以后，犯罪率开始下降，从 35 岁始犯罪率大幅度下降。

（二）犯罪人的性别特征

全球的犯罪多数都是男性实施的，根据相关资料，男女犯罪比为 10：1 至 5：1 不等。但是随着女性地位和能力的提高，女性犯罪率也有了明显上升趋势，但犯罪主力大军仍是男性。在犯罪类型上，男女也有较大差别，故意杀人犯罪的男女比为 6：1，暴力袭击犯罪的男女比为 7：1，盗窃犯罪比为 30：1，然而，在卖淫犯罪中，犯罪实施者大多为女性。值得注意的是，据美国一项自我报告研究表明，实际上的犯罪性别差异并不像官方所显示的那样明显，女性参与犯罪以及其他越轨行为的程度高于一般想象。

案例

台湾女子为骗保撞伤老公再强灌食物致其死亡

据台湾《联合报》报道，桃园县小吃部女老板李玲玲（化名）与其男友林风光（化名）缺钱花用，由李玲玲与徐石峰（化名）结婚，再涉嫌安排假车祸诈保；徐石峰没被撞死，重伤插鼻胃管进食，他们又涉嫌强灌食物导致徐死亡。检察官相验后识破毒计，情侣与共犯到案后互指对方是主谋，2014 年 10 月 22 日，声押李玲玲等三人获准。

检方调查，58 岁的李玲玲在杨梅经营小吃部，与在电子工厂工作的常客林风光（48 岁）交往同居。徐石峰是林风光昔日同事，因故流落街头。

林风光与李玲玲缺钱花用，将脑筋动到徐石峰的身上，年初展开杀害徐石峰诈保计划。林风光佯装好心，介绍徐石峰到李玲玲小吃部打工，李玲玲并刻意接近徐石峰，以"三人行"关系同居。2014 年 3 月李玲玲与徐石峰登记结婚，隔天李玲玲帮徐石峰投保 500 万新台币意外险。

检警查出，6 月 13 日凌晨，林风光开偷来的轿车埋伏在杨梅新民街，打电话向徐石峰谎称有赚钱机会，等徐石峰骑脚踏车到场，立即加速冲撞；林风光见徐石峰倒地不起，立即由友人王世杰（化名）接应离去。

徐石峰因路人报案抢救大难不死，出院后身体虚弱得靠鼻胃管进食，由李玲玲和王世杰轮流照顾，没想到才撑两天，徐石峰突因肺部感染死亡。当时邻居趋前关心，李玲玲淡淡回应"我老公死了"，看不出有任何哀伤。

检方相验发现徐插鼻胃管，只能吃流质食物，但解剖发现食道里有硬质食物，怀疑是被拔除鼻胃管后强灌食物致死。检方进一步追查发现李玲玲帮徐石峰投保意外险，认为事情不单纯，从车祸开始清查，查扣马偷来的行凶赃车，再根据路口监视器、通联纪录，于前天传唤李玲玲、林风光、王世杰到案。

李玲玲承认拔掉徐石峰的鼻胃管喂食，但强调是林风光一手策划，她是为爱铤而走险；林风光则指李玲玲才是主谋，王世杰则说一切听从林风光的指示接应。检方讯后认定三人有串证、逃亡之虞，向法院声请羁押禁见获准。

（三）犯罪人的文化特征

研究犯罪人的文化背景，如学历，受教育情况等来分析犯罪人的文化程度同犯罪的关系，以及反社会行为与教育程度和智力程度的依从关系，这些因素影响兴趣与需求的范围以及空闲时间的文化生活与整个行为。

（四）犯罪人的其他社会性特征

通过分析犯罪人的职业特征、家庭情况、居住条件，分析犯罪的客观原因。

第六章

犯罪被害人

第一节 概述

一、概念

广义的犯罪被害人包括犯罪活动侵害的国家、社会群体和自然人。狭义的犯罪被害人指在犯罪过程中作为犯罪人之对立面因遭受犯罪行为侵害而使其人身或者财产权益遭受损失的人。因此，首先，被害人是遭受一定损失或损害的被害人，其次，被害人是犯罪危害结果的直接或间接承受者，再次，被害人是犯罪行为的侵害对象或者所侵害的社会关系的主体，最后，被害人包括自然人和单位、法人。

我国1996年修改《刑事诉讼法》时，立法者对公诉案件中被害人的地位和权利作了重大的修正，第一次赋予被害人以当事人地位，并规定了一系列当事人享有的权利。如被害人有权委托代理人参加诉讼，有权参加法庭调查和辩论，有权提起附带民事诉讼，有权对人民检察院的不起诉决定提出申诉等等。这些旨在保护被害人权利的修正，从立法意图上讲符合现代诉讼制度发展的潮流，顺应世界人权保障发展的新趋势。但是，在对进步的方面加以肯定的同时，要看到缺陷和不足，以便加以改进和完善，这才是研究的真正目的之所在。目前我国关于被害人权利和地位的规定至少存在以下几个方面的问题。

一是被害人很少委托代理人参加诉讼，代理制度呈虚置状态。1996年《刑事诉讼法》规定，被害人有权委托代理人参加诉讼。在诉讼中代理人是被害人的辅助人。在审查起诉阶段，检察机关应当听取被害人及其代理人的意见；审判阶段，代理人可以参加法庭调查并代表被害人向被告人进行发问；在法庭辩论中，在被害人发言后，可以继续为被害人发言。法律之所以规定代理人制度，很大程度是考虑到被害人的知识和能力的欠缺，代理人参加诉讼有利于被害人权利的实现。诉讼代理人出庭，一方面有助于案件调查；另一方面，他可以代表被害人提出诉讼请求，包括刑事附带民事诉讼，也包括刑事中的追诉，如认定轻罪、重罪、情节的轻重等。代理人制度对被害人权利的保障和维护具有重要的不可替代的作用。然而，在司法实践中代理人的出庭情况很少，除了刑事附带民事诉讼中被害人的代理人出庭外，其他案件的被害人往往没有代理人，导致被害人的权益得不到及时维护。究其原因主要有两点。首先，控辩审三方都没有正确地认识到被害人代理人的作用；其次，在现实中，被害人代理人的地位和权利界定不明确，发挥作用的空间不大。被害人在刑事公诉案件中实质上是不完全的当事人，地位尴尬。立法虽然赋予被害人以当事人地位及权利，但同时规定，刑事公诉案件中对抗双方为国家公诉人与被告人，这就使得被害人在法庭审理中并不享有完全的当事人地位和权利，仅仅是协助公诉一方进行指控的辅助人，从属于检控方。这种不完全的当事人地位使得被害人及其代理人在诉讼中显得十分尴尬，并产生一系列问题。被害人是犯罪行为直接侵害的对象，其对追究犯罪、惩处被告人的要求更加强烈，而公诉人提起公诉更多的是为了维护国家的利益，恢复社会秩序，是一种职权为。各自不同的利益诉求导致被害人与公诉人之间冲突的产生，从而影响刑事司法目的的有效实现。

二是在审判过程中，被害人往往不出席法庭，从而使得被害人权利无法实现。被害人享有的种种权利的实现，在很大程度上取决于其法庭上的表现。因此被害人出席法庭就显得尤其重要。但是事实是，许多案件的被害人根本就不出庭。究其原因，一是法院没有及时通知，司法人员不重视被害人的当事人地位及其权利；二是被害人自己不愿出庭，不愿到法庭上与被告人见面，不愿受到第二次伤害；还有就是因为被害人害怕被告人的打击报复而不敢出庭。这里反映出我国在证人和被害人人身保护制度上的许多不足。也说明我们的立法在赋予被害人种种程序权利的同时，却忽略了具体的操作性问题，从而权利无法落到实处。

三是刑事附带民事诉讼范围狭小，被害人的权利得不到满额的救济。我国刑事附带民事诉讼的范围仅限于被害人因犯罪行为而遭受的物质损失，对于被害人及其家属受到的精神损害不予赔偿。立法如此规定的主要理由，一是国家对犯罪行为进行追诉、对犯罪人施以刑事惩罚已经完全能够抚慰犯罪给被害人造成的各种损害；二是任何犯罪行为都会给被害人造成精神上的损害，而精神上的损害没有办法确切地衡量，如果对精神损害的要求加以支持，那么所有的刑事案件都要予以精神损害赔偿。这种观点有一定的道理，但也存在着问题，即忽视了具体犯罪的特殊性。有些犯罪，比如严重侵犯人身权利的强奸犯罪，受害人所受更多的是精神上的损害，法律对犯罪人施以刑罚并不就能抚平犯罪给被害人所带来的伤痛。而这种精神上的损害可能会持续影响被害人的一生。对于这类案件，我认为法律应当支持被害人提出的精神上的损害赔偿，而不应该对各类犯罪毫无区别的一概排除精神损害赔偿的适用。

四是刑事附带民事判决无法执行时缺乏必要的补救措施，被害人权利救济成为一纸空文。这涉及刑事附带民事诉讼赔偿的实现问题。该赔偿是向被告人提出的，法律规定应当从告人自身的财产中加以执行。然而现实的情况是，很多被告人在被判处徒刑后根本没有可以用来支付被害人赔偿金的财产，导致民事判决部分的执行久拖不决，最后不了了之，被害人的权益得不到及时的救济，最终因权利无法得到满足而陷入困境。法律的终极理想是违法者受到制裁，受害者得到补偿，被打乱的社会秩序得到恢复。但是，如果被害人的利益无法得到实现，法律的这一最终目标不会实现，正义就不会出现。

二、特征

首先，被害人都具有被害性。所谓被害性，是指在一定社会历史和自然条件下，由被害人的生理因素和心理因素，如性格、气质、素质、能力、人格倾向等等诸主观条件所构成的，恰恰足以使其受害的总体内在倾向性。其中被害性又可以分为被害的诱发性、易感性、受容性和敏感性。诱发性是指被害人由于自身刺激的行为招致犯罪人对其实施犯罪行为的驱动性，例如脖子戴着粗大金项链的人，就很容易招致潜在的加害者实施抢劫等犯罪行为。易感性，是指被害人在犯罪侵害前容易接受加害者的诱导或容易成为加害者选择为侵害对象的特征，例如一些受害者受害后因为害怕不敢报警，导致犯罪者抓住受害人这个弱点而再次对受害人进行犯罪行为。受容性，是专指被害人在遭受侵害时的一种顺应状态。它可分为自觉性受容和被迫性受容，前者是指被害人估计眼前的既得利益可能丧失而自愿受容，后者是指迫于屡次控告无人受理或受理后处置不当不得已服从的受容。例如某人长期被害，由于被害情况得不到缓解或消除，被害人就会产生一种无知无觉、麻木不仁的状态，视被害为当然。敏感性是被害人对于可能的被害或已然的被害事实的感知和自觉，因为被害人一般都具有对可能的被害或已然的被害事实的感知和自觉，因此提高被害人对于被害的敏感性，是发现、预防和消除被害，增强被害人自律自卫能力的有效保护被害人的途径之一。

其次，被害人具有被害的互动性。所谓互动性，是指在一定的被害情境中，被害的发生过程总是伴随着被害人与加害人之间外显的社会性交互作用过程，被害是这种交互作用的产物或最终结局。因此，在一定程度上看，互动是被害发生的内在机制。在实践生活中，这种相互关系主要表现为以下三个方面：1. 在犯罪过程中，被害人与犯罪人是相互对立的，表现为角色对立，双方的相互排斥以及犯罪后果上形成了权利与责任对立的关系。2. 被害人与犯罪是相互依存的，没有犯罪，就不会出现被害人，同时被害人有时会具有补充犯罪人某些局限的情况。3. 被害人与犯罪人在一定条件下可能发生角色转换的情况。

最后，某些被害人还具有可责性，这是指被害人因自身的某些原因促使了被害的发生，从而对自身的被害富有一定的伦理或法律责任，并应受到一定的谴责。例如因挑衅别人而最终被人杀害的被害人；因举止轻佻而遭受性侵犯的被害人；因殴打家人致使家人将其杀害的被害人。这些被害人对其被害事实应承担一定的责任。

三、研究意义

被害调查有助于客观准确地评估犯罪水平和趋势，科学揭示犯罪现象。分析被害原因有助于全面地认识犯罪的发生过程和深入犯罪原因的研究。有助于提高对罪责的认识和更加准确地定罪量刑。有助于刑事诉讼的公正进行，有助于完善预防犯罪的对策体系。

第二节 犯罪被害人的类型

一、概念

所谓被害人的类型，通常是指依据一定的目的和原则，按照不同的标准对被害人所做的群书规划或分类。在我国，虽然对被害人研究起步比较晚，但也取得了一定成就，在学界形成了多方位的类型划分。

研究被害人的类型不仅有利于查清犯罪原因，还有利于合理分配责任，公正裁判，预防犯罪。

二、具体分类

（一）自愿性被害人与被迫性被害人

自愿性被害人与被迫性被害人是根据被害人对于被害的意愿进行的划分。自愿性被害人，是指被害人在遭受被害时未违背自己的意愿。实践中，绝大多数被害人都是被迫被害人。

（二）无名的被害人或有形的被害人

无名的被害人或有形的被害人是根据犯罪所感知的被害人价值的隐显或有无进行的划分。犯罪人在实施犯罪的整个过程中，为了求得心理上的平衡，实现犯罪的合理性，就会将被侵害对象的价值意义进行贬值处理，将其视为抽象的表现或符号，这就是无名的被害人。除此之外的被害人就是有形的被害人。

（三）无责性被害人与有责性被害人

无责性被害人与有责性被害人是根据被害人责任的有无及其程度进行的划分。无责性被害人，是指对于使自身遭受的犯罪行为的没有任何过错。有责性被害人，则是指被害人遭受犯罪行为侵害是由于本身行为有过错或者过失，这些过错或过失与犯罪的发生有一定的因果关系。

（四）既然的被害人与潜在的被害人

既然的被害人与潜在的被害人是根据被害人是否被害进行的划分。既然的被害人是指已经遭受侵害被害人。潜在的被害人，是指即将遭受侵害的被害人。

（五）真实的被害人与虚假的被害人

真实的被害人与虚假的被害人是根据被害人被害的真伪进行的划分。真实的被害人，是指受到现实侵害的被害人。而所谓虚假的被害人，是指未遭受现实侵害，但误以为自身遭受侵害或者谎称自身遭受侵害的被害人。

（六）机会性被害人与状态性被害人

机会性被害人与状态性被害人是根据被害人被害倾向性的有无进行的划分。机会性被害人，是指由于偶然性因素而遭受犯罪侵害的被害人。状态性被害人，就是指潜在的被害人。

（七）暴君型被害人、抑郁的被害人和生物生理的被害人

暴君型被害人、抑郁的被害人和生物生理的被害人是根据被害人的人格或个性的倾向性，进行的划分。暴君型被害人，是指由于性格暴躁而导致被害的被害者。抑郁型被害人，是指具有抑郁心理并因此而受害者。生物生理性被害人，是指由于特殊的生理特征而遭受侵害的被害人。

（八）复合被害人和单一被害人

复合被害人和单一被害人是根据被害人所承受的被害现象的个数进行的划分。复合被害人，具有两种情况，一种是指遭受多种不同类型犯罪侵害的被害人，另一种是由于一种侵害行为导致多方面的被害后果。单一被害人，是指只遭受了一种侵害的被害者。

（九）人为环境的被害人、技术环境的被害人、社会环境的被害人

人为环境的被害人是指由于大气污染、水土流失或生化制品以及核事故所造成的危害结果的承受者。技术环境的被害人包括交通事故的被害人、工业事故的被害人、电子计算机事故的被害人。社会环境的被害人是指由于独裁政治、垄断资本、色情文化、种族歧视、文化冲突、战争暴行、经济危机和惩罚式的教育等原因而遭受侵害的被害者。

（十）共同被害人与独立被害人

共同被害人与独立被害人是根据被害人的彼此联结程度进行的划分。共同被害人，是指共同遭受侵害的被害人群体。独立被害人，是指某一犯罪行为只导致一名直接受害人受害。

（十一）老年被害人与女性被害人

老年被害人与女性被害人则根据被害人的年龄和性别进行的划分。

第三节　犯罪被害现象

一、定义

被害者和犯罪者的互动中产生的由被害者承担的、反馈被害性质的事实被称为被害或是被害现象。

二、种类

（一）原生、派生损害

加害行为对被害人带来的直接损失和损害都称为原生损害。

原生损害派生、衍生出来的损失和损害被称为派生损害。

比方说，除了被害人的身体健康或肢体完整受到伤害行为的剥夺之外，被害人还会遭受到相应的经济损失和精神上的痛苦等其余的不良反应，派生损害指的就是后者提到的部分。

（二）再度、重复被害。

被害人在受到犯罪行为的侵犯之后，在后来的调查和诉讼工作中必须接受警方的问话、出庭、展开控诉、辩论等，这些事情会再次给被害人带来物质损失或面对人格的侮辱、名誉上的损害和精神方面的刺激，这些被统称为再度被害。

在一定的时间段内，特定的同一个被害人受到前一被害之后又受到同类或异类的侵害，这种现象称谓重复被害。

（三）复合、共同被害

复合被害有两个层面上的意思：第一种是基于横向的基础上代指被害人在同一时间受到两种以上性质和种类的侵害而承担了多重危害的结果；第二种是代指被害人从纵向方向上受到一种侵害行为带来的多个方面的连锁被害反应，换句话说就是被害反应伴着被害现象的产生在同一时间内递次形成。

共同被害第一层意思指的是同一项犯罪行为或犯罪事件使较大范围内的人一起承担损失、损害、痛苦；第二个层面的意思是直接被害人以外的其他因和直接被害人拥有某些直接利益关系的人受到的损失、损害和痛苦，它是经直接被害人受到的被害结果派生出来的侵害。

（四）被害烙印、被害后遗症和被害标签

被害人在受到犯罪行为的侵犯之后把这个经历沉淀内化，一些症状、标志、特点在短时间内从心理、生理两个方面体现出来，这种现象称作被害烙印。比方说那些受到恐怖主义迫害的被害人一般情况下都会出现孤僻、健忘、恐惧、强迫症、被害幻想甚或是精神分裂症等病症。

被害后遗症，是指被害事件发生后，被害人因此而在生理、心理和社会生活方面所产生的不良状态。

案例：刘女士于2011年4月5日逛街回来，手里提着买好的东西，肩上背着装有钱包和手机等私人用品的精美手提包，在路过一个偏僻的街道时被一男子持刀抢劫，还受到了该男子的猥亵，

如噩梦、盗汗、对噪声反应惊恐、注意力不集中、失眠、体重减轻、家庭关系紧张、遭受社会歧视，严重者甚至导致抑郁症和妄想症。

所谓被害标签，是指长期的社会、历史、文化原因或特定的社会氛围，被害人的人格倾向等因素综合互动等形成，并由社会烙于被害人人格乃至人身，旨在表明其被害性的、具有角色模型性质的符号。一般为习惯性被害人所具有。如犹太人就被称为"理想的被害人"。

（五）被害暗数、被害率与被害盲点症

所谓被害暗数，是指在一定时空中，已经告发和被害人已经知道但尚未告发的被害现象与实际存在的被害现象之差。

所谓被害率，是指在一定时空内，遭受被害的社会成员与全体社会成员的比率。

所谓被害盲点症，是指被害人因某种迫切的需要和急切的欲望，以致注意狭窄、判断力减弱甚至轻度丧失理智，对自己所处的危险和面临的风险视而不见的一种状态。这类被害人与犯罪人所形成的心理互动模式多为"主动－主动型"，甚至"主动－被动型"。

（六）被害人的易位

所谓被害人的易位，是指在犯罪与被害的互动过程中，犯罪人与被害人的作用与身份互向对方移易。

案例

蚌埠一女子因家庭暴力毒杀前夫被判无期

安徽蚌埠市中级人民法院日前审结一起由家庭暴力引发的杀人案件，被告人万利云犯故意杀害前夫，且作案时为限制责任能力，一审判处其无期徒刑，剥夺政治权利终身。

法院审理查明，现年38岁的被告人万利云与被害人张某原为夫妻，后因经常争吵并曾遭张某殴打，双方感情破裂，于2001年12月26日协议离婚。去年上半年，两人为照顾其子的学习，协议继续共同生活至其子成人，但双方仍然经常发生吵闹。去年12月1日晚上，张某下班回家后对万利云讲自己要下岗，

让其拿出钱请客，遭到万利云的拒绝。两人为此争吵至深夜。争吵过程中，张某再次殴打了万利云。次日中午，万利云将事先购买的灭鼠药投放在电饭锅内的米饭中。张某回家食用后感觉头晕，便上床睡觉。其子回家后，万利云让其睡觉，然后在客厅内释放液化气，欲毒死其子并自杀。当日下午4时许被人发现时，张某已死亡，万利云及其子经送医院抢救脱险。经刑事科学技术鉴定，张某系毒鼠强中毒死亡。安徽省精神疾病司法鉴定委员会办公室根据被告人万利云案发前后的精神状态，结合相关检查，评定万利云作案时为限制责任能力。法院以该鉴定符合本案实际予以采信。

法院审理认为，被告人万利云因与被害人张某关系不和且遭其殴打等原因，投毒杀害张某，并释放液化气毒杀其子未遂，其行为构成故意杀人罪，且手段残忍；鉴于其作案时为限制责任能力，且被害人有一定过错，可予依法从轻处罚。

第四节　被害原因

一、概述

被害人的主动或者被动的因素都可能成为犯罪人实施犯罪的导火索。因此，我们通过研究被害人自身的原因的分析，使被害人也要负一定的责任，进而找出一定的切实有效地预防措施俩进行被害预防，从被害人自身出发减少被害的发生。本节主要进行有过错的被害人的研究，对于完全无过错的无辜的被害人不做讨论。

二、自身致害原因

（一）分类

1. 被害人故意性的致害因素，在这种致害因素中，被害人往往都是有过错的，犯罪行为的实施者，在犯罪动机形成的过程中和犯罪实施过程中，加害人受到被害者行为的影响，使被害人通过自己的言行成为犯罪过程的积极参加者。在犯罪人的犯罪行为形成过程中，根据被害人的行为起的作用大小可以把被害人的有罪性程度进行区分。在被害人故意性的致害因素中，被害人往往比加害人更有罪或者犯罪程度相当。在犯罪发生之前，被害人所实施的行为，是诱发加害者的加害行为的主要行为，单一地或复合地刺激加害者，就会引起加害者的感情冲动，产生犯罪的冲动。例如，被害人没有正当理由就对加害人拳脚相加，进行殴打，展示携带的凶器，或者对加害人的家属进行攻击或者威胁，以致自己遭受加害者攻击。或者双方在争吵过程当中，互相挑衅，结果造成伤害、杀人等犯罪中的被害者等。

2. 被害人过失性的致害因素

在此类致害因素中，被害人自身存在的，处于无意识状态的、具有容易受到加害攻击或者容易接受加害者所给予的刺激之特性的因素。它具有条件的作用，能够刺激加害者成功的信心，从而使自己成为加害攻击的目标。具有此类致害因素的被害人有罪性比较小，整个犯罪的形成过程中，责任主要方面在加害人一方，被害人完全能够避免此类犯罪的发生，但是其主观方面的过失导致最后犯罪的实施，被害人的责任是次要的。

（二）被害的特征

1. 被害的诱发性指被害人由于自身刺激的言论、行为、状态而招致犯罪人对其实施犯罪行为的驱动性。被害人诱发性的致害因素，对犯罪人形成、强化、实施其犯罪决意往往具有诱发、推动的作用。所以我们可以说有些被害事件在很大程度上是由被害人自身招致而来的。

2. 被害的易感性指被害人在犯罪侵害前容易接受犯罪人的诱导或容易成为犯罪人选择为侵害对象的特征。被害的易感性既反映了被害人容易成为犯罪人所选择之侵害对象的特点，又反映了其易于接受犯罪人诱导从而步入犯罪情境或犯罪易于实施之场所的特点。

3. 被害的受容性指被害人在遭受犯罪人侵害时的一种顺应状态。被害的受容性分为自觉性受容和被迫性受容两种。前者是指被害人担心、害怕眼前的既得利益可能丧失而自愿受容的情形；后者是指被害人屡次控告无人受理或受理后处置不当而不得已受容的情形。

4. 被害的互动性指在被害情境中，被害人和犯罪人相互联系，相互影响而使被害实现的特征。被害的互动性是将被害和犯罪不看作是绝对静止的概念，而是将它们置于社会互动中进行分析。

研究表明，犯罪不仅仅是犯罪人单方面的一元活动，更重要的是犯罪人与被害人双方的互动结果。一般来说，没有犯罪人，也就不会有被害人；反之，在某种意义上说，没有被害人也就不会有犯罪，更无所谓犯罪人；在某些特殊情况下，甚至可以说，被害人"制造"、"塑造"了犯罪人。因此，互动性揭示了被害人在犯罪发生前和犯罪过程中的辩证角色和不可忽视的地位，说明了犯罪原因的更为深层的社会机制。

三、研究被害自身原因的意义

（一）加强被害人被害前的自身防范意识

1. 防范意识欠缺而具被害倾向。被害的产生，与被害人的防范意识密切相关。一般情况下犯罪人是"不打无准备之仗"的，他们大多要预先对被害人进行周密的调查，才对目标大胆出手，决不会贸然从事。同时我们在众多的犯罪案例中还可以找到这样一些特点：被害人说了或者做了某些事情而促使犯罪人去犯罪；被害人对他人采取犯罪手段；被害人因故意或过失把自己置于危险情景之中；由于个人的个性特点、社会地位或进入被害危险情境之中使自己成为被害；在参与犯罪中成为被害；被害人本身有违法行为使犯罪人产生侵害行为并自感安全；被害人显露出富裕吸引犯罪人。这些特点成为被害倾向，从某种意义上理解，可以认为一些犯罪行为的发生是由于某些被害倾向"促成"的。

2. 加强自身防范意识。首先，在与人交往的过程中，不能露富，尤其是与刚认识不久的所谓朋友之类的。一些人由于虚荣心驱使，在别人面前露富，这就为以后的被害埋下了祸根；其次，在遇到抢劫等暴力性犯罪时要根据自身能力机智应对，在与加害人正面接触时要量力而行，不要发生正面冲突、出言挑衅，以免加害人由只劫财转而杀人灭口造成不必要的人身伤害；最后，在日常生活中与人和善，不要因一点小事情就与周围的人发生矛盾，在一些犯罪事件中，加害人往往是一些被害人熟悉并曾发生过矛盾的人。如家中暴君型家长，平时对于妻子和儿子不够友善，促使他们奋起反抗，造成被害的发生。

（二）被害时的自我保护

1. 被害发生时被害人的心境。被害人在面临犯罪侵害时，可能会出现愤怒、恐惧等激情反应，被害人的激情可能是积极的，也可能是消极的。在被侵害过程中，被害人的愤怒就是一种积极的激情，积极的激情会使被害人产生强烈的攻击性反射；而屈服性恐惧则是一种消极的激情，消极的激情则使被害人产生被动的防御性反射。被害人遭受侵害的过程中，其应激状态可能会出现惊觉、阻抗、衰竭三个阶段。在社会治安形势日趋严峻的今天，人们保持着高度的警惕性，一旦被害的危险出现，便会在心理上产生惊觉，言行上随之有所表现，或高声叫喊，或寻找可利用的武器，以防不测。在犯罪人直接加害于被害人时，出于本能的反应，被害人会进行阻拦、抵抗，阻抗可能是消极的防御、躲避，也可能是积极的进攻、反击。积极的应激可能会导致喊叫声音的减弱、体能的消耗，其防御和攻击能力逐渐降低，往往在此时被害人遭受侵害。2. 利用良好条件帮自己脱险。在遇到被害时，应该机智地利用一些有利条件，不要只靠自己个人的力量，与加害人进行斗争。找准时机呼救，不要在无人救援的情况下呼叫，导致加害人出现杀人灭口的心理。

（三）被害发生后的自救。面对被侵害后的结果，一个品德高尚、性格开朗的人，其心境状态相对要好一些；强奸犯罪的被害人往往变得抑郁寡欢，敏感并且自卑；同一种犯罪，遭受侵害的强度越大，时间越长，其心境就越消极，越难以治愈。在遭受犯罪侵害后，被害人一般表现出以下几种不同的态度：1. 告发，及时报案；2. 忍受，任其自便；3. 被害，拒绝调查。被害人在犯罪被害后的不同态度和反应，直接影响到对被害人的补救，对犯罪人的制裁，以及是否遭受再次侵害的可能。如强奸犯罪发生后，被害人可能会出现一种退缩行为——不告诉任何人，其结果是使被害人长期处于一种精神压抑之中，独自忍受内心的痛苦，即使周围最亲近的人都无法了解其内心的反映；被害人也可能会告诉亲友，希望从亲友那里获得帮助和支持；被害人还可能报告警方，并积极协助警方进行调查取证，鉴别犯罪嫌疑人。因此，被害人勇敢积极的态度不但会有助于其人身、财产损失的弥补，有助于其心理创伤的愈合，而且还能使法律的公平正义得以实现。

第五节 被害人与犯罪人的关系

任何形式的犯罪与被害，无一不是被害人与犯罪人二元互动的结果。

一、对应共存关系

对应共存关系，是指被害人与犯罪人在"犯罪－被害"过程中互相对应、互为依存、缺一不可的关系。主要表现在以下方面：

1. 载体上的"对偶对称性"

2. 角色上的"预先自塑"性

3. 参与上的"刑事伙伴"性

4. 作用上的"互补合作"性

二、二元原因关系

二元原因关系是指双方在引发"犯罪 – 被害"这一互动过程的原因方面，存在着被害人与犯罪人之加害原因并存、互相结合、缺一不可的关系。

1. 加害原因之"一元"，常取决于其动机和目的

2. 被害原因之"一元"（即被害人自身存在的各种易遭被害的致害因素，其类型有诱发性、易感性两种）

3. 二元原因的结合共同引发其互动过程。其结合的方式对被害人而言，分别表现为：积极方式、消极方式、意外无意识方式。

三、彼此作用关系

1. 被害与加害均是动态概念

2. 被害人与犯罪人都是积极主体

3. 双方是以"互相影响、彼此作用"的方式推进其互动过程的。

4. 其彼此作用可以有多种模式：

单向利用式；单向诱发式；相向加害式；变敌对为融洽式"斯德哥尔摩式"

四、刺激反应关系

是指被害人与犯罪人在互动的心理机制方面，存在着一种彼此互为刺激、互相作用的关系。

1. 被害人的致害因素作为一种"刺激"，是犯罪人产生加害"反应"的前提。

2. 加害人所实施的犯罪行为，不过是针对被害人的刺激而做出的一种非法加害反应。

3. "刺激与反应"对双方主体而言，均具有相向性、互为性、循环往复性和缺一不可性。

4. "刺激与反应"在被害过程的各个阶段均可出现。

五、被害转化关系

被害转化关系，是指被害人与犯罪人在互动过程中，存在着一种"角色易

位"或"角色竞合"形式的被害转化趋向的关系。主要体现在：

1. 双方均是以对方为客体而互动的。

2. 矛盾的双方有可能成为最终的被害人或犯罪人。

3. "加害被害关系"的不同形态体现了被害转化关系。（1）即时防卫性；（2）事后报复性（3）同时恶意互为性。

4. 被害转化关系在被害过程中的各个阶段中均可发生。

六、互塑、共塑关系

所谓互塑、共塑关系，是指被害人与犯罪人在互动的结果方面最终互相塑造、共同塑造出真正的被害人与犯罪人的这种互补协作关系。具体体现在：

1. 双方是形影相随的"形事伙伴"

2. 双方以"互补协作"的方式完成其互塑、共塑过程。

3. 加害原因与被害原因是互塑、共塑双方角色的前提和材料。

4. "刺激与反应"是互塑、共塑双方角色的内在机制和具体塑造过程。

七、归责可能关系

归责可能关系，是指被害人与犯罪人在推进互动过程的责任方面，往往存在着可以因情划归出不同责任程度的关系。具体体现在：

1. 可归之责，主要是指"原因之责"，即双方在推进互动过程之原因方面的"加害原因之责"和"被害原因之责"。

2. 原因之责不等于"刑事之责"。

3. 归责可能的基础源于双方共同推进了互动过程。

4. 归责可能的常见类型

八、归责可能的常见类型

（1）完全无责任的被害人（2）有一定责任的被害人；（3）被害人因过失而易位，但刑事责任较轻（因防卫过当而易位）；（4）双方有同等责任（互殴致伤等）；（5）被害人成为犯罪的起因，责任较重（首先侮辱、殴打加害人）；（6）被害人比加害人负更重的责任（义愤杀人、大义灭亲杀人等）；（7）被害人负完全责任（诬告罪中以被害人自居的告发人）。

八、刑事对立关系

主要体现在：

1. 对权益的非法侵害或合法保护，是刑事对立关系产生的前提。（实质是权益侵害与合法保护的关系）

2. 刑事对立关系是双方互动关系的本质所在。

3. 刑法意义上的刑事对立关系主要体现在实体权益方面。

4. 刑诉意义上的对立关系主要体现在诉讼地位、诉讼权利等方面。

九、基本互动模式

从实践来看，被害人与犯罪人互动一般表现为以下五种模式：

第一、犯罪人主动进攻模式。在一些犯罪与被害中，常常是犯罪人有预谋有计划有目的地对被害人进行侵害。虽然被害人处于被动的劣势地位，其仍以自己的作为或不作为对加害人产生影响，或消极对抗，或微弱的公开反抗。但被害人终因不能自救而以自己的被害而结束这个互动过程。此种模式的犯罪人主观恶性较大，被害人常以无辜的被害人居多。

第二、被害人推动模式，是指被害人事实上诱使犯罪人实施了犯罪行为而使自己成为被害人。由于被害人先前存在具有一定伦理、道德责任或法律责任的不道德的言行或不法的挑衅行为，犯罪人本是正常的社会心理从而逐渐演变为犯罪心理，诱使其用犯罪行为进行反击。被害人的言行在这个互动过程中起着不断推动和强化犯罪人犯罪动机并实施犯罪行为的作用。此模式的犯罪人主观恶性较上述第一种模式的犯罪人的主观恶性要小，被害人往往有过错，具有可责性。

第三、冲突模式，是指加害人与被害人之间有着长时间的互动关系，一方侵害，另一方被害，但角色常常互动。"在真正的冲突模式中，罪犯与被害人之间常常互换角色，被害人有时扮演了犯罪的角色，反之亦然……由于双方即是被害，又是犯罪，因此，要分清这类关系中的责任，即便可能，也困难重重。而且，试图通过追溯过去来推定谁首先实施了推动行为，也是徒劳无益的"。④在一些激情状态下发生的斗殴和家庭暴力案件中，广泛存在。此模式中，被害人的过错程度也相应较大。

第四、可利用模式。这一模式曾被长期忽视，双方没有长时间的互动关系，被害人是完全被动的，几乎是在无意识的状态下受到犯罪侵害的。由于被害人的人格特征、行为方式、家庭资产和相貌打扮等诱发性特征，被犯罪人所利用，导致自己在无意识下被害。老年被害人和性犯罪被害人中有属于此种模式的。虽然由于被害人的因素诱发、推动或导致犯罪行为的发生，但从整个犯罪原因上，仅属于犯罪条件，而非犯罪原因。鉴于此，有学者从另一角度回应汉斯·亨梯的观点："从宏观上说，不是被害人造就了犯罪人，而是犯罪人造就了被害人。"

第五、被害人承诺模式。基于被害人承诺的行为就如罗马法中"不能对承诺者实施不法"的法律格言所表示的，自古就被认为行为缺乏违法性。国内有学者把它作为对刑事违法性的阻却事由。⑥但严格地讲，行为对象不构成被害人，一般认为至少须具备主体适格性、内容合法性、行为有效性、方式内心化、时间前置性等条件，否则，即使得到了被害人的承诺，仍不足以阻却该行为不成为犯罪行为。⑦曾被我国法学界和医学界广泛探讨的"安乐死"问题，就属于被害人承诺的损害之一。但现阶段我国刑法尚未全面接受该观点。强奸不满十四岁的幼女，即使得到被害人的承诺，亦不影响该行为成立强奸幼女罪。由此可见，基于被害人承诺的行为并非完全是成为刑事违法性的阻却事由。

第六节　被害性

一、概念

所谓被害性，是指在一定社会历史和自然条件下，由被害人的生理因素和心理因素所构成的，恰恰足以使其受害的总体内在倾向性。

在这里需要区别被害人的被害性与被害原因。被害人的被害原因是直接导致被害人被害的加害行为，而被害性则是被害人本身存在的有利于犯罪的条件。被害原因（加害）与被害（结果）是一种因果关系，没有犯罪的加害行为，就不存在犯罪被害人的问题；而被害人的被害性是被害人容易受害的特性，并不能直接导致犯罪的实施。原因与条件不同，不能混为一谈。

二、被害人被害性的类型

通常，可以把"被害性"分为易感型的被害性与诱发型的被害性。此外，有些学者认为还可以将其分为下列两种基本类型：（1）一般的"被害性"。这是指为一般被害人所共有的那些容易被害的特性，如年龄、性别、职业、社会地位等方面的那些易遭被害的特性。（2）特殊的"被害性"。这是指为特定被害人所特有的那些容易被害的特性，如部分被害人所具有的轻信、强欲、轻浮、易怒等易遭被害的特性。

三、被害人被害性的内容

1. 被害的倾向性。即被害人所具有的足以使自己陷入被害情境的那种心理或生理、内在或外在的趋力、趋向或可能。

2. 被害的受容性。即被害人心理上或气质上对于自己被害角色的认同和容忍。

3. 被害的敏感性。即被害人对于可能的被害或依然的被害事实的感知和自觉。

以上是学者公认的被害性的内容。此外，一些学者认为被害人的被害性还应当包括以下内容：

4. 被害的易感性。这是指被害人对被害状态无意识的顺应性，它反映了被害人容易成为犯罪人选择的侵害对象或者容易接受犯罪人的诱导等特性。

5. 被害的诱发性。这是指被害人的言行、状态、情绪等容易引起犯罪人实施犯罪行为从而使自己易遭被害的特性。

6. 被害的承受性。被害人之所以被称为被害人，就在于他确实遭受了犯罪之害，因此，被害的承受性理当成为被害性的基本内容之一。

7. 被害的转换性。研究表明，被害与加害、被害人与加害人之间并不是截然对立的，在特定的情境、特定的个体和特定的社会关系中具有明显逆转的可能性。

四、犯罪被害人被害性的心理表现形式

1. 缺乏警觉性，思想麻痹，防范意识不强。虽然近几年随着法制宣传的深入，人们防止被侵害的意识有所增强，但人们依然对社会治安状况认识不足，

思想上不够重视，存在侥幸心理，不相信已发生的治安事件会发生在自己身上，疏于防范，给犯罪人以可乘之机。

案例

"礼金大盗"——曾有财6年偷380万礼金

"礼金大盗"曾有财在落网前已经"四进宫"，他每次出狱后说的第一句话就是："我要走正路，再也不去盗窃、赌博。"然而，可能只有在监狱里的那段时间，他才真的没有盗窃，也真的没有赌博。如果说2007年以前曾有财是小偷小摸，那以后他就充分运用摸索的"知识"，不断总结"经验"，成了名副其实的大盗。6年多时间，他"专注"偷盗礼金，作案80余件，涉案金额380多万元，平均每个月作案1起，每起案件平均盗窃近5万元。民警带着他到作案地去指认现场，就花了两个多月时间。

从1992年到2005年期间，曾有财因偷窃，已经4进4出监狱，共服刑6年零8个月

2007年12月24日这天，曾有财身上只有6元钱，要是再没有经济来源的话，他可能再次面临饿肚子的威胁。这天上午，曾有财闲逛到一家酒店门口，看见里面正在办一场婚宴，酒店门口立着新郎新娘的大幅写真照片，曾有财走进去，他最真实的想法是去混在宾客队伍中去蹭顿饭。

酒足饭饱时，曾有财想到像重庆石柱县那样去偷一个包，找点钱解决吃饭问题。曾有财第一次瞄准的是一位女士的挎包，在他下手偷的过程中，惊动了主人，曾有财冷静地放手，继续寻找目标。

随后，他盯上了收礼金的男子。吃完饭后，主人邀请大家到酒店里间的麻将馆玩麻将，随着牌局的进行，收礼金的男子全神贯注，把所有的注意力都集中到了麻将上，似乎忘了放在座位旁边凳子上装着礼金的包，曾有财像提自己的一样提着包大摇大摆离开酒店。

有了第一次的成功，从此，曾有财便瞄上了酒宴的礼金包。2013年4月的一天，曾有财来到四川省宣汉县，他假装要去赴宴，搭车来到城里一家正在办酒宴的酒店，随着时间在一分一秒过去，慢慢地，餐厅里逐渐热闹起来，人来人往，川流不息，这正是曾有财希望出现的情景。

"只要他不把包背着、压着，我就有机会。"曾有财说。13时15分36秒，曾有财背着鼓鼓囊囊的包消失在酒店的监控录像外。

2013年12月28日这天，曾有财几经辗转到来重庆市巫山县，12时55分，趁收礼金的男子与坐在身旁的朋友摆龙门阵，曾有财瞅准时机，提着礼金包大摇大摆走出酒店，"9.4万元到手，前后不过15分钟。"曾有财喜出望外，这是几年来最快的一次。

被曾有财偷走礼金的80多家酒店，到目前还有绝大一部分酒店没有收到当天的餐费。2011年10月，曾有财将眉山一家酒店办酒宴的礼金13万元偷走，酒宴主人以礼金被盗不但拒付餐费，还找理由诬陷说是酒店故意找人来实施了盗窃，天天找酒店吵闹，酒店无法继续经营，只得选择关门歇业。

2010年3月，一对领了结婚证的新人在资中县城较豪华的一家酒店举办婚宴，曾有财把婚宴礼金5万多元盗走，一件喜事没想到出了这样的岔子，新娘新郎感到很郁闷，没有付餐费，酒店把这对新人告上法庭，一对新人为此吵闹不休，婚姻只维持了短短的一年时间，便宣告结束。

6年内盗得礼金380多万，案件侦破后，侦查员只查获了曾有财卡里23万元，其余的360万元不知道是怎样用掉的。

2014年2月3日，岳池某中学一老师嫁女，在县城一家酒店办婚宴。当天上午10时许曾有财进入酒店，中午1时许，他趁收礼金的人不注意，将装礼金的袋子盗走，然后迅速逃离岳池县城，回到夏丹家里，谎称这是上午打牌赢的11万多元。曾有财最后在被称为"鹰眼"的民警韩东升手中，6年盗窃生涯画上一个句号。

2. 认识具有表面性，难以分清是非曲直，在利害关系上缺乏判断能力，有不正当的需要，或者有通过不正常的手段满足某种需要的念头。加害人往往利用人们的这一劣势，进行犯罪活动。近年来花钱买高校文凭被骗取巨额财产的案件屡见不鲜，犯罪分子正是利用了被害人企图通过不正当途径获取利益的侥幸心理。

3. 个性表达不合社会性，被害人处于无意地诱发犯罪的状态。个体的个性表达是以一定的社会文化历史背景为基础的，合社会性的个性表达能恰如其分的反应社会需求，为多数人所接受，反之则会诱发人们做出异常的心理反应。如由于炫富而遭抢劫或绑架，女性由于衣着过于暴露而遭流氓毒手。

4. 被害人的生理和心理处于脆弱状态。遇事胆怯、恐惧、力量单薄的人更容易成为加害者选择的对象。加害人越是懦弱、无能，越能激发加害人的犯罪动机，引发加害人变本加厉、得寸进尺的实施犯罪行为。

5. 法制意识不强，缺乏自我保护意识或保护能力，被害人因加害人使用各种手段处于被迫顺从状态。例如因被抓住某种把柄而被勒索的个人。

6. 不恰当的情感表达，使自己成为被害人。在开始出现被害时，被害人的情绪更多地表现为应激状态，这时其行为不论是积极主动的，还是消极防御的，从某种程度上都会招致被害程度的加深。被害人的愤怒往往促进犯罪人的犯罪动机恶性发展，而屈服性的恐惧往往使加害人更加肆无忌惮的实施犯罪行为。

第七节　被害的预防

一、概念

犯罪被害预防是指自然人、法人、其他组织及国家针对其可能被害的因素和条件，而采取的减少其初次被害、防止其再次被害、重复被害、降低其被害后的恶逆变转化的可能性的各种防范性措施及有效地后续保护机制的总和。现今只从犯罪人方面着手研究犯罪预防难以预防犯罪的最佳效果，"轻视被害人防范的可能性特别是忽视它，这标志着同犯罪的斗争只做了一半的工作"。因此，在预防犯罪时必须重视被害人对犯罪的产生的影响因素。

二、如何进行被害预防

被害人对犯罪生成的诱发责任、促进责任和挑衅责任，被害人可能发生恶逆变的现象，都充分体现了从被害者角度研究犯罪预防的必要性。针对上述情况，笔者认为被害预防应包括三个层次，即预防首次被害、预防再次被害、预防被害引发的加害。

预防首次被害，就是要防止或减少被害事实的发生，预防成为被害人的各种可能性，即防患于未然，这是大众认知的被害预防。预防首次被害应该将一般被害预防与重点被害预防相结合，前者指全体公民预防，即推广预防犯罪的基本知识。如对盗窃犯罪的被害预防就是人人都应该提高警惕，管好藏严贵重物品。对潜在被害人或称弱势群体如未成年人、妇女、老年人、精神有缺陷的人等应重点防范。对于挑衅引发犯罪的被害人，应该在部分案件中追究被害人的责任，这也是值得深入研究的课题。

预防再度被害，即预防已经遭受过犯罪侵害的被害人再次受到侵害，这就要求被害人吸取经验教训，消除再次被害的隐患和不利因素。例如被盗窃后加强防盗措，曾被抢劫过的被害者对路过的地段和时间的选择更加慎重等，要吃一堑，长一智。再次被害预防最关键的是，被害人要向公安机关报案，让犯罪人受到应有的惩罚。事实证明，最少报案的群体，往往是最易被害的群体，他们对犯罪分子的纵容使得自己再次、连续地受到侵害。

预防被害引发加害，即预防被害人的恶逆变，主要有两种类型，一种是报复型，一种是模仿型。这都是由于其自身心理因素和外界社会因素的共同作用造成的。所以这方面的预防关键是加强被害人的社会保护，保障被害人的正当权利。因为被害人加害化往往是由于被害人悲愤和绝望，转而对犯罪人及其家属乃至对社会进行泄愤报复，酿成新的犯罪，从被害人变为加害人。所以建立相应的针对被害人的心理疏导机制和权利保障机制十分必要。

案例

6 岁女童手持硬币劝退抢劫者，抢劫者被判 3 年半

2014 年 10 月 15 日，据中国之声《央广新闻》报道，曾在港城市民口中流传一时的"6 岁女孩手持两枚 1 元硬币劝退抢劫者"的案件已有结果：秦皇岛市开发区法院下达一审判决，该案中的抢劫者、被告刘某被判处有期徒刑。

案件回顾：

秦皇岛市民小米骑着电动车带着 6 岁女儿回家时，一辆深色轿车开到前面把她给别停了，车上一个砍刀的男子一遍喊着："打劫，我数 123，掏钱！"一边用手中砍刀比画。

小米掏出身上的 230 多块钱，该男子还是不满足，又对小米喊道："再掏！"这时小米 6 岁的女儿勇敢地站到了母亲的前面，从文具盒里拿出两个钢镚对打劫男子说："我这儿有两块钱，你拿了，快回家吧"，一句"快回家吧"，让歹徒想到了自己也年幼的女儿，他终止了自己的犯罪行为。

虽然抢劫者被绳之以法，但案发时突如其来的那场惊吓，至今让一位 6 岁女孩承受着沉重的心理压力，这也是孩子的母亲一直难以释怀的伤痛。

警方很快地将涉嫌抢劫的刘某及其同伙张某抓获。

秦皇岛市开发区法院一审判决刘某有期徒刑三年六个月，并处罚金 3000元。记者试图采访这个勇敢的女孩，女孩的妈妈小米说，经历了那一次惊吓，女儿一直心有余悸，小米希望女儿的身心成长不再受到影响。

办案的检察官提醒，在遭遇暴力劫财时：

第一要将自己的生命安全放在首位，尽可能满足歹徒要求以求自保。

第二在不激怒歹徒的情况下，尽量拖延时间与其周旋，以求得到外援。

第三准确记清歹徒的体貌特征以及能为破案提供帮助的证据，及时报警。

第三篇

03

| 犯罪原因 |

第七章

犯罪原因的基本原理

第一节　概述

所有的犯罪现象都是一定的犯罪原因的外化，通过犯罪行为产生一定的犯罪后果，呈现出一定的犯罪状态。所以只有具备一定的因果关系才会有犯罪的可能，而导致犯罪的因素才能称为犯罪原因。由于犯罪是人类行为的一种，更是社会行为的一种，因此要分析犯罪就要研究罪犯所处的社会环境和其他多方面的具体场景。由此可见，所谓"犯罪原因"是意味着是导致犯罪这一行为发生机制的陈述，是关于形成这一机制的各种相关因素的综合归纳。

一、犯罪原因的定义

（一）因果的概念

因果关系是一种哲学概念。一切事物都是相互联系相互制约的，在这样的相互影响中，其中因果关系是最为普遍的关系，即一种现象或者事物都会使另外某种现象或者事物产生。我们会把引起现象或事物产生的现象或事物称为原因，产生的现象或事物称为结果。总而言之，原因和结果就是引起与被引起。这样就可以推出犯罪原因与犯罪的关系：犯罪原因引起犯罪现象；犯罪由犯罪原因引起。

在犯罪学的角度来看，有两种观念，一种是以结果为主体，以结果推原因，也就是说没有某些因素的促成就不会有犯罪；另一种是以原因为主体，正是某些因素产生了犯罪。显然，从逻辑学上看前者的外延大于后者。前者有偶然情况，后者则是必然。比如某些自然原因是否是犯罪原因，按前者观念，自然因素可以作为原因，按后者则不是。因为按后者观点来看只有社会因素是犯罪原因，自然因素只是条件。综上所述，前者不区分原因和条件，后者区分原因与条件。

(二) 犯罪原因的不同观点

西方的普遍观点是从结果推原因，其根据来源于古罗马法中的"无行为就无结果"的原则，此行为就是该结果的原因。这种观点容易理解和操作，该观点把所有与犯罪结果产生的所有条件视为原因。但是社会主义法系却遵循从原因追溯结果的观点，之所以会产生这样的差异是因为社会主义法系深受刑法中因果关系理论的影响。而产生刑事责任的基础应当比产生民事责任的基础小。苏联法学界认为一定原因必定引起一定后果，一定后果必定由一定原因引起。因果关系是两种客观现象的有规律的联系。我国的通说是因果关系与必然性关系密切，也就是说否定"条件即原因"的观点。自古以来，西方国家就是以私法为主体，我国及苏联、东欧都以公法为主，而在公法中，刑法地位特殊，对犯罪学影响深远。所以，犯罪原因就是指决定犯罪产生，存在，发展和变化的因素。而其他对犯罪有一定影响作用的因素被称为犯罪条件。显然，决定和影响是不同的。

原因和条件的区别在于作用的不同，但是在微观上很难区分，因此，西方国家很少研究两者的区别，而我国却特别关注，有一部分学者还将原因进一步分为一般原因和具体原因，将条件分为条件和相关因素。但总的来说，无论是一般原因和具体原因还是条件和相关因素，它们都属于原因这一范畴，因此本书将不再严格进行区分。

二、研究犯罪原因的基础思想

一般我们认为历史唯物主义是研究犯罪原因的基础思想。犯罪是一种社会现象，是客观具体的，所以也是随着历史的发展进程而产生着变化。

马克思主义表明社会物质条件就是产生犯罪的基本原因，人类社会得以存在和发展的物质条件包括：(1) 自然条件；(2) 人口密度等；(3) 物质资料生产方式。所以要研究犯罪原因就是要研究自然环境对犯罪的影响，研究人口分布、人口素质、人的心理和生理对犯罪的影响，研究生产方式对犯罪的影响。

（一）导致犯罪产生或变化的原因是客观现实的

犯罪是个体或群体行为，每个人的人生观、价值观和心理状态都是内在的。但犯罪也是社会现象，其原因极其复杂。社会是不断发展的，新社会取代旧社会不是一蹴而就的，因此，旧社会的思想观念和习惯可能不被新社会所接受，由此导致犯罪现象的产生。然而对犯罪有决定性影响的是社会的基本矛盾，而社会的基本矛盾一直都是生产力和生产方式之间的矛盾，也就是经济基础和上层建筑之间的矛盾。犯罪是社会各种矛盾的共同作用的产物。

（二）犯罪和犯罪原因在价值上不一定一致

对犯罪的价值评价显然是否定的，然而犯罪原因则是相对的，犯罪是坏事，而犯罪原因不一定就是坏事。只是人们对犯罪相关的一切都有固定思维，认为只要和犯罪有关就是绝对坏的。例如，市场经济体制可以发展生产力，与此同时，也会引起经济犯罪。虽然计划经济能降低经济犯罪，但却严重束缚了生产力的发展。所以，可以看出引起犯罪的原因可能是好的，某些能够控制犯罪率的因素也不一定是坏的。

了解了以上这一点，就可以扩展犯罪原因的研究范围，而不必考虑原因的价值取向。

（三）犯罪原因是一个具象的过程

一个过程不仅具有时间上的连续性还有空间上的连续性。矛盾是普遍存在的，但也是矛盾不断推进着事物发展壮大，所以事物发展的过程就是对立面逐渐统一的过程，只有观察事物发展的过程，才能了解事物的实质内涵，预测事物未来的发展方向。

犯罪原因之所以是一个过程首先是因为在宏观方面，犯罪作为一种社会现象，引起其产生变化的犯罪原因也一定会是随着社会发展而不断变化的。社会的最基本矛盾就是所有犯罪的根本原因，这是一种抽象的说法。在内容上，由于不同的社会有着不同的基本矛盾，因此会有不同的犯罪原因形成不同的犯罪行为。即使是统一社会，在整个社会发展的各个阶段也都会不同的基本矛盾，所以犯罪的根本原因也不尽相同。综上所述，犯罪原因一定是处在不断变化的过程中。

在微观方面，犯罪行为各异，犯罪的人也不同，自然能引起个体犯罪的原因也都不一样。由于不存在天生的罪犯，所以要真正地形成一个完整的犯罪链条，需要各种主客观原因的相互作用。确立一个犯罪行为的犯罪原因是过程的观念，研究犯罪原因的意义在于控制犯罪的产生与变化，起到降低犯罪率的作用，还能预防再次犯罪的发生。

第二节　罪因结构

一、概念

罪因结构是指各种主客观的犯罪原因的组合与形式。

"结构"一词一直是指某个系统相对稳定的联系方式。比如，分子中的空间排列方式；人体内的器官分布方式；法律体系也有一定的法律部门等等。犯罪原因可以分为内因和外因，这是法学界的共识。如何划分内应和外因，要看犯罪实施人的犯罪行为是否与外界有主要联系。犯罪的内因，是指犯罪主体本身的因素导致犯罪产生的原因，该因素不因外界的变化而变化，只是受犯罪实施人的个人意识所控制。犯罪的外因，显然是指与犯罪主体本身观念意识无关，是其他社会环境或其他因素导致犯罪产生的原因。某种犯罪的产生必定有其外因也有其内因，只有内因和外因相结合才会产生犯罪动机。这时，内因和外因的关系成了学者研究的另外的论点。

首先，内因和外因的关系，在宏观上看来就是社会意识和社会存在的关系。在哲学上，存在与意识一直是基础问题。唯物主义认为，存在是本源，意识是存在的衍生物，是存在在人类大脑中的反映。只要社会环境中有引起犯罪的因素存在，犯罪就不可避免。也就是说犯罪不以人的意识转移而转移。只有通过减少社会环境中引起犯罪的消极因素才能降低犯罪率。

另外，犯罪内因与外因的关系在微观上就是主体和客体的关系，是认识论的问题。认识论的前提是本体论。唯物主义认识论认为是主体反映客体。辩证唯物主义则主张主体有选择的反映客体。被反映的客体是客观实在的，但客观实在并不能决定反映者的选择性。而且客体不是自在职位，它是客观世界中同主题活动有功能联系而被认识的具体对象。能够与人的实践和认识活动产生联系的客体才是客观存在的。所以所有能够成为真正的客体要通过人类的活动，原本外在的事物才能获得客体的客观属性，才能成为主体活动的客体。能动的反映论则认为，无客体就无主体，反之，无主体也不会有客体。所以我们说主客体相互联系，相互依存，但只能在认识论的角度这要看。有一点需要说明的是，一个没有同主体发生联系的客体不认为就是不存在的，只是没有认识客体的属性。例如，若一女子没有结婚，那么该名女子就不具备妻子这一属性，但是不可能否让她仍是现实的人。

犯罪行为是一种实践活动。人一旦不再进行实践活动，就不会再有认识活动，实践是产生认识的必要条件。主体在进行实践活动时，往往同时会对活动客体产生认识。这是主体在思想上掌握和反映客体以及客体在思想上被掌握和被反映的关系。在主客体的认识关系中，客体在人脑中经过加工获得主观意识，主体的观念从客体中获得客观内容。认识关系是以实践活动为基础的。在某种程度上说，主客体的实践关系就包括了认识关系。但是，形成的认识关系又会反过来作用于实践关系。实践和认识是历史的统一的，这本就是马克思主义认识论的基本原则。犯罪作为实践活动的一种，当然也是主体反映客体的认识为必要条件和内在因素的。

辩证唯物主义认识论主张，促成个体实施犯罪行为的犯罪动机的形成是内因和外因的共同作用的结果。在犯罪动机形成的过程中，并没有本原之说，二者的地位是一样的，缺一不可，若没有内在的思想观念，外在的社会环境就不会对主体产生实质性的作用，因此就不会成为犯罪发生的原因。主体都会有一定的反社会意识，一旦社会结构出现缺陷，主体的反社会意识就会增强，在主客观的因素的作用下犯罪行为就会得以实施，这个时候主体的反社会意识就成为犯罪的内因，社会结构的缺陷就相应的成为犯罪外因。

二、罪因结构的层次

层次，就是表示事物的结构或者运动形式具有等级次序性。犯罪原因结构的层次，在宏观上，主要指犯罪原因存在等级差异。各个犯罪原因与犯罪结果的关系并不一样。也就是说，各个犯罪的原因等级层次并不同。每个犯罪原因的层次由联系概率决定，而联系概率是指"如果没有此因素则结果不会发生"这种情况出现的机会数。如果联系概率越大，原因等级就越高；反之，越低。

时间和空间数量是衡量联系概率的主要衡量尺度。按照联系概率的大小可将犯罪原因分为根本原因、重要原因、一般原因、具体原因。根本原因是指如果在所有时间和所有空间都可能同犯罪的发生存在联系，也叫作根源。如，生产力和生产关系的矛盾。重要原因是指在很长的一段时间和很大的空间范围都可能与犯罪发生存在联系，如阶级矛盾。一般原因是指在较长时间好较大空间范围内同犯罪的发生存在联系，如失业问题。具体原因是指在不长的空间和不大的空间范围内同犯罪的发生存在联系。由于时间空间都是相对的，因此很难有准确的划分，所以学者一般将犯罪原因分为原因和根源。

理解层次还可以从事物运动形式的次序性来解释。犯罪原因转变为犯罪行为，是一个动态的过程。内外因共同作用，必然会遭到社会和个人的压制，若内外因能摆脱压制，就会可能产生犯罪人，犯罪人在特定的条件背景下便会实施犯罪行为。因此，犯罪原因就转化为了现实的犯罪状态。

案例

今年 4 月 12 日，18 岁的小宝（化名）被人以年薪 15 万元的承诺骗到贵州后，被逼着在街头行窃，并经历了一连串令人胆战心惊的"培训"：开水中夹硬币；裤袋里摸鼠夹，手被夹的鲜血直流……

遭受了 37 天的非人磨难之后，小宝终于寻找机会逃出了"魔窟"寻找机会逃出了"魔窟"。武汉的一位好心人帮了这个来自钟祥的聋哑人。当天下午 4 时左右，电车公司 704 车队一位胡师傅在车上发现一个逃出魔窟的聋哑小偷。小偷自称被人骗到贵州，并被人强迫偷钱。胡师傅介绍说，大约一个半小时之前，小宝上了他的车。车到终点站时，他在车后门处发现了这个瘦弱的男子蜷在车上哭泣。胡师傅将他带回车队后，双方只有通过笔纸进行沟通。

"我是小偷"，"我是被逼的，是他们骗我来的，我要做好人，我要回家——"纸条上的这些语句，让胡师傅吃了一惊，他立即致电晨报新闻热线。随后，记者在贵阳市聋哑学校老师的帮助下，通过几个小时的交流，小宝讲述了他的悲惨遭遇。

半年前，因无力承担学费，我从聋哑学校辍学回家。在钟祥老家，我帮父亲干农活，帮母亲做家务。那段时光很开心，因为可以和妈妈在一起。妈妈总能做一些很好吃的东西给我；父亲打我时，妈妈总护着；每次被父亲打痛了，妈妈用药酒帮我擦伤口。4 月初，聋哑学校一个老同学来找我，称可以介绍我到上海一家大公司打工，年薪 15 万元。父亲马上被高额的收入吸引了，鼓动我随同学一起去打工。带上 100 元路费，我和另外两人来到贵州。

4 月 12 日，我们来到贵州一家已联系好的职介所，找到了联系人——一位 21 岁的"大姐"。"大姐"很友善地安排我们住下，并给我们买衣服，供我们吃喝。我第一次出远门，以为遇上了好人。8 天之后，一切都变了。"大姐"开始时说要把我们都带到贵州去打工，后来只带走了一个，另一个被送到了浙江某个地方，我被留在了贵州。当问为什么这样安排，我遭到一顿打骂，厄运从此开始。我先被赶出了原先的住所，和一些不认识的聋哑人关在一起，由一个贵州人看管。我们每天被这个贵州人拉到市内人多的地方转，往人堆里挤。一次在公汽上，本来已上了很多人，我却硬被贵州人拉着往车里挤。贵州人拼命地挤到一个中年妇女身边，并不停地撞妇女肩上的帆布挎包。公共汽车下桥时，刹车的一瞬间，贵州人轻而易举地拉开了中年妇女的皮包链子，顺势将皮包内的手机和钱包一起摸了出来，迅速递给我。因为害怕，我当时不敢接，贵州人凶狠的目光死盯过来，用脚狠踩我的脚。不接的话，肯定会踩断脚。这么想着，我就接了手机和钱包，并按那贵州人的手势从前门下了车。没一会儿，贵州人和车上的妇女一同向我走来。我以为偷东西时被发现了，就举着手机和钱包一个劲地求饶。两人竟大笑起来，并用手语说，他们刚才只不过做了一个试验，厚厚的钱包里全是报纸，手机也只是玩具。贵州人说我大胆、讲义气，准备拉我入伙。我不想做小偷便摇头拒绝，那天晚上，贵州人不让我吃饭。他说，不入伙，就没饭吃。后来，我整整4天没吃一点东西。"大姐"又带东西来吃了，这次是鸡腿和可乐。实在是饿得受不了了，我一把抢过鸡腿……

从那天起，我开始接受那个贵州人的"培训"：在"家"里，我们几人被要求站成一排，然后各给我们5元钱放在裤袋里。东北人站在后面教怎么下手。教完后，贵州人从一个随身携带的皮包内取出一个黑色的盒子，并不动声色地揣在裤子口袋中，要我们中的一个人去偷。那人刚将手伸进去便疼得大叫起来，手拿出来的时候，指头上挂着一个老鼠夹子。

"这么慢，不夹你夹谁"，看着血淋淋的手，贵州人竟大笑不止。贵州人告诉我们，手伸进去再缩回，这两个动作必须在0.05秒内完成，不然就会被老鼠夹子夹住。按这种"训练方式"试了3次后，我的手被夹得血肉模糊。

我们还被贵州人逼着天天练习用中指和食指夹东西。一次吃饭前，东北人将滚烫的开水倒在脸盆里，然后将一枚1元硬币投到水中：谁能夹出开水里的硬币，谁就有饭吃。接着，我们开始抢硬币。水很烫，手一沾水就烫得心疼。每人都得轮番试，试图从水中夹出硬币，可水却烫得无法伸手。我们只好围在脸盆边不停地吹气。那一次，我们中只有一个块头较大的人吃成了饭，而我和其他几个人当天晚上只能喝水充饥。东北人还逼着我们没事就用力拉食指，目的是使食指拉得跟中指差不多长。按照贵州人的说法，一个好的小偷，中食指的长度应该是一样的。

第一次偷是晚上7点多钟，被带到市区，"大姐"要求我们晚上10点钟回家，而且要有100元收获。

在路上聚集了不少消夜的民工。在人群里转了几个来回，我始终不肯下手。"大姐"三番五次给我使眼色，要我偷一个喝醉酒的民工。我仍然下不了手，再次回到"大姐"身边时，竟被"大姐"一反常态地狠狠揍了一拳。我满口是血，嘴唇马上肿了起来。

晚上回到"家"里，我被贵州人带到了一个陌生的地方，那里有三四十个人，贵州人将我的脖子掐得死死的，不许我跑。我极力挣扎的时候，一个小孩被人从旁边的木房内拉了出来。看得出那小孩也是聋哑人，有人将他的左手按在木桩上，然后就用刀猛地砍了下去，他的手一下就没了。小孩右手抓着左腕，疼得弹了起来，然后跌倒下去，脸一下变成了可怕的苍白色，无力地在地上挣扎着……

原来那小孩也是不想偷东西。

我一下子被一股巨大的恐惧吓怕了，我真的不想被砍掉手。在第二次行动时，贵州人要求我至少偷50元。在路上，来回走了四五遍，一想到要被砍手，我终于决定去偷。在夜市上，我盯上了一个年龄相仿的女孩。她的口袋很浅，钱包很容易就可以掏出来。在她选商品时，我靠了过去，然后用两个手指夹住了她的钱包。钱包到手后，便飞也似的跑回宿舍，交给"大姐"。"大姐"打开钱包，里面有40元钱和一些卡，她笑了。我觉得我已经变坏了。可我不想这样，我开始打算逃跑，离开那个可怕的地方。我心里这么想着，也在暗暗下着决心。

有了第一次以后，我每天的日子就有规律起来。每天上午7时，我们就被"大姐"叫起来出发。我们每人每天有5元钱的零用钱，但每天的任务是上缴100元。中午可以回"家"吃饭，下午2时再次出动。晚上6时回来吃晚饭，7时再出动，直到10时左右，路上人少了才可以回去睡觉。4月19日，"大姐"又要我和另外两人一起在汽车上偷东西。当时在青年路上了一辆704路车。我们装作彼此不认识，上车后，分散到车的前门、中间和后门，我被安排在后门。由于车上人很多，我便起了逃跑的念头，心想只要躲开他们的视线就可以逃出去了。我躲在后门旁的铁板后面，将身子蜷在座位上。

车到到常青花园的时候，下了很多人，我紧张地躲在车尾不敢抬头看别人一眼。我当时心里想，躲开那两个同来的同伙就一定会有办法，一定能回家见到妈妈。后来，车队的胡师傅发现了我，将我带回了车队。

第八章

犯罪的个体因素

第一节 概述

一、概念

所谓犯罪的个体因素，指的是引起行为主体实施犯罪行为的生理、心理等主体内在原因以及这些原因之间的相互联系。

由于犯罪在微观上属于个体行为，而个体又是由其先天的生理、心理和后天的成长环境中逐渐成形的，所以说，个体因素是自然因素、社会因素和文化因素的归纳总结。但是，即使自然因素、社会因素和文化因素再多，只要行为人在其危害行为直接作用于外部世界前放弃其行为，犯罪行为便不会发生。因此，犯罪的个体原因能够决定犯罪最终是否会危及社会。

所有犯罪原因最终都要借助行为人才能转化，所以正是某个个体在能控制自己身心的情况下实施了对社会而言的否定性行为，这种行为就被称为犯罪行为，实施主体被称为犯罪人。

规则是伴随着人类社会的发展而发展的，规则产生的同时也必然伴随着违规的行为。研究犯罪的个体原因不仅仅是人类认识自我的必然需求，更是实现人类进步的前提。从犯罪发生之时，人类就尽力去防范此类行为的再现，研究个体原因的目的在于预防犯罪，消除对社会，对他人，对自己的危害，但更在于通过认识自己来到达教育的目的。

20 世纪上半叶，格鲁克夫妻完成了一项非常有意义的研究。他们针对 500

名违法犯罪的少年和500名未违法犯罪的少年进行了从儿童时期直至成年时期的跟踪调查。此项的研究目的在于揭示反社会行为的个体差异是否具有稳定性。之后研究这类问题的学者还有很多,虽然他们的研究方法不尽相同,但结论大都是:反社会行为具有较高的稳定性。他们的研究表明,"攻击可以被看作具有稳定性——伴随自然环境变化而它却具有恒定性","早起具有较强反社会行为的孩子比较弱反社会行为的孩子实施犯罪行为的概率更高"。虽然大多数学者都认同这些,但罗宾斯就提出:"成年犯罪行为看似源于儿童时期的不法行为,但大多数的孩子并未成为反社会成年人或犯罪人。"

事实上,过去人们常常将罪犯、精神病人、心理变态者混为一谈,例如,同性恋这一现象,当我们不了解同性恋时,往往觉得这种行为是不合法的,但当我们知道同性恋只是体内雄性或雌性激素决定的,便不会将其视为不合法行为,因此,同性恋也不再是犯罪学需要研究的一部分。

二、特征

所谓特征就是指某种现象的基本共性,所以,犯罪的个体因素具有以下特征:

(一) 个体性

除了一些生理因素,犯罪个体因素大多都是个体的心理活动和思想观念。具有极强的主观性和抽象性,难以用数据或图表说明。即便用数据量化,也只是根据某一个体而言,不具代表性。

在一般的心理学研究中,由于研究资料或样本的缺乏,所以会使得研究结论的可信度不高。对于犯罪个体因素的研究也同样如此,甚至更为严重。由于调查对象一般都是具有特殊身份的个体,如罪犯、犯罪嫌疑人或者其家属,所以在调查中获得的资料不可能完全准确、客观,而且会有许多撒谎或者隐瞒事实的行为。因而,犯罪的个体因素极其复杂多变,这就是其个体性的表现。

(二) 综合性

犯罪个体因素的综合性是指个体因素是由内在原因和外在环境共同作用的。比如某行为人的道德败坏到底是其天生的还是后天造成的? 显而易见,一个人的道德一定是遗传和后天教育等其他外在环境共同形成的。处于同样环境的人的道德品质也并非一致。此外,许多研究也表明思想观念的形成有着生理和心理基础,到目前为止,心理学研究也未对特定行为或观念到底是先天的还是后天形成的进行证实。

其次，现有研究表明，犯罪的个体因素是一个多层次结构，各种因素相互影响，相互依存。犯罪作为一个复杂的活动，某个单一的因素是不可能实现的。个体因素其中不仅有生理因素，也有思想观念的作用，还可能有人格心理的影响。比如，某个实施强奸的行为人，其个体因素可能包括生理上的需求，也包括了法律意识的淡薄。但到底是哪种因素是主要的，这些因素又是如何发挥相应作用的，都是需要继续研究的问题。

（三）终极性

上文有提到过，无论犯罪原因中的社会原因，自然原因多么充足，只有行为人的心理反对，犯罪行为就可能不会实现，所以说个体原因是犯罪发生的最后一道屏障。所有犯罪诱因都必须经过行为主体的审核，才能转化为现实犯罪。只要这最后一道屏障依然坚挺，可能性犯罪就会被化解，一旦这一屏障被打破，犯罪就会被实施。因此可以说犯罪的个体因素对于预防犯罪意义重大。

第二节　心理因素

一、概念

犯罪心理学是一门单独的课程，可想而知，心理因素对犯罪的影响之大。所谓心理因素，即导致行为主体实施犯罪的一切人格，个性原因和思想观念，如情绪、意志、动机、价值观、人生观等与犯罪行为密切相关的心理特点。

二、情绪和情感

情绪和情感是指人们对客观事物的一种态度，如快乐、悲伤、恐惧等。而能引起犯罪的情绪和情感一般都是消极情绪，如愤怒和恐惧。所以，在犯罪学方面，都是研究消极情绪和情感与犯罪行为的联系。

（一）不良情绪

情绪和情感是个中性词，有积极的和肯定的情感情绪，也有消极的和否定的情感情绪。前者包括开心、振奋等，后者包括怨恨、痛苦等。由于后者无论对个人还是他人或者社会都会具有破坏性，所以正常的状态都是试图化解这些情绪情感，将其转化为正能量。

案例

某日傍晚，外来务工人员张某某和杨某某等人去一家饭馆吃饭，本想白吃白喝，谁知吃到一半，其他人开溜，只剩下他们两个买单，但两人身上仅8元钱。结果两人被店主送到派出所。走出派出所，二人十分窝火，在大街上无聊的溜达。夜晚，二人见一单身女子，心生邪念，便劫持了该女子并将其轮奸。

（二）激情

激情是一种迅速爆发并且短暂的情绪状态。心理学研究证明，人处在激情状态时，认识会变得狭隘，理智会被抛到脑后，控制力变弱，所以往往会实施某些不顾后果的行为。如以下几个案例：

案例

1. 一个玩笑，破碎一个家庭。小张高考落榜，南下打工五年，少吃节用积攒近十万元，买了一辆7000多元的五羊公主摩托送给未婚妻。途中遇到多年未见得同窗好友小马，侃侃而谈后执意告别，小马认为自己身强力壮，小张觉得本人的车好技高，便开玩笑说：来试一下，我挡住了车子你就别走，今中午我请客……不料，小张加大油门，刹车失灵，导致小马脑震荡和小腿骨折。经法院调解，小张赔偿小马住院医疗费、误工等费用7.5万元。不久，未婚妻告吹，父母有病无钱治疗，父亲过早离世，母亲卧床不起。

2. 一条短信，拆散一对夫妻。王甲下岗后伙同妻子玲芝开了个快餐店，夫妻二人恩恩爱爱，日子一年比一年好。王乙和王甲原在一个车间上班，二人视同姓为一家，经常来店就餐，玲芝也视王乙为兄弟。去年五月，玲芝过30岁生日，酒后给其发了一条"常来常往，岁岁快乐！"的短信。王甲发现后，立逼妻子承认与王乙有染，玲芝觉得委屈，便同王甲一起去找王乙论理，王乙顿觉自己的做法欠妥，但无他意，请求原谅，这时，王甲恼羞成怒，拿起一根木棒就打，致使王乙左胳膊骨折，被判处三年有期徒刑，赔偿王乙3.2万元。当时，玲芝身怀有孕，王甲服刑后，便打掉了胎儿，外出打工至今未归。

三、需求和动机

人的需求各种各样，马斯洛的需求层次理论，将需要分为五个层次，最底层是生理需求，其次是安全需求，然后是社交需求，再次是尊重需求，最高层则是自我实现的需求。这五种需求虽层次不一，但是都可能因为满足不了而发生犯罪行为。

动机，是指促使人从事某种活动的念头，在心理学上一般被认为是某种行为的发端、方向、强度和持续性。

现就需求动机与犯罪的关系进行逐一阐述。

（一）差距感

当社会贫富差距巨大时，即使个人的基本需求得到了满足，一旦个体间进行比较之后，个体依然会对现状不满，所以相应的犯罪率也因此提升。

首先，从犯罪率上看。据统计，1981～2004 年，全国居民收入的基尼系数从 0.278 迅速上升到 0.462，居民收入不平等程度扩大了 66.2%。与此同时，以公安机关立案的刑事犯罪案件为例，1981～2004 年，全国犯罪率从 89 起/10 万人上升到 363 起/10 万人，增加了 3 倍，犯罪率以 6.3% 的年均增长速度在快速上升。而如果参照国外很多国家的做法把治安案件作为轻罪案件纳入犯罪统计中，那么我国的犯罪问题将更为严重。根据可以得到的统计数据，以公安机关受理的治安案件为例，1986～2004 年，全国治安案件立案率从 104 起/10 万人迅速上升到 511 起/10 万人，年均增长速度高达 9.2%；违法犯罪率从 1986 年的 155 起/10 万人上升为 2004 年的 874 起/10 万人，年均增长速度 10.1%。2005～2007 年，公安机关立案的刑事案件分别为 4648401 件、4744136 件、4807517 件，年均增长速度在 1.6% 以上。

其次，从犯罪数量上看。2001 年至 2005 年是我国贫富差距突破警戒线的时期。根据国家统计年鉴公布的数据，这五年的刑事案件发案总量分别是 4457579 起、4336712 起、4393893 起、4718122 起、4648179 起，年平均发案 4510897 起。而 1996 年至 2000 年全国刑事案件发案数分别为 1600716 起、1613629 起、1986068 起、2249319 起、3637307 起，年平均发案 2217408 起。全国 2001 年至 2005 年五年平均发案数，较上个五年的平均发案数上升 103.43%。2006 年、2007 年刑事案件发案总量继续攀升，分别为 4744136 起、4807517 起。

再次，从犯罪类型上看贫富差距拉大对犯罪最直接的影响就是造成牟利型、侵财型案件剧增。

据中国法律年鉴统计，1981～2007 年侵财犯罪占全国刑事犯罪总数的比例年均在 80% 左右，而盗窃是最主要的侵财犯罪类型（占侵财犯罪总数的 85% 左右），也是最主要的刑事犯罪类型（占刑事犯罪总数的 65% 以上）。2007 年全国盗窃案件发生 3268670 起，比 1996 年的 1043982 起上升 213.09%；2007 年全国发生抢劫案件 292549 起，比 1996 年的 151147 起上升 93.55%；2007 年全国诈骗案件发生 239698 起，比 1996 年的 69688 起上升 243.96%。

最后，从犯罪主体上看。在贫富差距拉大过程中，低收入群体数量不断增大，其成为犯罪主体的数量也随之扩大。低收入群体中最有代表性的是无业人员和农民。以江苏某市抓获刑事作案成员数据进行分析，2005 年无业人员作案人数 13231 名，比 1996 年的 4894 名上升 170.35%。如果把农民也归入低收入者计算，2005 年无业人员和农民作案人数占全部刑事作案成员的 69.94%，作案人数比 1996 年上升 71.84%，不难看出，犯罪主体中，低收入者的数量很大[25]。2003 年，安徽省检察机关共批捕刑事案件 12136 件，人员共 18553 人，其中农民犯罪案件 6228 件，农民 9139 人；2004 年，共批捕刑事案件 12683 件，人员共 19385 人，其中农民犯罪案件 6322 件，农民 9294 人；2005 年共批捕刑事案件 14113 件，人员共 21766 人，其中农民犯罪案件

（二）刺激

随着现代社会的发展，人们不再每天为了谋生而奔波，有了更多的闲暇时间，人们会寻找其他活动来度过闲暇时间，如运动、娱乐。特别是青少年为了打发时间常常会寻找各种"刺激"填补空虚感，但由于青少年社会经验不足，法律意识缺乏，无法辨别是非对错，因此常常会走上犯罪的道路。

案例

龙口市人民检察院在提审涉嫌抢劫犯罪的于某等 4 人时，他们竟众口一词，说其犯罪动机很简单：酒后感觉"手痒"，抢劫既能打人过瘾，又能弄钱潇洒，可谓"一举两得"。

犯罪嫌疑人于某、田某等 4 人均系龙口市 20 岁左右的小青年，3 月 31 日晚，4 人在一饭店喝完酒后，神经处于兴奋状态。田某说手痒痒，要找个人打仗，其他人欣然同意。4 人骑摩托车来到南山集团东面的选矿路口，对一名过路的男子拳打脚踢。打完这个人以后，田某提出不能光打人，还要抢劫钱财，其他人全部同意，于是 4 人又窜至南山集团电解铝大桥南北公路上，采取对被害人拳打脚踢翻衣兜等手段，又连续实施拦路抢劫作案 3 起，抢得人民币 20 元，其中致被害人王某肋骨骨折，经法医鉴定为轻伤。抢完后，除了犯罪嫌疑人田某逃跑以外，另外 3 人被公安人员当场抓获。

（三）侥幸心理

行为主体因某些需要有实施犯罪的动机，虽意识到了行为的不合法，但是为了某些利益不愿放弃实施犯罪行为，反而期待其犯罪行为不被发现，从而逃避惩处，这种心理就是犯罪的侥幸心理。

在犯罪中侥幸心理常见于职务犯罪，如以下案例：

案例

4月17日，敦化市教育局副局长祝延滨受贿案在和龙市人民法院开庭审理。

检察机关指控其受贿17万元，祝延滨对此全部承认。在最后陈述时，51岁的祝延滨痛哭流涕直呼后悔，"我以为我收这点钱顶多就把我免个职，我就退休回家了，没想到要被判10年以上，我后悔死了！"

祝延滨曾当过老师、教育局科员、科长，在被捕半年前刚被提拔为敦化市教育局副局长。也就是说，他刚刚掌权，就开始受贿。

2013年9月18日，他因涉嫌受贿被和龙市公安局刑拘，因涉嫌犯受贿罪，经延边州人民检察院决定，于2013年9月30日被和龙市公安局执行逮捕。

17日9时，该案在和龙市人民法院开庭审理，和龙市部分人大代表、政协委员和教育系统干部旁听了庭审。

检察机关指控，祝延滨于2013年5月至8月期间，利用任敦化市教育局副局长的职务便利，在教育系统采购高考身份证系统和作弊防控系统、教学仪器设备、厨房设备过程中为他人谋取利益，先后4次非法收受王某现金共计17万元。案发后，侦查机关扣押了全部赃款。

对检察机关指控的事实，被告人祝延滨全部承认，没有任何异议，整个庭审过程中，他非常配合庭审工作，对检察机关和法官的提问、质证全部认可。

在法庭最后的陈述阶段，51岁的他刚说第一句就开始泪流满面，痛哭流涕。

他说，没有想到，自己会是这个下场，在听说给他送钱的人被抓时，他觉得自己收的这点钱，要是查出来，顶多就是免职，也就退休回家算了。直到自己被抓进来，听检察官和律师说，受贿10万以上，起刑就是10年，自己真的傻了。

祝延滨说，他妻子是享受国务院特殊津贴的特级教师，出一本书的收入就不少，自己的孩子读研究生，自己家庭条件很好，根本不缺这点钱。

"要是早知道，我早就去投案自首了，我真的没想到为这些钱要坐10年大牢……请法官看在我年纪大，认罪态度好，从轻判决……"祝延滨的这段陈述不是事先写好的，而是现场发挥，听起来完全发自肺腑，悔罪的态度深刻，令旁听者不胜感慨。

四、成瘾性

成瘾性是指人在心理或生理上对某种事物或行为产生依赖。若这种状态不能得到及时的满足，那么该主体会无视法律或道德的约束，在冲动之下实施犯罪行为。如惯偷、赌徒等。

案例

拥有百万家产的刘某跨辽阳鞍山两市，近3年来强奸幼女29起。据其交代，他强奸后会把女孩送回，并给被害人几十到200元不等的钱。

警方对其犯罪心理分析发现，离婚、两个亲属相继去世加之自身性功能出现障碍，刘某的心理开始扭曲，长期观看淫秽光碟和书籍激起了他对性的极度渴望。曾在自家浴池容留妇女卖淫的刘某对"小姐"十分反感，对自己的离婚妻子也没有激情，于是，生性胆小的刘某将目标锁定在防范能力低的幼女身上。

"第一次可能像他交代的那样是出于寻找刺激，已经知道犯法后，不惜开车往返百公里冒着被抓获的风险送回被害人，并给被害人钱等举动表明他内心也存在过矛盾。"千山分局长年研究犯罪心理的教导员孙广义说，"他的心理已极度失衡，强奸幼女已经上瘾。如果他没有落网，作案方式还会改变，这样才能满足他寻求刺激的欲望。"

五、法律意识

在现代社会，具备一定的法律知识已经成了公民生存的必备素养，然而仍有许多不发达地区的人们对法律没有一个明确的认识，致使即使自己行为已经违法还浑然不知。

案例

吉林磐石市朝阳山镇67岁的独居老人赵某，于2013年10月间，为烧柴取暖，到附近国有林场经营区内，用手锯砍伐天然林幼树及成材树共72株，其中成材树34株，内含国家珍贵树种黄菠萝15株。今年1月19日，赵某因涉嫌非法采伐、毁坏国家重点保护植物罪被检方公诉。

2013年的一天,在浙江丽水打工的肖某和王某,因为想吃野味,就带上弹弓、钢弹、手电筒,来到丽水某工业区附近打鸟,一个小时猎获21只麻雀。检察机关认为,王某和肖某违反狩猎法规,使用禁用工具、方法进行狩猎,破坏野生动物资源,情节严重,触犯了刑法。今年1月14日,两人被丽水市莲都区法院以非法狩猎罪各判处罚金人民币2000元,作案工具予以没收。

以上两起案件的案情都非常贴近生活,但对比《刑法》的规定,上述两起案件的当事人的确涉嫌犯罪了。

第三节　生物性因素

一、概述

所谓生物性因素,也称作生理因素,是指导致行为人实施犯罪的生理特质及其相互间的作用机制。其中生理特质就是指个体的身体结构、特征、生物化学特点及其外在指标,如智力、性别和年龄等。

某特定个体的身体构造或者生理机能所具有的某种特殊性是否是造成其犯罪行为的原因,这就是研究犯罪生物性因素所要解答的问题。如激素分泌过多是否会引起个体实施性犯罪。对于孪生子的研究就是试图发现当生物性因素一致时,孪生子是否都会实施同样的犯罪行为。

案例

双城市公安局刑侦大队副大队长赵晓良,7年前,还是刑侦大队一中队中队长。当时,他全程参与了这起案件的侦破。提及此案,刑侦生涯十余年的赵晓良还是禁不住感叹:"离奇。"回顾此案,尽管时隔7年,对于案中的细节他依然记忆犹新,涉及的数字也是脱口而出。跟随这位老侦查员的记忆,时间检索到了2006年初春。

4月7日10点左右,一位40多岁模样的女人来到双城市公安局报案,身后跟着一个满脸泪痕的女孩。女人指着女孩对民警说:"她是小偷。"原来,女人是北街一个出租屋的房主,9点钟左右,当她来到出租屋时,发现这个陌生女孩正在自己家中翻东西。而此时,站在一边的女孩怯懦地小声说:"我不是小偷,我只想取回自己的东西。"年仅 18 岁的迟薇是当地某高中的一名高三学生，满脸的无辜和单纯，民警凭直觉感到在她的泪水背后一定另有隐情。"你之前去过几次？干什么去了？谁跟你去的？"随着询问，女孩吐出了真相。

原来，3 日这天，为了迎战高考潜心读书的迟薇，曾和一名同学一起寻找出租房屋，当她和同学停留在一个写着"房屋出租"的房子门前时，一个男子从房子里走了出来，迟薇以为是房主，便开口问道："你家房子租不租？""租，但是我现在有事儿着急出去，没时间看房了，你过两天给我打个电话再来看吧。"三天后，迟薇按照当时男子给他留的电话号码拨了过去，相约 1 小时后在出租屋看房。此时的迟薇不会想到这个从房子中大摇大摆走出来的男子根本不是房主，而是一个入室盗窃却毫无收获的窃贼。接下来发生的事，她更加始料未及，在二人来到出租屋后，随着身后房门的一声"咣当"，男子露出了狰狞的面孔，他就地取材，用屋内的一根电线将迟薇捆绑起来，实施了抢劫强奸后扬长而去。事后，迟薇挣脱了电线，慌忙地逃出了屋，可回到家中的她发现自己的钱包和书落在了出租屋，不料，第二天回去取东西时被真房东堵在了屋中。

警方来到案发现场进行勘察，并将目标最终锁定在了双城市青岭乡 25 岁的成建安身上。而且，经过对采集到的现场分泌物进行 DNA 检材鉴定，警方发现该起案件与 2004～2006 年间在双城发生的数起系列抢劫强奸案为同一人所为。两年间，由于该犯罪分子的作案手段十分诡秘，现场均没留下什么有价值的证据，案件侦破一直没有太大进展。

刻不容缓，在确定了成建安有重大作案嫌疑后，警方立即展开了抓捕行动。5 月 18 日 9 点 40 分，双城警方正走在去往哈尔滨的路上，大约半小时前，侦查员确定了嫌疑人成建安在哈市南岗区一小旅店的具体位置。而在飞驰的车内，中队长赵晓良却接到了同事打来的让人难以置信的电话：在双城市的财政胡同内，又发生了一起类似的抢劫强奸案。被害人林馨报案称："早上 8 点 40 分，当时我还没有起床，听见有人翻墙进了院，还没等我反应过来，人已经开门进了屋。"同样是就地取材，男子在林馨家的窗台上拿起了一把黑把匕首，逼住了她。随后，男子在其家中翻出了 460 块钱后对林馨实施了强奸。而据林馨描述，嫌犯不到 1.7 米的个头，小眼睛，皮肤黝黑，年龄在 25 岁上下，与警方前往抓捕的成建安的体貌特征如出一辙。一个巨大的问号出现在了参与案件的每一个刑警的面前，是他们找错了嫌疑人还是嫌疑人根本不在哈尔滨？本来信心满满的抓捕行动被蒙上了一层阴影，但是在没有确定之前，各种可能性需要被一一验证。10点20分，抓捕小组到达了指定位置，在小旅店内将犯罪嫌疑人成建安顺利抓获。

审讯室里，成建安对共24起的系列抢劫强奸案中的16起进行了如实供述，而对另外9起案件他矢口否认，当警方提及抓捕同时18日上午新发的案件时，他坚定地摇头："这案子绝对不是我干的。"为了让疑问得到确认，警方带着成建安来到了案犯现场进行核实，而面对成建安的反应，经验丰富的中队长赵晓良觉得更加疑惑："一般犯罪嫌疑人在重回案发现场时，都会有低头、闭眼等一些回避的本能反应，但是我当时注意观察他，一点儿反应都没有，反复问他，他都十分肯定地表示'我从没来过这里'。"

而随后，警方带着强奸案件中的数名受害者对犯罪嫌疑人成建安进行了辨认，其中，包括新发案中的林馨，受害者无一例外地表示：就是他。几乎与此同时，DNA的检验结果也出来了，系列案件中所有提取的生物检材与成建安的DNA完全相符。

据参与侦破该案的省公安厅刑事技术总队副总队长顾明波介绍："DNA当中蕴藏着人类的遗传信息，相同的概率非常小，只有五百亿分之一，所以它才可以作为我们每一个人的'终极身份证'。但是，这起系列抢劫强奸案最大的疑团是：最后一起案件中，嫌犯成建安在没有作案时间和条件的情况下，是如何再次犯案的。记得当时，很多人对DNA这项技术开始产生了怀疑，来自各方面的声音开始质疑我们DNA的检验结果。"

警方决定，再次组织省市两级DNA实验室同时进行复核性检查，结果显示：原有的检验结果是客观准确的，同时，也排除了检查过程和结果被污染的可能。随后，检验人员和相关专家，对所有检验结果进行了研究分析。经过研究，他们认为最有可能的就是这个DNA结果来自同卵生双胞胎。同卵双胞胎是一个精子与一个卵子结合产生的一个受精卵，这个受精卵一分为二，形成两个胚胎，由于他们出自同一个受精卵，接受完全一样的染色体和基因物质，因此他们性别相同，而且从体貌特征上来看，就像是一个模子里出来的，有时，甚至连双胞胎的父母都难以分辨。此外，同卵双胞胎从血型到智力，甚至是某些生理特征、对疾病的易感性等等都很一致。

一个意想不到的答案似乎一下子化解掉了所有的蹊跷和疑惑，随后警方展开的侦查工作，本案的另一名犯罪嫌疑人成建业浮出水面。7月26日，双城警方将弟弟成建业在建三江抓获，经审讯，成建业交代了24起系列抢劫强奸案中，哥哥成建安没有交代的9起。至此，这起全国首例同卵双胞胎兄弟一同犯罪被捕案终于尘埃落定。成建安和成建业分别被法院判处有期徒刑20年。

让人惊异的是，成家两兄弟平时疏于联系，二人是在互不知情的情况下，用极为相似的手法"从事"着同样的犯罪。在陈述作案动机时，哥俩前后的回答同样惊人地相似，哥哥成建安说："想作案的时候，没想那么多，就是特别闹心，就想作案，想钱。"弟弟成建业说："当时脑子也不知道怎么想的，就是想去，闹心。"二人的母亲曾讲述过一件兄弟俩小时候的事，同样说明了哥俩的心灵感应。在成建安和成建业10岁时，母亲各给了兄弟俩10块钱，让两个人分别去逛夜市，当时两个人并没有同行，晚上回到家，母亲一看，两个人竟买回了一模一样的两件小背心。

二、性别

性别是研究犯罪生物性因素的首要变量。现代科学已经对男女差异性有了较为完备的研究。因此，将男女两性不同的犯罪行为进行分析，是研究生物性因素对于犯罪行为影响力的一个可行途径。

表：某市受调查罪犯性别比例

年度	男（人数百分比）	女（人数百分比）	人数合计
2000	4178　97.9%	88　　2.1%	4266　100%
2003	3764　97.5%	95　　2.5%	3859　100%
2006	4390　97.3%	122　2.7%	4512　100%
2009	3246　96.3%	123　3.7%	3369　100%

从上表数据可见，男女犯罪比例悬殊，女性犯罪只是极少数。

（一）男性

强奸罪的犯罪主体只有男性，虽然女性可以成立共犯。所以强奸罪是研究性别与犯罪的重要罪名。有研究表明，男性的雄性激素和个体的攻击性行为存在密切关系。暴力犯罪者的雄性激素远高于经济犯罪者。

下面的案例作为例证即可证明生理因素的确会对人的行为产生巨大影响。医学专家也表示，现代许多远离家乡的务工者长期无法进行正常的性生活，导致性压抑，极易冲动。若没有合理的宣泄，很容易导致心理疾病，严重者就可能走上犯罪之路。

案例

2006 年 7 月，来京务工人员刘某独自一人看守工地。某日傍晚，拾荒女黄某来工地捡拾丢弃的工地废料，与妻子分别已久的刘某忽然一阵冲动，试图强行与黄某发生性关系，遭到黄某的反对。刘某无法克制自己的冲动，随手捡起工地的砖头将黄某杀害。奸尸后掏走了黄某身上的现金。此后，他总是在看到拾荒女时就特别冲动，最终在 11 月和 12 月两次实时性侵犯，杀死受害人并奸尸。

从以下的表格数据就可以看出生理因素在性犯罪原因所占地位

年度	和爱人关系不好	爱人不能满足	对异性有新鲜感	受色情文化影响	求偶失败	本能发泄	变态心理和性冲动	教唆	有效答案合计
2000	39 7.3%	30 5.6%	135 25.5%	84 15.7%	30 5.6%	83 15.5%	36 6.7%	61 11.4%	498 100%
2003	20 5.0%	17 4.2%	97 24.0%	71 17.6%	16 4.0%	145 35.9%	21 5.2%	17 4.2%	404 100%
2006	22 3.2%	79 11.8%	155 22.9%	144 21.3%	—	212 31.3%	31 4.6%	34 5.0%	677 100%
2009	15 5.1%	11 3.8%	54 18.5%	70 24.0%	—	104 35.6%	34 11.6%	4 1.4%	292 100%

在上述表格中，由于本能发泄而导致的性犯罪说明，性犯罪常常基于生物性因素。

（二）女性

女性罪犯虽然在总量上处于少数，但是随着女性地位的提高，越来越多的女性开始参与社会生活，女性罪犯的人数也逐年提高。不过，很早之前就有实证研究指出，女性犯罪数量未必少于男性犯罪数量。有学者指出女性和男性在犯罪数量上基本势均力敌，因为女性许多行为未被列入犯罪统计。由于男性因丧失公共廉耻而犯罪的情况比较多，但这种高比例已经因为卖淫的增加而改变。在文明程度较为发达的时代或国家，女性罪犯的比例逐年增加，增长趋势趋近男性罪犯比例。女性的犯罪率低并不是男性比女性邪恶，而是由于女性活动范围比男性窄，和他人产生矛盾的机会也少，力量也比较薄弱，因而实施犯罪的能力弱。

而且女性的生理期也会对女性犯罪产生一定影响。在月经期女性容易产生消极情绪，因而更容易犯罪，闭经对女性生理和心理上的影响也早已被医学证明。

三、年龄

表：某市犯罪年龄统计

年龄 年度	14～18	18～25	25～35	35～45	45～60	60以上	无效答案	合计
2000	516 12.4%	2104 50.8%	1151 27.8%	249 6%	97 2.3%	31 0.7%	118	4266 100%
2003	291 7.6%	1886 49%	1193 31%	342 8.9%	114 3%	21 0.5%	12	3859 100%
2006	359 8.2%	1816 41.8%	1597 36.8%	428 9.9%	121 2.8%	24 0.6%	167	4512 100%
2009	170 5.1%	1217 36.2%	1269 37.7%	547 16.3%	137 4.1%	22 0.7%	7	3369 100%

以上表格数据说明不同年龄段的人犯罪比例有所不同，主要多为青中年犯罪，但是青少年犯罪和老年人犯罪同样不可忽视。

第四节　精神障碍和犯罪

一、概念

精神障碍是指大脑机能活动发生紊乱，导致认知、情感、行为和意志等精神活动不同程度障碍的总称。许多精神障碍患者有妄想、幻觉、错觉、情感障碍、哭笑无常、自言自语、行为怪异、意志减退，绝大多数病人缺乏自知力，不承认自己有病，不主动寻求医生的帮助。

目前，与犯罪最为相关的4类精神障碍是：精神分裂障碍、偏执障碍、心境障碍（重度抑郁）、被称为"反社会人格障碍"的人格障碍。

这四种障碍最可能与暴力、严重犯罪或反社会行为有关，也是刑事诉讼中作无责任能力精神病辩护的最常用理由。

需要注意的是：（1）患有这些障碍的人并非一定有"犯罪倾向"；（2）即使被诊断患有某种障碍，病人仍有可能要对其犯下的罪行负有刑事责任。

二、精神分裂障碍

精神分裂症的普遍特征是：患者的思维、情绪和知觉严重受损，并导致严重的社会退缩，从言语中就可以反映出他们思维和认知功能紊乱，与现实不符。

精神分裂症是最容易被人们与"疯狂行为"联系在一起的一种精神障碍，目前对它的了解还不多。患者一般在童年期就会表现出精神分裂症的症状，一旦发病常会导致社会和经济的双重损失，而且影响受害者的一生。

三、偏执障碍

妄想障碍也称偏执障碍，是指出现一种或一种以上非奇异性妄想症状，而且持续时间在一个月以上。

妄想是否奇特怪异成为分辨妄想障碍和精神分裂症的最重要标准，妄想障碍中的妄想是合理可信的，并非遥不可及，而精神分裂症中的妄想是奇异性的。

所有妄想障碍的本质特征都是患者常有被迫害的想法，如认为自己被监视、被偷窃、被陷害、被恶意诽谤或被折磨等。

总的来说，这些错误的被害妄想常伴着愤怒、怨恨和不时地暴力行为，患者常常怀疑所有人，或者指向性的怀疑某个或某些人。

案例

被告人冯某某认为其走到马路上感觉有人骂他，遂拿出随身携带的水果刀对行人乱捅，捅死2人，捅伤5人。2012年9月，法院以故意伤害罪判处其无期徒刑。

被告人石某某特意买来一把弹簧刀防身。他在快餐店吃饭时，觉得隔壁有人在谈论他的行踪，"他们在骚扰我"，他拿出弹簧刀，当场捅死1人，捅伤3人。

四、心境障碍（重度抑郁）

重郁症的症状包括持续两周以上的极度抑郁状态，并伴随弥漫性的精神和躯体活动速度减慢，忧郁、绝望，无价值感，或者还常有自杀念头。

初步的数据表明，抑郁可能与青少年犯罪有密切的关系，尤其是十几岁的女生。此外，抑郁很可能在大宗谋杀案、工作场所暴力和"借警察之手自杀"的事件中起到重要的作用。

案例

被告人文某某患"疑病障碍"，并继发抑郁发作。他怀疑自己得了艾滋病，并传染给妻子和儿女。尽管多次检查结果都是阴性，文某某就是不信。为避免家人受罪，他用被子将妻子和 10 岁儿子捂死，自己自杀未遂。2013 年 12 月，法院以故意杀人罪判处其有期徒刑十年。

五、反社会人格障碍

（一）概念

反社会型人格障碍又称无情型人格障碍或社会性病态，是对社会影响最为严重的类型。反社会型人格障碍的特征是高度攻击性，缺乏羞惭感，不能从经历中取得经验教训，行为受偶然动机驱使，社会适应不良等，然而这些均属相对的。

（二）反社会人格障碍与犯罪的关系

根据迪尼茨报告，在美国普通公民中，反社会人格障碍仅为 1% ~ 3%，但在罪犯中，这一比例却高达 20%，由此不难看出反社会人格障碍与犯罪的关系。

反社会人格障碍的行为特征：

1. 不遵守社会规范或刑法，而且这种行为成为频繁被捕的理由。

2. 易激惹性和异常的攻击性，表现为屡次斗殴或伤害行为。

3. 一贯的无责任感，反映为工作表现差或者拖欠债务。

4. 冲动性或不能提前计划

5. 欺诈，反映为经常撒谎、使用假身份，或者为了获得个人利益或享乐而欺骗他人。

6. 不顾他人或自己的安全，不考虑后果。

7. 对所犯错事缺乏自责和罪恶感，表现为对伤害、虐待或偷窃行为的满不在乎或合理化辩解。

由于很多被告和罪犯都被诊断为反社会人格障碍，所以某些司法机构明确地将反社会人格障碍排除在允许进行无刑事责任能力精神病辩护的精神障碍列表之外。

第九章

犯罪的社会因素

第一节 概述

一、概念

犯罪的社会因素是指社会上引起犯罪的一切原因，包括宏观的经济政治等原因，也包括家庭学校教育等微观原因。

人都是处于社会环境之中的人，所以是社会人，要受社会的影响与制约，社会化就是不断地适应社会中的种种情况。与此同时，人也在不断改变和影响着社会，人的行为、思想、感情都是社会的重要组成部分。由于社会是不断发展向前的，所以为了适应社会，人也要不断发展改变，当人改变的速度跟不上社会速度，就会与社会产生冲突矛盾，甚至引起犯罪。

二、特征

（一）普遍性

普遍性是指任何犯罪的发生都一定会受相关的社会因素影响。所以各种社会原因都会对各种犯罪产生这样或那样，或多或少的作用。

（二）决定性

首先，一种行为是否是犯罪就是有社会决定的，如过去传销未纳入刑法中，所以不定义为犯罪，而现在传销已经是种刑事犯罪。

然后，某种犯罪行为是由社会各种因素作用产生的。从一定程度上说，一定的社会环境必然存在一定的犯罪。

最后，犯罪行为是行为人的个性特征和社会因素的相互作用的产物，但由于行为人的个性特征又是在社会环境中逐步形成的，所以，综上所述，犯罪行为由社会环境决定。

（三）间接性

一般社会因素不会直接导致犯罪，而是通过影响犯罪个体来实现的。这也解释了为什么在同一环境下有人犯罪有人不犯罪的原因。

（四）系统性

首先，犯罪的社会因素是一个综合系统，其中包括了经济、政治等宏观因素，又涵盖了家庭、教育等微观因素。正是这些因素相互作用，才能影响某种具体犯罪的产生。

其次，犯罪的社会因素是一个动态的系统，社会中的每一个事物都处于不断变化发展中，所以犯罪会也会因此发生变化，无论是犯罪方式，还是犯罪手段。

（五）可控性

由于社会因素会导致犯罪，而社会不仅会影响人类，人类也会通过自己的行为改变社会，所以导致犯罪的社会因素是可以通过人们行为来消灭的，并且人们也会发挥自身的主观能动性去避免犯罪行为的发生，这对降低犯罪率有很大的作用。

第四节　经济因素

一、市场经济对犯罪的影响

市场经济的发展不仅带动了经济繁荣，同样也相对的增长了犯罪率。市场经济有以下几个特点：1. 竞争性；2. 开放；3 利益高于一切。

这三个特点就为犯罪的发生提供了温床。

二、市场经济的竞争性

竞争是市场经济的本质属性，更是生产力发展的内在动力。但是有竞争的同时就会有不正当竞争的存在。不正当竞争行为是指经营者违法不正当竞争法，损害其他竞争者的合法权益，扰乱社会经济秩序的行为。不正当的竞争的特征有：（1）违法性；（2）侵权性；（3）危害性；（4）多样性；（5）隐蔽性；（6）破坏性。一般做法以下几种：

（1）采取贿赂或变相的贿赂手段推销商品或采购商品，如账外回扣；

（2）弄虚作假、进行商业欺诈，如山寨商品；

（3）搭售商品；

（4）强迫交易；

（5）编造或散布损害其他竞争者商业信誉；

（6）侵犯商业秘密；

（7）低于成本价倾销商品；

（8）串通投标等。

案例

安徽阜阳"大头娃娃"事件

头大，嘴小，浮肿，低烧。鲜花般娇嫩的幼小生命，刚来到世间几个月就枯萎、凋谢，罪魁祸首竟是本应为他们提供充足"养料"的奶粉。一度泛滥安徽阜阳农村市场、由全国各地无良商人制造的"无营养"劣质婴儿奶粉，已经残害婴儿六七十名，至少已有8名婴儿死亡，给这里还相当贫困的一个个农民家庭以无情的打击。

当前农村消费市场上，婴儿奶粉良莠杂陈，代替外出打工的儿女照顾婴儿的农村老人难辨真假。在千万农村"留守家庭"中，吃不到母乳的娃娃们的生命安全正被劣质奶粉的黑影笼罩。

3月21日，阜阳市人民医院小儿科住院部病房里，临泉县谢集乡农民陈一道的老伴，抱着他们6个月的孙子李看哽咽难语："娃这么小就受这么大的罪，他妈都急成精神病了。"小李看出生时8斤半重，是个健健康康的胖小子，而现在，体重比刚生下还要轻半斤多，嘴唇青紫、头脸胖大、四肢细短，比例明显失调，成了畸形的"大头娃娃"。

指着他"胖乎乎"的脸、皮包骨头的躯干，儿科医生赵永告诉记者，这是重度营养不良造成的浮肿，他刚进院时全身肿得捏起来都感觉硬硬的，现在头、脸的水肿还没有消，躯干浮肿已好转，所以显得头大身子小。

住在隔壁病房、3个月大的杨洋也是个像这样的"大头娃娃"。她的妈妈——阜南县地城镇农民刘海英说，在住院前，杨洋显得很胖，家人高兴，左邻右舍也夸"这娃养得好"，可慢慢地，她吃得越来越少却越来越"胖"，到后来眼睛都不怎么睁开。送到阜南县一家医院，才知道这是严重营养不良造成的高度浮肿，医生说县里治不了，赶紧送市医院吧。

据阜阳市人民医院郭玉淮大夫介绍，一年多来，仅他们医院就收治了60多个得"大头怪病"的娃娃，有时候一来就好几个，而且基本在6个月以下、来自农村。因为严重缺乏营养，这些婴儿多已停止生长，有的甚至越长越轻、越小。阜南新村镇陈娃3个月时7.5公斤重，到7个月时锐减到6公斤，头发脱落，不吃不喝，头脸肥大，全身水肿；利辛县马店镇王宝成，出生时4公斤重，3个月后却减至3公斤，全身浮肿、低烧不退、时常呕吐。

"大头怪病"正吞噬着农村娃娃嫩芽般的生命。赵永医生告诉记者，前些天一位婴儿全身浮肿得特别厉害，感觉积水要从皮肤向外渗，后医治无效，不幸身亡。

阜阳市人民医院2003年以来的《住院登记簿》，上面用刺目的红笔记下了一个个死于"重度营养不良综合症"的婴儿：林乐，4个月，颍上县关屯乡人；刘阳，4个月24天，涡阳县高容镇；李强，3个月，太和县双浮镇；马长远，2个月，吴毛毛，4个月，都来自颍上县耿棚镇；李城市，8个月13天，临泉县吕寨镇；刘欢，40天，阜南县三塔镇；周龙翔，4个月，利辛县早集镇。这8个婴儿是在医院里死去的，所以有记录。而收治的"大头娃娃"中有一些，家人看到没法治或无钱治，就放弃治疗、要求出院了，这样回家的一般活不了，医院没办法统计。

除市人民医院外，阜阳市妇幼保健院、太和县中医院、阜南县医院等也都收治过不少重度营养不良患婴。阜阳市妇幼保健院小儿科医生周薇说，多的时候，两三天她就能碰到一例，而且病情较重。太和县中医院一位主治医生说，他曾主治过六七例，只有两个孩子活下来了。

三、市场经济的开放性

市场经济的开放性不仅能发展生产力还优化了资源配置，但市场经济还有一重要特点——劳动力市场广泛而自由的流动。

表：

年份	全国流动人口
1982 年	2000 万人
1985 年	5000 万人
1987 年以后	7000 万人
2000 年	1.21 亿人
2003 年	1.4 亿人
2005.11.1	14735 万人（约 1.5 亿）
2010.11.1	26139 万人（约 2.6 亿）

劳动力市场的流动性有利于经济发展，但也带来了一系列社会问题。首先，流动人口过多难以进行有效管理，为隐藏罪犯身份提供了有利条件。然后，流动人口经常伴随着大量现金的流动，给罪犯提供了可乘之机。

在 2004 年，全国公安机关共查处流动人口治安案件 68.7 万起，占查处治安案件总数的 12.7%；

破获作案成员为流动人口的刑事案件 31.5 万起，占破案总数的 21%；

抓获流动人口刑事案件作案成员 60.4 万人，占抓获刑事案件作案成员总数的 40%。

在北京市公安机关抓获的犯罪嫌疑人中，外来人口所占比例呈逐年上升趋势。

在一些外来人口集中的地区和繁华场所查获的违法犯罪嫌疑人中，外来人口所占比例高达 80%，甚至 90%。

表：

年份	外来人口犯罪比
1986 年	18.5%
1990 年	22.5%
1993 年	43%
1994 年	46%以上
2006 年上半年	72%

案例

广西天等县上映乡温江村是个有3000来口人的打工村，从这个村走出大山到广州、深圳闯世界的年轻人，不少选择以抢夺他人财物的方式在城市立足。因抢劫，这个村已有100多个青壮年在外地入狱。

四、市场经济的利益高于一切的价值观

经济的发展不仅改善了我们的生活条件，也改变了许多人的人生观、价值观。自身利益高于一切成为某些人的最高信条。这样使他们无视法律，无视他人利益，无视国家公共利益。

第三节　政治因素

一、政治冲突

政治犯罪的起源久远，我国古代就有许多政治犯罪，如隋朝的"十恶"均是违反封建皇权统治的大罪以及中世纪的欧洲就有不忠于王室，不为王室效力的政治犯罪。可见政治犯罪从古至今都备受关注，因为政治犯罪的影响深远，并且广泛。

我国现行刑法专门设有一章危害国家安全犯罪，包括叛逃罪、煽动颠覆国家政权罪、分裂国家罪、间谍罪等等。

在某种程度上，所有的犯罪活动都是危害国家秩序的，因为它们都触犯了国家的法律法规。但政治犯罪同一般犯罪还是有一定区别的，一般犯罪是针对的某一类普通利益，而政治犯罪的犯罪对象则是国家政权。

二、政治体制

良好的政治体制可以促进社会发展，但政治体制不可能是完美无缺的，体制为了维护公共利益难免会损害一部分少数人利益。若政治体制存在的弊端严重，更是会影响到整个国家的根基，引发大量犯罪。

政治弊端一般包括了权力滥用、公务员终身制、官僚主义等。其中最易引起犯罪的就是权力滥用。我国宪法是宪政宪法，一个最基本的目的就是制约政府权以来力。现阶段犯罪率持续增长，特别是职务犯罪，自十八大就已经有近

18万官员落马。体制上的漏洞与真空主要表现在以下几方面：

（一）体制运行过程的透明度低

随着经济发展，人类文明进步，公众有了了解政治的更加强烈愿望，而且参与政治活动的能力也在不断提高。但就目前的体制来看，虽然已经开始有许多机关部门开始推行"阳光政务"，但还远远达不到民众的要求，暗箱操作的现象仍然存在。

（二）权力过于集中

犯罪经济学认为当犯罪的成本较低，而犯罪所得较高，此时，就容易引发犯罪。在权力过于集中的情况下，犯罪成功的概率会大大增加，而受到法律惩处的危险会相对较少，所以犯罪发生概率会更高。

改革开放以来，虽然经济体制发展迅速，但政治体制改革相对缓慢，在这种情况下，政治体制对经济发生了反作用。这种体制的主要特征就是权力集中于机关首长，既承担巨大的责任，也集中了相当的权力。但是实践中，对其的制约机制却极不完善，一旦出现问题就会难以追责，这就导致了许多领导目无法纪，官僚主义，最终走上犯罪。

（三）监督环节实行不到位

监督机制是预防犯罪发生的必要条件，"绝对权力导致绝对腐败，不受监督的权利必然导致腐败"。我国现有的监督机制分为党内监督、人大监督、司法监督、行政监督、群众监督、舆论监督等。但就目前来看，舆论监督发挥着越来越大的作用，可是其他监督机制的监督作用没有完全发挥出来，而且现代的监督机制本就要以司法监督和行政监督为重点。因为党内监督机制都是由内部全权负责，所以，党内监督往往很难达到监督目的。国家权力机关监督的主动性太弱，虽然人大监督最具权威，但由于人大监督的可操作性差，监督难以到位。最近几年来，舆论监督愈显重要，许多官员都是在新闻媒体的曝光之下，而受到惩处，但是舆论监督还存在很大缺陷，例如深度不够，虚假消息泛滥等。群众监督难以形成合力。由于群众的力量薄弱，无法具体实施其监督行为。

（四）人事任免制度存在缺陷

近年，我国进行了全面的人事制度改革，虽然效果显著，但仍存在许多弊端。首先我国的公务员选用机制沿用过去的委任制，统一培养、统一选拔、统一管理，自上而下的任免，这给买官卖官提供了制度上的机会。其次是干部使用制度缺陷，公务员被视为铁饭碗，成为公务员后就很难被解雇，升职后就很难降职，因此有许多公务员缺乏自律的动力。其次，公务员考察制度不完善，许多公务员实施了职务犯罪后仍旧能够得到提拔重用，加官晋爵，严重损害了国家机关的公信力。最后公务员任用年龄界限过严。为实现公务员年轻化，年龄要求严格，许多年龄不合规定但是有能力的公务员晋升无望，从而转变方向，为自身牟取非法利益。

案例

2012年12月，湖南省湘潭市委组织部发布《市委管理公务员任前公示》，其中的徐韬引人注目。此前他的职务是岳塘区东坪街道党工委书记，从正科到此次晋升副处仅历时一年半，且并未参加湘潭本地的选拔，而是报考了郴州2012年县处级领导干部公选。

在报名参与郴州公选之前，徐韬已在湘潭工作五年，当记者问及为何选择报考郴州的岗位，徐韬说："一方面，郴州的报考条件比较宽松，而湘潭要求在乡镇党政正职上干满一年，我任职时间不够；另一方面，郴州足够远，我父亲是一名干部，这几年我一直因此受到质疑，所以内心希望到一个新的天地去证明自己。"

郴州市委组织部门告诉记者，尽管徐韬顺利通过了笔试及面试，但并未进入最后的差额票选环节，理由是"湘潭市委向省委组织部递交申请，希望录用徐韬，省委组织部予以批准"。对此，湘潭市委组织部政研室负责人表示，徐韬在郴州的公选成绩"名列前茅，面试表现尤其突出"，但当记者进一步询问跨市录用出于何种考虑，得到的答案是"都是合规的，其他没什么好回应"，此后再无解释。

在2012年湘潭市副县（区）长提名人选公选中，本来准备公选5人，但是只有7人报考。因湖南省委组织部明确要求面试对象与拟选拔职数比例需达5:1，最终仅1人被录用。之后，湘潭市委常委会研究决定，增选提名徐韬为湘潭县副县长提名人选。

网友爆料，徐韬在岳塘区工作期间，于2010年被录取为湘潭大学法学院宪法学与行政法学硕士研究生。记者就此来到湘潭大学研究生院，经核实，徐韬确系湘潭大学法学院2010级全日制学术型研究生。

湘潭大学党委宣传部负责人告诉记者，目前，湘潭大学对于全日制研究生并没有必须脱产学习的硬性规定。

在徐韬就读全日制硕士的近三年里，他一共修了 33.5 个学分，其中必修课程 13 门共 29 学分。在 13 门课程中，他的最终成绩有三门"通过"，两门 85分，其余类似公共英语之类课程，皆在六七十分区间。

湘潭大学法学院院长、徐韬导师胡萧华告诉记者，今年 2 月，他否决了徐韬的毕业论文初稿，因为"未达到学术要求"。由于初稿未能通过，加上尚有几门课程补考未过，原定于今年毕业的徐韬并未递交毕业材料，需要延期。

据徐韬所言，在决定报考全日制研究生时，自己曾向区领导"口头报备"，得到批准。但截至发稿时，岳塘区委对此拒绝回应，湘潭市委组织部表示对此不知情。

根据《党政领导干部选拔任用工作条例》，提任县（处）级以上领导职务，由副职提任正职的，应当在副职岗位工作两年以上，由下级正职提任上级副职的，应当在下级正职岗位工作三年以上。

履历可见，徐韬从正科级晋升至副处级，历时仅一年半，那么，被网友戏称为"火箭提拔"的程序到底合规吗？

湘潭市委组织部政研室负责人告诉记者，徐韬"非常优秀"，作此评价的依据，一方面是参加郴州 2012 年县处级领导干部公选时，徐韬的面试成绩排在第一位，综合成绩名列前茅；另一方面，其南京大学国际政治专业的本科背景也是"过得硬"的。

对于徐韬的具体工作业绩、谁批准徐就读全日制、公选成绩及排名、跨市录取具体过程及是否合规等核心质疑，湘潭官方始终以"不予回应"或"报上级审批"为由进行答复。

第四节　家庭、教育因素

一、家庭因素

家庭是社会的最小单位，只有家庭幸福和谐美满，社会才会稳定发展。人出生时只带有自然属性，家庭是青少年社会化的基础。因此家庭对一个人的成长至关重要。"三岁看大"，一个人早期的生活环境会对其性格的形成产生巨大影响，家长的言行举止都是儿童学习的对象。福禄贝尔："国家的命运与其说操在掌权者手中，倒不如说是掌握在母亲手中。"有研究表明，许多罪犯在儿童时期都存在过家庭问题。

家庭环境由家庭结构、家庭意识、家庭行为、家庭物质等方面组成。

为了研究家庭与犯罪之间的关系，主要就是研究不良家庭环境因素与犯罪的关系。

（一）家庭不完整

不完整的家庭是指缺少父母双方或者一方的家庭，如父母双亡，父母离婚等。由于近年来，离婚率逐年升高，以及留守儿童的增多，许多小孩都生活成长在不完整的家庭中，生活在这样的家庭中，小孩难免会感觉孤独、忧虑、自卑、没有安全感，如果长期保持这种状态，小孩的心理难免扭曲，甚至形成严重的心理疾病，最终走上犯罪的歧路。

不完整家庭对小孩的影响有：①对子女缺乏监督和管教；②缺乏子女感情发展条件；③不完整家庭创伤性体验的消极影响；④缺乏心理认同的对象；⑤得不到有效的社会心理和经济支持。

案例

有一个漂亮的女孩，她以优异的成绩考上了一所重点中学，但是由于父母离异，她失去了温馨的家，她随父亲生活。父亲再婚后，继母又生了一个男孩，父亲从此对她的关心就少多了，父女的关系紧张起来。十几岁的孩子本来就有逆反心理，她因缺少家庭温暖，于是早早地交上了一个男朋友，后离家出走。这个男朋友，不是什么正道人，怂恿女孩多次偷窃其父亲的钥匙，先后合伙盗窃其父保险柜的钱财用于挥霍。案发时，她已经在中关村等地盗窃作案13起，盗窃数额特别巨大。女孩的罪行性质严重，她将在高墙铁窗内度过几年宝贵的青春时光。

17岁的小霞从小生长在离异的家庭，其父母早在小霞刚刚出生后不久就离婚了，她甚至不知道自己的父亲是谁。小霞的母亲是个卖淫女，从小霞记事起，母亲就在家里接待不同的男人，从来不像别人的母亲那样风里来，雨里去，四处打工或做生意。接待男人似乎就是母亲的职业，因为她有时看见男人们给母亲钱，母亲有时还会和他们讨价还价。

小霞没有上过学，稍微长大点儿，母亲就让小霞帮忙向嫖客收钱，后来她也成了一名卖淫女。一次，一个嫖客当众羞辱了她，还给了她一个巴掌。小霞十分恼火决定报仇。可是一个弱女子怎么能够对付得了一个强壮、蛮横的男人呢？

小霞知道法律上有个"嫖宿幼女罪"。于是，小霞找到了另一个出租屋里长大的女孩小希，小希才13岁。一天，小霞把小希带到了一个宾馆，给小希描眉画眼，还让小希穿上自己的漂亮衣服。接着小霞拿出了许多淫秽色情的画报给小希看，有意识地给了小希一些小恩小惠，并给小希讲述挣钱是多么容易。

正当小希犹豫不决的时候，小霞赶紧联系了这个嫖客，当晚嫖客将小希奸淫。由于小霞的报警，警察赶到了现场，将二人抓获。小霞也因涉嫌引诱幼女卖淫罪被起诉到法院，后被判处重刑。在宣判时，小霞的母亲瘫坐在了地上，放声大哭起来，连声说："都是我害了你啊！"

（二）家庭不和睦

家庭不和睦有两种情况一种是夫妻感情不和，另一种是父母与子女感情不和。在这种家庭中，气氛冷漠，紧张，子女会感觉很压抑，尤其是离婚家庭。家人的感情淡漠，子女也会不尊重父母，按照这种情况下去，父母无法与子女沟通，何谈家庭教育。西格尔在《青少年犯罪》中指出："在一个有病态家庭中成长的孩子，由于他们目睹了暴力和冲突、感情上不和谐以及社会冲突等，其犯罪的驱动力比其他青少年要大得多。"当在家庭中感受不到温暖，也没有管教，子女很容易受到外界的消极因素影响而实施犯罪。

	A 组违法青少年的家庭状况	B 组无违法行为的青少年的家庭状况
家庭和谐	35	55
经常争吵	46	26
家庭破裂	27	12
不明	0	15
共计	108	108

资料来源：沃尔夫岗关于武汉青少年犯罪的调查报告

（三）家庭教育缺陷

法律规定父母对子女不仅有抚养义务还有教育义务。家庭教育缺陷主要表现在以下几方面：

1. 父母对家庭教育的重视程度不够

2. 家庭教育内容缺乏

家庭教育内容不仅包括智力教育，还涵盖其他各方面的教育，如性教育知识和网络教育知识等等。这些教育都缺一不可。

3. 家庭教育方式不当

不良家庭教育方式一般有溺爱型、虐待型和放任型。

表：青少年罪犯的家庭文化程度

	文盲	小学	初中	高中	大学以上	不明
父亲	11.3%	29.4%	32.3%	15.8%	7.4%	3.8%
母亲	21.4%	30.3%	29.7%	9.8%	2.5%	6.5%

资料来源：全国人大内务司法委员会1992年青少年犯罪调查

（四）行为不良的家庭

英国教育家尼尔的"问题少年是问题父母的产物。"这句话很好地解释了父母行为对子女的影响。未成年人善于观察，善于学习，但是分辨是非的能力差，而父母无论在经济上还是情感上都是子女的依靠，所以父母一般都是子女心目中的偶像，他们的一言一行都会对子女产生影响。

案例

14岁的女孩林兰原本有一个幸福的家庭。7岁时林兰的父母离异，法院判令林兰随其父生活，为了林兰其父一直没有再婚。在父亲的精心照料下，林兰健康地成长，学习成绩也一直名列前茅，在小学毕业后以优异的成绩考取了一所重点中学。初一第二学期，各方面表现出色的林兰被学校推荐为第一批优秀少先队员光荣地加入了共青团。然而，不幸的是，到初二时林兰的噩梦开始了。那一年，林兰的母亲因吸毒被劳动教养释放后便开始贩毒。为了让林兰帮助自己贩毒，其母多次以小恩小惠拉拢林兰，还经常为林兰写假假条，林兰从迟到早退到旷课，最后干脆不去上学了，成为一名流失的初中生。从此，林兰追随其母走上了贩卖毒品的道路。

2007年6月至2008年5月期间，林兰在母亲的授意下多次参与贩毒，被警察抓获后均因不满14周岁未被追究刑事责任。

2008年6月13日——林兰14岁生日的第六天，林兰再次在母亲张某的带领下乘坐出租车来到了与买主约定的过街天桥下。林兰在其母的教唆下，走上过街天桥，把装有1.27克毒品海洛因的球状物交给买主，并收取买主1600元钱。正当她拿着1600元钱回到母亲乘坐的出租车时，林兰和张某都被警察抓获了。

林兰因参与其母张某贩卖毒品的活动，其行为已构成贩卖毒品罪。根据我国刑法第347条的规定："贩卖毒品，不论数量多少，都应当追究刑事责任，予以刑事处罚。贩卖毒品海洛因不满十克的，处三年以下有期徒刑，并处罚金。"最终，张某因犯贩卖毒品罪且教唆未成年人犯罪被判处有期徒刑，林兰也因犯贩卖毒品罪被追究刑事责任。

二、学校教育因素

家庭之外的最重要的教育就是学校教育了，因此学校教育的弊端是引起未成年犯罪的重要原因之一。我国学校教育的弊端主要表现在以下几个方面：

1. 学校教育目的错位

2. 管理体制上的弊端

3. 教育结构单一

4. 基础教育不够普及

5. 教育内容不完全

现代教学主要都片面追求升学率，而忽视素质教育，并且最重要的德育教育未放在首位，法律教育缺失，忽视心理教育，生理教育几乎为零。

6. 教育方式陈旧

7. 学校设施存在诱发犯罪的问题

第十章

犯罪的自然因素

第一节　概述

一、概念

犯罪的自然因素是指引起行为人实施犯罪，与犯罪的发生具有因果关系，由行为人生活的自然环境等因素的综合体。如昼夜寒暑、山川河水等等自然原因。这些自然因素是人类存在和生活的基础条件，正是这些自然因素、社会因素、心理因素、生物因素形成共同合力引起犯罪。

这里的自然因素不仅包括地理、气候与时间等原始的自然因素，也涵盖了人类自身创造的生存环境，如交通工具、村落和电梯等。

二、特征

（一）间接性

因为某些特别的天气，时刻和地理等自然因素能够恰好契合了犯罪行为人的犯罪倾向，所以才会成为犯罪的自然因素。但这些因素不是对犯罪的产生直接作用，只是起催化作用，所以即使处于同一自然环境中，也有人不会实施犯罪。

例如，夏季多发强奸罪，是因为在这种季节存在着主体的心理，生理条件和被害人的被害倾向。犯罪和被害只是季节因素在经过其他犯罪因素的宣泄口而已。犯罪的自然因素的间接性为预防犯罪提供了机会。

（二）具象性

大部分犯罪原因都是抽象的，比如犯罪的社会因素、文化原因、心理因素和生物因素。而显然犯罪的自然因素是具象的，是可测或者可视的物理现象。

例如昼夜周期、社会周期、季节周期等。

（三）原生性

原生性是指原本就存在的自有之物，是先于行为人存在的，是不能特意去为犯罪而创造的。由于犯罪和人类都要以一定时空为背景，这种背景对于特定的主体是无法选择的，所以，原生性意味着预防犯罪就只能对特定犯罪发生的原因形成遏制。人们不可能消除所有的自然因素，而只能防止其与其他犯罪因素组合。

第二节　时间因素

时间因素对犯罪心理形成的影响表现在昼夜周期、季节周期、社会周期和自然周期四个方面。

一、昼夜周期

日出而作，日落而息，这是人类的生活规律，犯罪作为人类的一种社会行为，也同样表现出一定的规律性和周期性。而且犯罪类型不同，规律也不同。

表：

案件类型 发案级别 及分析		杀人	伤害	抢劫	强奸	盗窃	诈骗
高发时段	时间（时）	前半夜（19～24）					上午（7～12）
	发案率（%）	31	31	40	33	31	43
	原因分析	就犯罪者而言，夜幕为屏，激发和怂恿了其内在的侵害冲突与犯罪胆量，并在客观上形成了使犯罪得以掩护的外在条件；就被害人而言，由于夜间处于疲惫或休息状态，警觉松弛，抵抗力减弱而常常陷入疏于、怠于防备或无法防备的被害情境，而为犯罪提供了乘虚而入的机会，象大量的情侣被抢案；就社会环境而言，此时亦属防备力量减弱或中止状态。故此时犯罪发案率明显高于白天。					此时为社会生产、生活的高峰期，给诈骗犯罪提供了更多机会。

案件类型 发案级别 及分析		杀人	伤害	抢劫	强奸	盗窃	诈骗
次高发时段	时间 （时）	白天 （7～19）		下午 （13～19）		上午 （7～12）	——
	发案率 （％）	20～30					
	原因分析	故意杀人多有预谋，其隐蔽性较强。杀人案次高发时间与伤害案虽同，但动机不同，杀人犯对作案时间，易于接近被害人，易于将被害人骗至特定场所，或趁被害人入睡，在毫无防备的情况下实施犯罪。白天由于住宅区多空旷，作案亦有利，若精心设计，得逞机会也较多。	伤害多由口角、斗殴等因素所致，或上偶然因素引起，或由于积怨爆发。白天人际交往频繁，容易诱发矛盾。白天社会活动虽活跃，但多属于工作与生产活动。夜晚活动的范围则指向邻里、朋友、故易触发积怨伤害案。	侵害对象多是取大量现金的储户，尤其是到银行取款的单身女性或中老年人。作案时间大多选择在银行存取款高峰期，上午在9时～11时，下午在3时～5时。	人们陆续下班、放学、收工，白天户外活动主要集中于这此时段。这时犯罪分子往往选择荒郊野外，偏僻场所作案。且入室强奸、诱奸和麻醉药物致奸时有发生。强奸案由过去的夜间为主向下午转移。	上午是社会活动频繁之时，成人上班，学生上学，住宅区内相对人员稀少，犯罪分子有充裕的作案时间。特别是近年来城市高层建筑群增多，双职工上班，邻里之间来往很少，给了犯罪分子以可乘之机。白天同时也为扒窃提供了更多的机会。	车站等公共场所，容易发生诈骗案。受害者一般多为中老年妇女。

续表

案件类型 发案级别 及分析		杀人	伤害	抢劫	强奸	盗窃	诈骗
低发时段	时间（时）	——	后半夜（0~6）	—	后半夜（0~6）		
	发案率（%）	——	5	—	9	10	2
	原因分析	人们在经历一天的工作、学习后，生理上需要休息，以恢复体力；心理上也需要松与娱乐，这是人类的生活节律，对常人还是罪犯都是如此，故后半夜作案较少。					

备注：1. 高发时段指在单位时间段内发案超过全天发案率30%以上的时间。

2. 次高发时段是指在单位时间段发案占全天发案率20%~30%的时间。

3. 低发时段是指在单位时间段发案占全天发案率20%以下的时间。

根据相关数据表明，白天的犯罪发生率要远远低于夜晚的犯罪发生率。因为，夜晚往往会给犯罪行为人一种安全感，激发出行为人的犯罪冲动和胆量。而对于被害人而言，夜间无论是体力还是注意力都相较于白天有所减弱，为罪犯提供了可乘之机。

二、季节周期

季节本身对犯罪心理的形成并无直接关系，只有当它同人们的习惯和人们的日常生活联系起来时，才成为影响犯罪心理形成的一种外在相关因素。早在18世纪，法国启蒙思想家就指出："气候影响人的体格、性格和道德风尚，进而对犯罪产生影响。"此外，龙勃罗梭、菲利都将季节、气候作为影响犯罪的因素之一。事实证明这种认识是正确的。据西部某县人民检察院统计，刑事犯罪呈现出明显季节性，不仅整体犯罪现象随季节而变化，而且犯罪类型也随之变化。一般而言，夏秋两季是案件的高发期，盗窃、强奸、抢劫等案件多发生在夏秋两季，而失火等犯罪则集中在冬季。2005年受理批捕的盗窃、强奸、抢劫三类案件共110件，其中发生在夏秋两季的犯罪案件86件，占78.1%；而2005年受理批捕的5件失火案，则全部集中在冬季。下面是各月份犯罪发案情况的统计，我们从中可以明显看到季节因素对犯罪发案率的影响：

月份	月发案率（%）	与年平均发案率较（%）	发案率排名（低到高）	发案特点	预防警示
1	6.14	−1.86	3	杀人案最低，伤害、抢劫、强奸、诈骗、盗窃都低于年平均值	一月本市是绿色月，外出乘车防扒盗，节日外出带好娃，预防诈骗要警觉。
2	4.79	−3.21	1	绝大部分案件（除杀人外）处于发案最低点	二月新春较平安，年前早把欠账还，庙会灯节少带钱，儿孙不叫离身边。
3	6	−2	2	与上月相比发案率上升30%，其中强奸上升46%，盗窃上升32%，土地干燥，易发火灾	春暖花开三月三，防止火灾记心间，春雷一响害虫醒，各类案件向上翻。
4	7.41	−0.59	5	强奸、伤害黄色月，比上月强奸上升14%，伤害上升19%	初夏外出保平安，各类案件往上蹿，老板谨防抢与骗，女孩警惕色与奸。
5至7	<8	——	4、6、7	伤害、抢劫、强奸、诈骗发案率均上升，特别是强奸、伤害案件，盗窃发案率下降	
8	9.29	+1.29	8	伤害、强奸黑色月，侵财犯罪黄色月。暴力犯罪的高峰点，侵财高峰的前奏	八月谨防性侵犯，暴露衣裙应少穿，盛夏之夜危险大，观念预防记心间。
9、10	——	——	9、10	杀人、强奸、伤害案仍高但开始下降，财产犯罪不断上升	秋风刮起不平安，侵财侵入双发案，强暴风波才下去，盗窃高峰又出现。
11	——	——	11	侵财案件趋于高峰，盗窃黑色月，盗窃案占全年发案率的12%	年底侵财到峰巅，外出尽量少带钱，手护提包防"两抢"，与人交往防诈骗。
12	11.63	+3.63	12	侵财案高峰，抢劫、诈骗黑色月，其他案件黄色月	

通过对上表数据的仔细分析我们可以得出如下结论：1. 杀人、伤害案件：全年发案走势趋于平缓，但夏季略高，年关也较突出。原因分析：（1）夏天气温升高，人的情绪易受刺激，因兴奋激动而动武；（2）白昼变长，气温太高，人与人在户外接触的机会增多，产生纠纷的可能性增大；（3）与冬天相比，夏天工作易找，钱较好赚，娱乐、饮酒的机会自然增多，因酗酒而滋事的情况也增加；（4）年关主要因经济纠纷诱发刑事犯罪。2. 性犯罪案件：集中发案于5～9月，也就是主要暴发于夏季，包含春末和秋初。原因分析：（1）夏天女孩为追求时尚，衣着"露、透、短"。款式短，暴露身体部位多。衣料又薄又透，这样容易诱发加害人体案。（2）夏季植物大量生长，叶繁枝茂，为犯罪活动的进行提供了隐蔽的优良条件；（3）气温生高，人体新陈代谢和血液循环加快，性激素大量分泌，极易产生性冲动，导致犯罪；（4）夏季太热，人们经常疏于关闭门窗甚至有的女性露宿在外，给了犯罪分子可乘之机。3. 侵财案件：集中发案于秋冬季节，从国庆节开始逐渐上升，余波直至过完春节。原因分析：（1）随着天气转冷，人们开始增加衣物，致使皮肤感受性减弱，灵敏性下降，给扒窃、抢夺等犯罪创造了机会；（2）年关领取了一年的收入，大量采购时身边常备现金，使犯罪容易得手；（3）昼短夜长，犯罪分子活动时间变长，增加了犯罪机会；（4）为了过年，犯罪分子在年关大量作案。4. 其他案件：（1）节假日出游，多发儿童走失案件；（2）冬春季节气候干燥，容易发生失火案件。

另外，气候影响农作物生长周期，农作物生长周期决定农忙与农闲，农忙与农闲影响着农村人口涌向城市的流量，人口的流量又与发案的升降有关。农忙时，农民多忙农活，刑事案件相对减少：农闲时，流动人口增多，刑事案件就上升。以8月为中心的暴力型犯罪高峰和以12月为中心的侵财型犯罪高峰都值农闲时节。

在各类案件中，强奸案与气候对应最明显。以北京、上海、西安、沈阳大城市平均气温统计与全国强奸案曲线对照，两者都呈"山峰状"，波形变化走向相似。气温最低点在1月，强奸案发案最低点在2月。气温最高点在7月，强奸案发案最高点在8月。在气候最高点与最低点两个点上，强奸案发案都比气温变化滞后一个月。这说明气温对作案的影响需要一个短暂的过渡期。气温一般从3月开始明显回升，3月以后强奸案也随之明显上升，所温从8月以后明显下降，强奸案发案也随之大幅度下降。以北京的平均气温与全国强奸案发案对照可看出，从2月至7月，气温每上升2.5℃，强奸案上升1%；从8月至12月，气温每下降 2.5℃，强奸案下降 1%。两者存在明显的对应关系。

　　由此可以看出：在不同的季节里，气温、湿度等气候因素的变化，会通过人的神经感受器、下脑、植物神经系统和内分泌等对人体产生影响，出现相应的生理变化，从而导致某一类犯罪的增加。因此，研究季节与犯罪的关系并采取相应的预防措施是十分必要的。

三、社会周期

　　社会周期是指人为的循环往复的时间段，如周末、节假日、经济危机时期等等。

　　在周末或节假日，人们精神放松，和社会接触增多，与他人容易产生冲突矛盾，而且在月末发工资后，又容易发生抢劫案件。在经济危机时期，经济犯罪也会因为经济的不稳定而增长，如盗窃、诈骗、抢劫等。在战争时期，政府军队以及民众的注意力都在战争上，很容易忽略控制犯罪，因此，战争时期也是犯罪高发的时期。

案例

　　20 世纪 40 年代初，典型的（美国）波特兰人脑子里只想着战争。他们的共同目标是全力备战，工作之余及时行乐。一般来说，马尔特诺玛城的地方检察官和警察是支持这种战士生活方式的。警察唯一能做的就是，迅速制止酒吧里的打架，或者发现有人在码头上滋事而将其带走。但是，警察并不打算作进一步的处理。据说，除每月第一天的巡逻外，他们就留在赌场、晚间酒吧和妓院。那时，人人都在等待相逢和来信。战争刚刚结束时，执法机构是这样描绘40 年代初期波特兰的情形的：战争期间，各类犯罪沉渣泛起。联邦调查员渐渐知道波特兰已经成为从加利福尼亚北部到科罗拉多西部这个区，麻醉剂、酒、威士忌、妓女和其他违禁品的集散地。

四、自然周期

　　自然周期指的是，例如女性月经期，绝经期、月的阴晴圆缺等周而复始的有规律的时间段落。

　　女性在月经期、绝经期都容易被激怒，出现一系列的神经质的行为，此时的女性犯罪明显比其他时间段多。

第三节 自然环境因素

地理环境因素与犯罪的关系主要是研究城市与乡村的差别对犯罪的影响，特殊地理人文环境对犯罪的影响，特殊空间对犯罪的影响三个方面。

一、城市与乡村对犯罪的影响

城市与乡村一直都有各自的不同特征，因此对犯罪的影响各自不同，主要区别在以下两个方面：

首先，城市犯罪率明显高于乡村。据有关数据表明，日本在 1920 年的城乡人口比例为 37：63，而犯罪比率为 56：44。第一次世界大战前，法国城市人口占全国人口比的 30%，但犯罪率为 46%。1981 年，美国城市犯罪率是 82%，英国是 86.4%，德国是 86%。

其次，乡村暴力犯罪率较高，城市则是经济犯罪率、职务犯罪率较高。造成这些差别的原因有很多，主要是以下几个方面：

（一）社会控制和社会组织的区别

首先，由于城市人口密集，竞争激烈，公权力和私权利冲突矛盾多，流动性大，为犯罪的滋生提供了土壤，而农村生活节奏缓慢，竞争小。

但是也有例外，有少数乡村的耕地面积少，生态环境恶劣，生存压力大，犯罪可能比某些城市还要高。城市人口不仅多而且文化多样，难免产生违法违规行为。而农村成员相对固定，活动范围小，生活方式相对统一。

然后，城市的文明程度较高，各种社会管理模式相对齐全，所以对犯罪的制约能力强。而农村相对受教育程度低，解决矛盾冲突的途径少，所以经常通过武力解决问题。

最后，城市的现代化使生活水平提高，因此城市的性犯罪和以享受奢靡生活为目的的犯罪比农村多。城市的发展导致享乐主义，物质主义等反面价值观滋生，生活在这样的环境难免迷失自我，实施犯罪。而且许多来自乡村的农民进城后的犯罪率明显提高。

案例

郑某是某村村长。1998 年 1 月 5 日，县公安局三位干警到郑某所在村村民刘某家去解救被拐卖的妇女。当时郑某正在家里吃饭，刘某来告"公安抢人啦!"郑某立即吩咐其子通知村民到刘某家集合。郑某赶到刘某家，见三位干警和刘某家人争论，便上前询问。干警得知其为村长，便出示证件，要求他帮助执行任务。郑某因不识字，看也不看就把证件装进自己口袋，并说:"人家花钱买的媳妇，你们管不着，赶紧离开!"干警不同意，郑某便喝令村民把干警绑起来。一名干警拿出枪制止绑架行为，郑某喝令一声"给我打!"围观的村民便以石块、棍棒等围攻三位干警，其中一位试图突围求援，跑到半路被追上、打伤后捆回，另两位一被击中头部昏倒，一位肋骨被打断。

（二）经济发展的区别

现代城市经济发展程度远高于农村，物质丰富，交通便利，因此财产犯罪发生率高。由于城乡收入差距大，容易激发社会矛盾，引起仇富心理而陷入犯罪。而农村经济模式单一，所以复杂的经济犯罪也难以产生。

（三）风俗习惯的区别

农村民风淳朴，邻里之间关系友善，道德约束感强，这无形中抑制了犯罪的发生。而在城市，人与人之间的关系被利益所取代，因此道德约束感弱，形成了对犯罪姑息放任的社会气氛。

由于世界经济的迅速发展，城乡差距在逐渐缩小，特别是发达国家，而中国仍有很长一段路要走，要着重发展农村经济，减小城市和农村的收入差距和基本生活设施。

二、特殊地理人文环境对犯罪

特殊地理人文环境是指人为的社会空间，如单位、社区以及山区、林区等。

（一）单位

单位是中国所特有社会组织形式，是我国很常见的一种说法，相当多的人都有生活工作在单位的经历。单位在预防犯罪的同时，也为犯罪发生提供了条件。

从实践看来，单位的犯罪学意义在于首先提醒人们预防"单位犯罪"。

此时的"单位犯罪"是指犯罪对象为单位的犯罪，发生在单位内部的犯罪，单位内外勾结的犯罪。

（二）社区

社区是城市生活中常见的居住范围。这类地区人口密集，是矛盾频发之地。特别是盗窃的高发区域。

（三）山区、林区等

这些自然地区的特殊自然环境决定了某些犯罪只可能在此发生，如盗伐林木、偷猎、倒卖保护动物等。

（四）边境地区

每个国家的边境地区都是犯罪的高发区，特别是跨国犯罪，例如走私犯罪。

三、特殊空间对犯罪的影响

所谓特殊空间，是指相对城乡时空而言，比较微小，容易滋生犯罪的固定或流动的局部自然地理或人文地理环境。如"城市死角"、城乡接合部和独居住宅等。

（一）城市死角。所谓城市死角，特指都市中具有触引、便利或隐匿犯罪的有利环境、社会控制力所不及的空间。

如立交桥桥洞、地铁、梯间、转角、厕所、窄小的胡同或里弄，以及贫民窟、公园、流动人口聚居地等特殊空间。这些特殊空间常常是案件多发地带。

（二）城乡接合部和社会控制真空地带。城乡接合部由于系城乡交流的咽喉和关卡，不仅城乡犯罪彼此对流必经此地，而且亦属流窜作案的罪犯和逃犯聚居、藏身与窝藏、销赃的理想场所。

至于地处几国夹缝间或者省境之间却并无特别固定的紧密行政控制的特殊地带，亦即所谓"三不管"地带，如国际著名的毒品产地"金三角"，更是犯罪者聚居、隐匿或窝藏、销赃的乐园。

（三）独居住宅。包括单身一人的独居室和远离住宅群的独立住户。

这类居住形式者不仅易遭罪犯的侵袭，其本身亦为独居者提供了社会无法控制的便利和作案场所。据我国某市对478名独居青少年的调查，其中有81名具有犯罪活动。

此外在现代城市，由于成年男女上班，家中仅有孤身老人所形成的间隔性居住，亦易招致罪犯的袭击。

（四）偏远的矿山、工厂区。

这类地区由于远离城市，缺乏文化娱乐活动和消遣场所，甚或存在着男多女少的人口比例非正常失调，居民闲暇时间无法打发，便常常诉诸酗酒和嫖赌行为。

同时这类地区又兼城、乡交接地带的某些特点，而使得流氓、伤害等犯罪明显高于其他地区。

（五）商店、市场、旅馆、车站、码头等经贸繁荣、人员流动频繁的空间和火车、城市公共汽车等交通工具内，亦常发生盗窃、抢劫等案件。

第十一章

犯罪的文化因素

第一节 概述

文化从广义上说,是指人类社会历史实践过程中所创造的物质财富和精神财富的总和。从侠义上说,是指社会的意识形态,以及与之相适应的制度与组织机构。文化,既是一定社会政治、经济的反应,又对一定社会的政治和经济产生巨大的反作用。从一定意义上说,犯罪亦是一种文化现象,是特定社会各种消极文化综合作用的产物。研究犯罪行为的发生机制,必须对犯罪与文化的关系进行深入的探讨。

一定的文化及社会背景决定了犯罪行为的特点,而犯罪现象又会受制于特定的文化。从实践数据表明,不同的文化孕育了不同的犯罪行为或者犯罪现象,近代以来,现代化和全球化的发展导致文化冲突加剧。因此,要研究犯罪就要研究犯罪背后的文化因素。

一、犯罪文化因素的概念

犯罪文化因素是指引起犯罪行为发生的文化背景。例如文化的传播,文化的改变以及文化的冲突,还有引起许多犯罪行为发生的亚文化。

犯罪文化因素有四个特征。首先,犯罪文化因素是一种人类知识和人类文明的因素,而知识和文明都是一种抽象概念,它不同于自然,社会,生物等具象概念。其次,犯罪的文化因素仅仅只包括那些与犯罪现象发生有因果关系的人类知识和人类文明，而不包括一切的知识与文明。所以研究犯罪的文化因素，仅仅是研究个案所涉及的知识，文明或者某个阶段、某一个地域、某种类型的犯罪现象所涉及的人类文化。再次，犯罪的文化因素，仅仅是指人类生产生活的文化背景。因此，可以得出，文化背景必定是以一定的社会背景为基础的，再通过犯罪主体的心理过程最终转化为犯罪行为。各种不同的文化因素会引发不同类型的犯罪现象，而社会背景下的文化是多种多样的，因此，在同一个社会背景之下，会出现不同的犯罪行为。最后，可能引起犯罪发生的文化因素并不必然会导致犯罪发生，而是要通过个体有意识的选择和接受，才能真正成为犯罪的文化因素。犯罪行为人的素质与选择才是决定犯罪能否发生的真正要素。在某种特定的环境之下，某种人类知识或者人类文明，可能正好触动了犯罪个体的某种犯罪意识，或者对其犯罪意图提供了支撑，从而强化了其犯罪倾向，最终导致犯罪发生。人类本身就具有文化属性，人类自己创造文化，但反过来，文化又会对人类行为产生作用。人类创造和传递的文化会在人类社会化的过程中产生一定影响，并形成一整套价值观和人生观，然而，社会普遍的文化不一定会被所有人所接受，文化冲突和矛盾就此产生，而犯罪就是这种冲突跟矛盾的最激烈的形式。

二、犯罪文化因素的特征

犯罪文化因素的特征，是指引发犯罪的各种文化因素所具有的共性。

（一）民族性

犯罪文化因素的民族性是指引起犯罪发生的文化因素是由民族差异性导致。正如上文所述，犯罪的文化因素是以一定社会背景为基础的，而不同的地域、种族，民族就会产生不同的文化。在过去文化交流范围小，而随着现代化和全球化的发展，文化交流日益增多，交流的领域也逐渐扩大。因此，民族性导致的文化差异也愈显突出，当这种差异不可调和时，就会引发冲突，甚至产生犯罪。

案例

2013年1月，被告人卡斯木·甫拉提多次听取他人煽动实施暴力恐怖活动的宣讲，后经他人介绍加入暴力恐怖组织，负责培养人员。

2013年4月，被告人卡斯木·甫拉提在新疆和硕县向被告人依布拉因·吐尔逊、伊玛木·卡斯木等人多次宣扬"圣战"思想。

2012年7月至2013年4月，被告人伊玛木·卡斯木在和硕县向被告人依布拉因·吐尔逊等人宣扬"圣战"思想。

2013年4月至6月，被告人依玛木·卡斯木、依布拉因·吐尔逊等人为进行"圣战"，购买训练器械、书籍，单独或共同进行体能技能训练。

2013年7月19日，被告人依布拉因·吐尔逊在用手机QQ聊天软件与他人聊天时宣扬"圣战"思想，并将恐怖分子照片发送给他人。

本案由巴音郭楞蒙古自治州中级人民法院一审。

法院认为，被告人卡斯木·甫拉提加入恐怖组织后，通过宣扬"圣战"思想，发展、培养恐怖组织成员，其行为已经构成组织、领导恐怖组织罪。被告人伊玛木·卡斯木、依布拉因·吐尔逊接受他人的"圣战"宣传，积极参加恐怖活动组织，并为实施恐怖活动进行体能、技能训练，其行为构成参加恐怖组织罪。

据此，依法对被告人卡斯木·甫拉提以组织、领导恐怖组织罪判处有期徒刑十五年，剥夺政治权利五年；对被告人依玛木·卡斯木、依布拉因·吐尔逊以参加恐怖组织罪均判处有期徒刑十年，剥夺政治权利三年。

二、人文性

犯罪文化因素的人文性，是指构成该因素各种现象都具有人类精神文明结果的属性。人类精神所具有的连续性，以及在发展中不断地更新的特点决定了犯罪的文化因素也必然会不断地进行更新和发展。

而犯罪预防作为一种要求稳定秩序的社会控制工具，通过稳定社会秩序参与社会调控。但是，犯罪预防实际效果往往达不到预期值，甚至可能会不利于文化发展。因此，在进行犯罪预防时，要采取真正能够体现社会公益要求的理性措施。

三、反作用性

犯罪的文化因素反作用性是指有人类文明和知识所创造的文化，却反过来促使危害人类利益的犯罪现象的产生。

犯罪的文化因素的反作用性充分的表明了人类对自身能力的滥用。例如现代网络，不仅为人类提供了便利，也为某些犯罪提供了滋生的温床。

案例

网络红人"秦火火",原名秦志晖,男,30 岁(2013 年),湖南省衡南县香花村人,2002 年高中毕业后辗转广东、北京、湖南多地打工,后主要从事网络推手、网络营销等活动,多次炒作造谣,如一手策划郭美美事件,攻击张海迪、雷锋。2013 年 8 月 20 日,秦志晖因涉嫌寻衅滋事罪、非法经营罪,被北京警方依法刑事拘留。2014 年 4 月 11 日,北京市朝阳区人民法院定依法公开开庭审理其诽谤、寻衅滋事一案。被告人秦志晖对公诉机关指控的事实没有意见,秦志晖表示自愿认罪,17 日,法院依法做出一审判决:以诽谤罪判处秦志晖有期徒刑 2 年,以寻衅滋事罪判处有期徒刑 1 年 6 个月,决定执行有期徒刑 3 年。

秦志晖所在的尔玛公司自 2010 年 3 月在北京市朝阳区成立以来,主要从事网络推手、网络营销等业务,为了扩大知名度、影响力,秦志晖伙同公司其他员工组成网络推手团队,通过微博、贴吧、论坛等网络平台,组织策划并制造传播谣言、蓄意炒作网络事件、恶意诋毁公众人物,以此达到谋利目的;另外,为获得更多营销利益,他们使用淫秽手段,色情包装"中国第一无底限"暴露车模干某某、"干爹为其砸重金炫富"的模特杨某某等,助其成名。

据办案民警介绍,秦与杨等人组成网络推手团队,伙同少数所谓的"意见领袖",组织网络"水军"长期在网上兴风作浪、炮制虚假新闻、故意歪曲事实,制造事端,混淆是非、颠倒黑白,并以删除帖文、联系查询 IP 地址等方式非法攫取利益,严重扰乱了网络秩序。

秦志晖、杨秀宇等对编造"7·23"动车事故政府花 2 亿元天价赔偿外籍旅客、虚构雷锋生活奢侈细节污蔑道德形象、捏造中国残联主席张海迪拥有日本国籍等一系列违法犯罪事实供认不讳。2013 年 8 月 20 日,秦志晖因涉嫌寻衅滋事罪、非法经营罪,已被北京警方依法刑事拘留。

第二节　文化冲突

一、传统文化对犯罪的影响

(一)预防犯罪的积极作用

中华民族的传统文化,在人与自然的关系上,讲协调,讲合一。在人与社会的关系上，讲认同，讲守常。在人与人的关系上，讲凝合，讲依存。儒家学说开创的"仁、义、理、智"的思想体系，主张"恻隐之心"、"羞恶之心"、"辞让之心"。独具中华民族特征的伦理文化，讲究群体、互助、和睦相处，与人为善等等，与西方的"个人本位"形成鲜明的对照，对于预防犯罪的作用是显而易见的。

（二）负面影响

但是，中国传统文化中落后的封建意识、旧的习惯势力等负面因素，对现代社会犯罪的发生也起了直接的促进作用。如忽视法治、强调人治，强调特权，并由此而发展为以言代法、法制观念淡薄；封建宗法势力、宗法系统凌驾于国家法律之上；封建迷信，小生产者的落后意识等，都是引发违法、犯罪的重要文化因素。

案例

现年 25 岁的被告人马会超系河南省新密市农民。曾因犯盗窃罪于 2002 年和 2005 年先后被新密市人民法院判处有期徒刑 1 年和 2 年。出狱后，打工怕吃苦，挣钱没门路的马会超整天吃喝玩乐，无所事事，家里的花销主要靠父母。

2007 年，22 岁的马会超经人介绍认识了同村的年仅 17 岁的赵某。不久，两人就到了谈婚论嫁的地步。马会超的父亲马某为了让儿子早日成家立业，就开始着手盖房操办婚事。2007 年 12 月 30 日，按照农村的风俗，马会超和赵某举行了结婚典礼。但双方因年龄不到法定结婚年龄没有到民政部门办理结婚登记手续。婚后，因为两人没有什么挣钱的本事，生活的难题接踵而至，而就在这个时候，他们的女儿降生了。女儿的降生不仅没有给这个家庭带来欢乐和笑语，两人反而因为经济问题开始发生争执和摩擦。2008 年 12 月 31 日，在女儿出生百天时，马会超产生了卖掉自己女儿解决自己生活困难的念头。

河南省新密市法院经审理查明，2009 年 1 月 1 日 12 时许，马会超趁妻子赵某回同村的娘家拿东西之际，将女儿以 1.5 万元的价格卖给收养人司某。赵某回家后发现"丈夫"和女儿不见后。就急忙给"丈夫"打手机，但电话中传来的却是"丈夫"关机的消息。在全家总动员后发现"丈夫"和女儿仍然音信皆无后，赵某就找到马会超的一个朋友王某。从王某嘴里得知，马会超已把女儿以 15000 元的价格卖给他人。

得知该情况后，赵某就向公安机关报了案。20 天后，将女儿卖掉后大肆挥霍已身无分文，期间又盗窃作案5次、涉案金额达4000元（其中包括手机、摩托车、现金，甚至连一盒5元的红旗渠烟也不放过）的马会超被公安机关抓获归案。被马会超卖掉的女儿也被成功解救。河南省新密市检察院随即以被告人马会超的行为已构成拐卖儿童罪、盗窃罪为由向法院提起公诉。

河南省新密市人民法院经审理后认为，被告人马会超以营利为目的，出卖不满十四周岁的子女，情节恶劣；以非法占有为目的，秘密窃取他人财物，数额较大，其行为已触犯了《中华人民共和国刑法》第240条、第264条，犯罪事实清楚、证据确实充分，应当以拐卖儿童罪、盗窃罪追究其刑事责任。被告人马会超曾因犯盗窃罪于2005年9月15日被新密市人民法院判处有期徒刑2年，于2007年5月6日刑满释放，其在5年以内再犯应当判处有期徒刑以上刑罚之罪，系累犯，应从重处罚。据此，法院以拐卖儿童罪判处被告人马会超有期徒刑6年6个月，并处罚金人民币2万元；以盗窃罪判处其有期徒刑1年6个月，并处罚金人民币2000元；决定执行有期徒刑7年，并处罚金人民币2.2万元。

二、西方文化对犯罪的影响

随着改革开放，西方文化中一些进步的思想使人们的观念为之一新。追求民主，强调个人作为社会主体的权利等等都会对社会的进步起促进作用。但西方不良文化也通过其无所不在的触角渗透到中国社会的各个层面。极端个人主义、以自我为中心的价值观念动摇着中国几千年的社会本位系统。与此相应而产生的个人金钱欲、物质欲也如潮水一般汹涌而来，当用正常的手段无法得到金钱、物质的个人享受时，一些人不惜用犯罪的手段来获取。

随着西方大量文化产品的进入，一些渲染凶杀、暴力、色情的东西开始泛滥，性解放、性自由思潮使中国大陆已禁绝多年的社会丑恶现象重新出现、并且愈演愈烈，严重败坏了社会风气。对暴力的渲染与推崇，又使许多人，特别是分辨力不强的青少年崇尚"用拳头解决问题"，重大恶性暴力犯罪呈上升趋势。

三、文化冲突对犯罪的影响

文化冲突，是指在文化传播过程中，两种或两种以上不同的异质文化接触，碰撞而产生对抗的现象。

著名犯罪学家赛林在其著作《文化冲突与犯罪》一书中，指出文化冲突与犯罪之间有密切的联系。他认为，社会上存在着两种文化冲突：

（1）随着文明的发展而发展的不同时期的文化规范之间的冲突；

（2）同一时期内由于两种文化冲突对立而产生的法律规范之间的冲突。

当苏联的法律延伸到西伯利亚时，西伯利亚部落中的一些妇女遵守法律、摘掉面纱，但她们却因违反某一部落最为神圣的规则而被她们的亲属杀死。

"文化准则的冲突必然导致行为规范的冲突"，"犯罪就是行为规范之间的冲突"。进而指出，当某个文化集团的成员迁移到另一个不同文化的区域时，或是当某个文化集团的法律规范扩张到另一个文化集团的区域时，这些不同文化区域的各种规范之间的矛盾，就可能在相邻的文化领域的结合处引起激烈的冲突。赛林的理论对于我们了解我国现阶段的文化冲突与犯罪的关系，具有现实的指导意义。

有的学者将我国现阶段的文化冲突及其与犯罪的关系概括为以下3种形式：

（1）现代文化与传统文化的纵向冲突；

（2）不同地域、民族、群体之间交往日益增多，不同文化之间产生了横向冲突；

（3）随着社会对外开放的程度的深入，国外的意识形态，文化价值观念、生产方式向我国各个方面渗透，从而形成了中外文化的冲突。

还有包括法文化的差异，比如说中国的拾金不昧，捡到自行车怎么处理，日本随便捡自行车是要被抓的，中国人捡到不交公的话，只是道德的问题，而在日本是犯罪。

中国人自身的问题。中国在社会转型，在改革开放以后，出现了三种文化板块的剧烈碰撞，一个是儒家的道德文化，一个是毛泽东的道德文化，还有一个是西方的道德文化，中国人现在应该尊崇哪种道德文化？现在还处在混沌的状态，这种东西会减弱社会犯罪的抑制能力。另外，中国的社会从原来以道德为主的伦理社会想转型到法制社会，过去中国抑制犯罪主要是通过伦理，但是现在我们通过法律来抑制，这个转型是巨大的，中国的问题是这样的，在法制社会没有完全建立起来，道德却出现了急剧的崩溃，这种崩溃就像我刚才谈到的到底是儒家伦理还是毛泽东伦理还是道德伦理，出现了非常大的混沌状态。

第三节　犯罪亚文化

一、犯罪亚文化概念

（一）犯罪亚文化概念

亚文化是指在一定的特定的社会结构中，由个体互动而产生的特定的生活处理方式及各种观念。亚文化通常包含两层含义：（1）在一个社会的某些群体中存在的不同于主文化的价值观念和行为模式；（2）由奉行这些不同于主文化的价值观念和行为模式的人组成的社会群体。

而犯罪亚文化则是指犯罪亚群体在犯罪活动中逐渐形成并予以信奉和遵守的与主文化相对立的价值标准、行为方式及其现象的综合体。

每个复杂的社会都是由许多亚文化组成的。在某一亚文化中，既包含一些主文化的特征，也具有自己的特点。由于亚文化究其本质而言，是一种对立文化或次文化，往往容易导致违法犯罪行为。

中国传统文化中的亚文化，典型的如帮会文化。它源于封建社会后期丧失土地进入城市的游民阶层。他们或为生存而互相扶持，或为阶级斗争、民族斗争而秘密结社。帮会文化受到社会主文化注重精神力量、注重父子、兄弟血缘关系的影响，建立了以义为标志的精神支柱，和仿血缘的兄弟关系。近代以来，帮会文化愈演愈烈，在改朝换代的斗争中十分活跃。帮内独具特色的文化规范，如帮规、隐语、文身、入帮仪式等。

在现代，港澳台的黑社会组织就是在帮会基础上发展起来的。自20世纪80年代以来，帮会犯罪在中国大陆也死灰复燃，成为威胁人民安全感的主要犯罪形态之一。

（二）犯罪亚文化的特征和功能

1. 联结性与同化功能

对于犯罪亚群体及其活动所具有的凝聚力和感召力就是犯罪亚文化的联结性。

犯罪亚文化引起了大部分犯罪行为人的共鸣，给犯罪行为人以认同感和心理归属感的满足。正是这一类亚文化将犯罪群体聚集，当犯罪群体这个规模逐渐扩大，社会的主流文化的号召力就会变弱。此时，社会就容易发生震荡，出现失控。而罪犯亚群体，就会愈发膨胀，形成持续并且大规模的有组织犯罪和黑社会犯罪。

实践表明，许多走私集团、恐怖主义集团、吸毒集团等犯罪亚群体正是由于共同的犯罪亚文化的暗示和感召得以形成的。而且，由于亚文化的神秘性和刺激性对青少年极具诱惑。因此，青少年在犯罪亚文化的误导下，容易走上犯罪道路。

2. 武逆性和反社会功能

由于，犯罪亚文化具有非从众性和非标准性，对主流文化有否定和反抗的态度与倾向，因此，忤逆性是犯罪亚文化的又一特征。

犯罪亚文化是为了适应和满足犯罪及其主体的需要而产生，并得以流传的。犯罪亚文化始终与社会主流文化相对立，正是犯罪亚文化的武逆性导致了其反社会功能。

3. 扭曲性与自卫功能

犯罪亚文化的扭曲性，是指对于健康的人类理性、情感和常规的病态性悖逆倾向及其扭曲形态。

犯罪亚文化常常反映了犯罪主体扭曲的心理要求和病态倾向，在这一种变态心理下，犯罪主体抵制着社会主流文化，这类亚文化，正是罪犯为了适应环境，应对挑战，实施犯罪，逃避惩罚而形成的自我约束手段和自卫依据。

二、犯罪亚文化产生的原因

一个时期以来，一些文化传媒对人们的价值观、生活方式起着错误的导向作用。如不恰当的宣传高消费、过分渲染享乐、豪华、讲排场等等；另一方面文化出版业的市场化，一些人在金钱欲的支配下，利用开放的文化市场大肆制售黄色、暴力、迷信书刊、音像制品，制黄贩黄等不法活动十分猖獗，因特网的发展起到了推波助澜的作用；少数娱乐活动的经营者公开以色情活动招徕顾客，甚至为卖淫嫖娼活动打开方便之门。根据前几年一项调查，在违法犯罪的青少年中，因看过黄色书刊和录像而步入犯罪深渊的占80%。

另外，暴力文化的毒害也十分明显，据国外资料反映，日本在20世纪80年代末出现的以犯罪为乐的754个"飞车集团"，在38952名成员中，大多数是武侠暴力影视的爱好者。

三、犯罪亚文化的表现

（一）反社会意识

反社会意识，是指罪犯通过实施犯罪行为来向社会宣泄其不满，主要包括对社会主流文化的抗拒，悖逆的价值取向以及同犯罪亚群体的共鸣。

具有反社会意识的犯罪主体不仅在价值观上与社会主流文化倡导的价值观不符，而且行为规则也与常规具有很大差异，在犯罪亚群体中才能获得归属感和满足。因此，反社会意识会一直同社会处于一种病态的紧张状态。

在实践中，许多职业罪犯都具有一定的职业意识，这种意识使罪犯对自身行为感到自豪，但同时，却又处于一种恐惧惩罚的状态，长此以往，这种恐惧就会转变为对社会的仇视和敌意。

（二）犯罪群体

基于统一目的而形成的共同犯罪，并形成了紧密的组织集团，这类的群体，就是犯罪群体，例如，帮会集团。

案例

犯罪嫌疑人，"黑衣帮"帮主李涛，1989年底出生。2006年初中毕业，由于成绩平平考入了一所职业高中。

据他的供述："2006年9月，我在北京某技师学院上学的时候，怕被人欺负，就跟与我一起军训的11个人说，我们关系比较好，以后12个人在一块儿，别人也不敢欺负我们。当时，我老穿一身黑衣服，他们也就跟着学，都穿黑衣服。大家闲聊天时，就给我们起名叫孝义堂，也叫黑衣帮。"

李涛作为发起人自然就是老大也称堂主，会员跟他一样都是1990年前后出生，主要由这所职高的学生组成，年龄在16至19岁之间。他每星期向组织成员每人收取10元钱的堂费。平时经常在一起活动，还多次组织在一起打架斗殴，打架时每名成员都统一穿成一身黑，后来还发展到统一购买服装。

开始时，还因为成员受欺负大家都忙出气，后来"黑衣帮"发展到谁不服就揍谁。学校的学生都觉得"黑衣帮"特别厉害，许多同学为了寻求保护主动要求加入。渐渐的还有社会青年和外校的学生加入，最多的时候成员达五六十人。平时经常聚会，联系方式是QQ群。QQ群以"孝义堂"命名。

成立两年来，由于基本上是"小打小闹"并没有引起学校和警方的重视。但今年的 5 月 28 日这一天他们终于"惹出了大麻烦"。

2008 年 5 月 28 日 13 时许，帮会成员孙强外出吃饭，在海淀区定慧西里某中学旁边的一个花园里，与被害人朱洪仅仅因为看了对方一眼发生纠纷。为了泄愤报复，孙强让贾滨通知堂主李涛带人进行报复。

李涛迅速纠集了正在学校上课的犯罪嫌疑人吴达、建国等九人分乘两辆出租车赶了过来。他们手持木棒、砖头，还有人从商店买来了砍刀，齐新手拿黑色仿真枪顶住被害人头部。

随后，十几名"黑衣帮"成员一拥而上就是一顿乱砍乱打。最后，造成被害人朱洪全身共有八处刀伤，外展拇肌腱完全断裂……经依法鉴定，被害人朱洪身体损伤程度为轻伤。

案发后，警方查获了"黑衣帮"使用的一把长 50 厘米、宽 4 厘米的大砍刀。黑色仿真枪不知下落。事后，李涛等人投案自首，还有张海等三人被抓获。

2008 年 8 月 4 日，海淀公安分局将李涛等 13 名犯罪嫌疑人移送检察机关提起公诉。

第四篇

04

犯罪预防

第十二章

犯罪预防的基本原理

第一节　概述

一、概念

在现在，很多人都知道刑法属于事后罚，具有事后性，对犯罪着者处于刑法，使其以后不再犯罪。可是很少人注重犯罪预防。犯罪预防问题是建设和谐社会的一个时代性挑战。在刑事政策上必须把握"打防结合，预防为主的"的战略方针。犯罪预防，也就是成语所说的未雨绸缪。只要注重犯罪预防，在预防上认真做好工作，这样才可以真正地从根本上减少犯罪的数量。

犯罪是人类社会的一种正常的社会现象。随着人类社会的不断进步，尤其是现代化科学技术突飞猛进的发展，犯罪无论在数量上、规模上，还是在犯罪方法、对社会的危害程度上都发生了很大变化，对人类社会构成的威胁越发变得严重。实践证明，犯罪仅靠打击这一治标措施是远远不够的，因此，人们寄希望于犯罪预防。

犯罪预防是指对犯罪的事先防范活动和举措，具体说，是指是指有助于消除犯罪的原因、避免犯罪发生的社会组织管理和建设发展方面的各种活动与举措。它着眼于犯罪原因的消除和犯罪的避免，是犯罪无从发生。这里所说的犯罪预防是广义的，或者说是概括性的术语。它是指包括前述犯罪控制在内的全部犯罪防范和控制策略的与措施的总和。具体说，所谓犯罪预防，是指国家、社会（群体、组织、社区）和个人所采取的旨在消除犯罪原因、减少犯罪机会、威慑和矫正犯罪人，从而防止犯罪发生或减少犯罪发生的策略与措施的总和。

二、被害预防

被害预防注重于对犯罪主动出击，而犯罪预防注重通过自卫避免犯罪的侵害。但二者其实是一致，都是为了避免犯罪的侵害。

三、犯罪控制

犯罪控制是指在犯罪行为发生后，或者在犯罪行为未完成时，采取措施或手段防止犯罪再次发生或继续发生，从而使得犯罪率处于正常范围。例如刑事处罚、治安管理以及公民的自卫行为。犯罪控制的目的在于消除犯罪目标，减少犯罪机会，增大犯罪成本，促使人们守法，把犯罪控制在正常范围内。

犯罪控制的犯罪预防的差别在于，前者是对犯罪行为的被动防守和事后处理。而后者在于对犯罪进行主动的避免与出击。

四、社会发展规划与预防犯罪策略的关系

犯罪预防需要一系列的专门性措施，不仅需要建立一套完善的警察、监狱、法庭等强制控制手段，还需要运用舆论、传统、风俗等手段，二者要共同作用才能发挥影响力。此外，犯罪预防有着丰富内容，是人类社会不断自我完善的过程。

五、犯罪预防成本

在犯罪经济学角度，犯罪预防需要投入大量人力、物力、财力。但是这也是犯罪对社会造成的危害的一部分，虽然这会增加社会发展的成本。

六、犯罪预防的基本原则

（一）犯罪预防与人类社会发展同步原则。

犯罪的发生是与社会缺陷有关，因此随着社会的不断完善发展，犯罪现象也会因此减少，犯罪现象的多少与人类社会的文明程度成反比。所以要控制或预防犯罪，应该注意两个方面，首先，要通过完善社会来减少犯罪率，而不能完全依靠强制手段。当一个社会物质丰富，社会的普遍价值观、道德观正确，人的物质和精神都能得到满足，那犯罪就不会有滋生的土壤。此外，要预防和

控制犯罪需要制定一系列的专门性措施，而这些措施要同社会其他政策相统一，配合。

（二）社会控制适度原则。

社会控制是指用以约束个体或群体行为的，使之符合社会规范的正式或非正式的影响力。如法律法规、道德、舆论、传统等都是社会控制的具体手段。但是过强的社会控制会抑制个人自由，忽视个人权利，所以社会控制应当保持适度，协调好以下几个方面。

首先，要协调好社会控制与社会自由的关系。

为了实现社会控制，自由必然会被限制或者牺牲，自由只能在控制的框架之内得以实现。要使得控制和自由保持均衡发展，才能有效解决社会矛盾和冲突。

然后，要协调好社会控制与人的需要满足之间的关系．

社会控制意味着人们不能随心所欲地生产生活，但是并不意味着剥夺人正常合理的需要，只有那种违背道德，违反法律的需求要加以抑制。而且要实现社会控制的效果还要不断满足人们的物质需求和精神需求。

其次，要协调好自我控制与社会控制的关系。

社会控制固然重要，但是只有社会控制并不能完全预防和控制犯罪，只有形成社会控制和自我控制的合力，才能有效控制犯罪。当社会控制过强或者自我控制过弱容易造成心理疾病，导致犯罪产生。

（三）结构整合与价值整合并举原则。

犯罪现象是社会冲突的产物，通过社会的凝聚力来控制犯罪。要形成社会强大的凝聚力，就要对社会进行整合，包括文化整合、规范整合、意见整合等等，总的来说就是结构整合和价值整合。

结构整合就是指对社会各部门、各阶层的关系加以协调。这使得社会的各个部分的矛盾与冲突减少。价值整合则是指文化和规范整合，就是确定社会统一的价值观和主流思想。

（四）成本——效益原则。

犯罪一直以来都是影响各国经济的一个重要因素。对犯罪预防进行成本——效益分析就是指倘若将用于预防犯罪的费用用于其他方面，收益是否会更大。

各国和我国的实践表明通过社会政策来解决犯罪原因，或者增加教育投入，以及加大公益投资和加强社会保障等措施来减少犯罪率比事后通过刑罚和监狱等强制措施来控制犯罪的效益更高，成本更小。

第二节 犯罪预防的可能性与必要性

一、犯罪预防的可能性。

国内外众多的犯罪学者一致认为，犯罪是可以预防的，其主要理由如下：

（一）犯罪规律的可知性。

犯罪是一种历史的社会现象，是客观存在的事物，有着其自身发生、发展和变化的规律，其规律是可以认识的。任何犯罪行为的发生都有一定的发展过程，这个过程是有一定的规律的，这为我们认识犯罪的发生提供了线索，就可以在日常生活中采取有针对性的措施，达到预防犯罪的目的。

那么偶然性的犯罪是否也有规律呢？偶然性犯罪具有突发性的特点，给人以难以捉摸的感觉。但是偶然性犯罪的规律仍然是有迹可寻，是可以认识的。因为偶然性是和事物发展的必然性相联系的，也有一个发为犯罪预展的过程，只不过短暂而已。只要我们运用量变引起质变这一事物发展的普遍规律，就能从偶然性中找到必然性。

（二）犯罪在一定程度上是可控和预防的。

犯罪在一定程度上是可控和预防的是指可以把犯罪控制在正常范围之内，以及通过逐渐减少犯罪原因来避免犯罪的发生。这种说话是相对的，而不是绝对的。

（三）犯罪是在某些条件下可以消灭。

某种行为是否是犯罪是由立法者决定的，因此犯罪可以随着某些条件的具备，如生产力和生产方式的矛盾的解决导致某些犯罪消灭。但是有一部分犯罪是伴随着社会发展的，罪名可能会变，但是这种犯罪行为作为一种现象可能会一直存在。即使要消灭犯罪现象，也是一个相当缓慢的进程。在犯罪被消灭之前，对犯罪的控制也只能是局部的，因为我们队犯罪的认识是相当有限的，而且历史证明，犯罪是不能完全避免的，至少在现代社会，犯罪现象是一种常态。但是我们不能因此而丧失信心，要坚持与犯罪行为斗争到底。而控制和预防犯罪的成效，很大程度上。要取决于政府的决策和作为。

（四）国际犯罪预防的合作与交流。

联合国每5年召开一次预防犯罪和罪犯处遇大会，交流预防犯罪的经验和策略。国际刑警组织在预防和制止犯罪方面也进行了广泛的合作。各国司法部门、学术团体为预防犯罪更是进行了广泛的接触、合作与交流。

二、犯罪预防的必要性。

犯罪预防的重要性体现在如下几个方面：

（一）犯罪预防是治理犯罪的最根本途径。

治理犯罪的对策很多，但最根本的是预防犯罪。在犯罪预防的实践中，我国总结出了一整套具有完整系统和内在联系的综合治理方针。

（二）犯罪预防能够避免和减少犯罪给社会造成的危害

犯罪是破坏人类生产、生活与安全的严重社会问题，它对人类的威胁，特别是在物质上和精神上所造成损害，已大大地超过了战争，已经成为社会发展的阻力。

（三）搞好犯罪预防，有利于社会主义物质文明和精神文明的建设。

社会主义物质文明建设需要有一个安宁稳定的社会环境作保证，这就需要我们搞好犯罪预防，从而加快我国经济建设的步伐。社会主义精神文明建设光靠做思想工作不行，必要时也要使用一些法律手段。犯罪预防就是我们促进社会主义精神文明建设的综合手段之一。

（四）搞好犯罪预防，有利于社会秩序的稳定。

犯罪不仅会破坏社会生活，使社会成员没有安全感，而且还会严重干扰和破坏社会主义现代化进程。因此，犯罪预防是必要的、不可缺少的。

（五）犯罪的不可避免不能否定犯罪预防的必要性

犯罪对于社会就像疾病对于人类那样必可避免的存在，但是也同样不会受到社会成员的容忍和赞许，因为犯罪在本质上是社会公共秩序以及社会道德的破坏。

第三节　国内犯罪预防的基本体系

一、综合整治

（一）综合整治的概述和特征

综合整治的内涵和要求是：在各级党委和政府的统一领导下，动员和组织全社会的力量，运用政治的、法律的、行政的、经济的、文化的、教育的等多种手段，打防结合，标本兼治，对违法犯罪问题进行综合整治，从根本上预防和减少犯罪，维护社会秩序，保障社会稳定。

我国的综合整治，首先，强调各种手段的综合运用和全社会的统一行动来预防犯罪。然后，我国的综合整治是一种开放的，全方位的犯罪预防模式。其次，这种整治是以明确的社会政治理想核对治理犯罪的乐观态度为基础的，强调标本兼治，打防结合，是一种积极的模式。

（二）产生背景

我国改革开放刚开始时，社会刚开始进行转型，社会秩序极不稳定，犯罪率急剧上升，于是，我国提出了《关于提请全党重视解决青少年违法犯罪问题的报告》，虽然报告中未使用"综合整治"一词，但包含了综合整治的思想，正式提出则是在 1981 年，并于 1991 年通过《关于加强社会治安综合治理的决定》。

（三）实践原则

1. 打防结合，标本兼治，重在治本

打击各种危害社会的违法犯罪活动，依法严惩严重危害社会治安的刑事犯罪分子；采取各种措施，严密管理制度加强治安防范工作，堵塞违法犯罪活动的漏洞；加强对全体公民特别是青少年的思想政治教育和法制教育，提高文化、道德素质，增强法制观念；鼓励群众自觉维护社会秩序，同违法犯罪做斗争。

2. 机关与群众相结合

在治理工作中，以公安政法等机关为主，群众为辅。各机关要引导群众进行自我管理和自我防卫，并开展治安防范活动和警民联防活动，严格依法办事，保护群众的合法利益。

3. 法治原则

法治原则首先是指预防犯罪活动必须依法进行，不得对法治产生破坏，然后防治活动必须做到规范化和法治化，制定相关法律法规。

4. 党和政府统一领导

（四）综合治理措施体系的分类

综合治理措施体系的分类有以下几种：

1. 以措施采取的时间为标准，分为犯罪防范和犯罪控制。

犯罪防范，指的是通过在犯罪发生前就采取措施来降低犯罪率。犯罪控制则是指在犯罪发生后，通过司法系统对犯罪进行事后处置，如刑罚、矫正等来防止再犯，或者对潜在罪犯起到遏制作用。

2. 以采取措施的主体为标准，分为正式控制和非正式控制。

显然，正式控制是指以国家机关为控制主体，从事犯罪控制的管理活动。非正式控制则指的是社会上自治组织或自我调控机制，如风俗、习惯、传统和舆论等。

3. 以实践中采取的做法为标准，分为控制模式、医疗模式和社会基因模式。

控制模式主张，犯罪是由于犯罪行为人在权衡利弊后，通过自己的主观想法，做出犯罪选择，因此要通过警察、监狱等强制措施控制犯罪。医疗模式则认为犯罪行为人之所以犯罪是由于生理及心理上的异常，所以要对犯罪行为人进行治疗、矫正和教育教诲等手段来控制犯罪。社会基因模式主张，犯罪行为人之所以犯罪是由社会环境所导致的，所以要通过发展社会，减少社会弊端来控制犯罪。

4. 以所针对的预防对象为标准：一级预防、二级预防、三级预防。

一级预防是针对犯罪发生的基础采取的预防措施，如各种犯罪诱因。二级预防是对有犯罪危险的潜在犯罪人采取预防措施。三级预防则是事后对犯罪进行干预，即对罪犯进行刑罚、监禁和矫正等。

二、我国的综合治理措施体系

积极预防 { 社会预防——社会完善：社会、文化原因
　　　　　 心理预防——人的完善：心理原因

控制预防 { 治安管理预防——针对潜在犯罪人和机会
　　　　　 刑罚预防——在刑罚制定、适用和执行过程中实现

（一）心理预防

心理预防是指培养健全人格以减少犯罪发生。包括个人的自我修养和社会对个人的培养教育。

（二）治安管理预防

治安管理预防是指通过公安等保卫部门的社会控制力，在群众的协同下，维护公共秩序和国家安全的社会管理活动。

（三）社会预防

社会预防通过使社会健康的发展，减少社会缺陷，并解决社会问题，从而达到降低犯罪率的目的。

（四）刑罚预防

刑罚预防，显而易见是指通过对罪犯实施刑罚，防止其再次犯罪，并有效遏制潜在犯罪个体。

心理预防、社会预防、治安管理预防和刑罚预防共同构成了我国犯罪预防的体系，在一定程度上，完善的心理加上完善的社会就能有效预防和控制犯罪，因此治安管理预防和刑罚预防是在不得已的情况下的对社会预防和心理预防的补充措施。

三、犯罪预防的措施

（一）特殊预防

特殊预防，是指预防犯罪人重新犯罪。显然，特殊预防的对象是已经实施了犯罪行为的人。就故意犯罪人而言，他们往往因为犯罪而得到了物质上、生理上、精神上的某种满足，如果不对其进行特殊预防，他们就可能为了获得某种满足而再次犯罪。就过失犯罪人而言，他们常常因懈怠注意义务放松对自己行为的慎重要求，如果不对之进行特殊预防，他们也可能再次犯罪。换言之，任何犯罪行为都表明行为人具有敌视、蔑视、漠视或忽视合法权益的危险意向，预示着犯罪人再次危害社会的现实可能性，需要特殊预防。

特殊预防是通过两种途径实现的：一是通过对罪行极其严重的犯罪人适用死刑，永远剥夺其重新犯罪的能力。这种方式虽然简单、有效，但在现代社会不应成为实现特殊预防的主要途径。二是通过对犯罪人适用刑罚，使犯罪人不能犯罪、不敢犯罪乃至不愿犯罪。例如，通过剥夺犯罪人的人身自由，使其终身或在一定期间内与社会隔离，而不可能实施犯罪行为；通过限制犯罪人的人身自由，使其在一定期间内难以实施犯罪行为；通过剥夺犯罪人的财产，使其在一定时间内丧失再犯罪的物质条件；通过剥夺犯罪人的某种权利，防止其利用这些权利再次犯罪。而这些方法同时对犯罪人具有威慑与教育改造作用，迫使他们认识到，如果再犯罪就必将承担剥夺性痛苦，只有不再犯罪才能享受本来具有的合法权益。于是，他们不敢重蹈覆辙、不愿再陷囹圄，从而实现特殊预防目的。

（二）一般预防

一般预防，是指预防尚未犯罪的人实施犯罪。一般预防的对象不是犯罪人，而是犯罪人以外的社会成员。主要包括：（1）危险分子，即具有犯罪危险的人，如尚未得到有效改造的刑满释放人员、多次实施违法行为的人、多次受到刑罚处罚的人。这些人无疑是一般预防的重点。（2）不稳定分子，即容易犯罪的人。这主要是指法制观念淡薄、自制能力不强、没有固定职业、容易受犯罪诱惑或容易被犯罪人教唆拉拢的人。不稳定分子主要存在于不良群体与失业者中，也是一般预防的重点。（3）犯罪被害人，即直接或间接受到犯罪行为侵犯的人。这些人虽然是犯罪受害者，但因为往往具有报复性倾向，也容易通过犯罪手段达到报复目的，故属于一般预防的对象。

一般预防的途径，一是通过对犯罪人判处刑罚，向社会成员宣告：任何人犯罪都将受到刑罚处罚，都将承受剥夺性痛苦，于是对社会成员起到警戒与抑制作用，使社会成员不敢或者不愿意实施犯罪行为。二是通过对犯罪人判处刑罚，向社会成员宣告：任何犯罪都是侵犯合法权益的行为，与犯罪做斗争是社会成员的义务，于是号召社会成员防止和抵制犯罪发生，以利于预防可能犯罪的人实施犯罪行为。

上述特殊预防与一般预防是一个整体，密切联系，不可分割。任何犯罪行为都侵犯了合法权益，都预示着犯罪人有再次犯罪的现实可能性。同时表明我国还存在各种诱发犯罪的原因以及可能实施犯罪行为的人，通过制定、适用和执行刑罚，防止已经犯罪的人再次犯罪，是保护合法权益最实际、最紧迫的任务；通过制定、适用和执行刑罚，警告、教育社会上其他人不犯罪和抵制其他人犯罪，则是防患于未然，保证社会长治久安的战略要求。因此，特殊预防与一般预防并重的必要性，是不言而喻的。从事实上看，制定、适用和执行刑罚，都具有对犯罪人的特殊预防和对社会上其他人的一般预防两方面的目的。特殊预防的实现，有利于一般预防的实现；同样，一般预防的实现，也有助于特殊预防的实现。

第十三章

犯罪的心理预防

第一节 概述

一、概念

犯罪的心理预防，是指通过自我修养和社会培养来完善自身人格，并更好地适应社会和控制自我，做出符合社会常理和法律法规的行为。

犯罪的心理预防包括犯罪心理结构形成的预防和犯罪行为发生的预防。前者是在研究犯罪心理结构形成，发展和变化规律的基础上，为家庭，学校和社会提供犯罪心理预防的建议，以便更好地培养和保护社会成员，特别是青少年的健康成长，防止他们形成犯罪心理，发展社会治安综合治理的最大功能，从这个角度进行的心理预防也称为一般预防。后者是在研究犯罪行为发生规律的基础上，为企事业单位，社会团体，人民调解组织，公安，检察，法院，监狱，劳教等部门提供预防突发性犯罪行为的发生，揭露犯罪以及改造罪犯的建议，从这个角度进行的心理预防也称为特殊预防。

二、一般预防

一般心理预防的内容：是排除和减少主体内外环境中的消极因素，防止犯罪心理结构的形成。个体生活在其中的环境及其社会交往。对个体（尤其是青少年）品德的形成至关重要。因此，应当加强社会主义精神文明建设。净化社会环境，是个体心理反应的客观现实和生活内容不至于受到诸如暴力文化等的污染，以防止犯罪动机的萌生。应当引导个体形成正确的人生观，世界观，养成良好的行为习惯。保持积极的情绪情感活动，防止个体形成不良的需要结构。因为具有不良结构的个体，在一定诱因的刺激下，较易产生犯罪动机，导致犯罪心理的形成。

一般心理预防要坚持主体外因素的预防，主体因素的预防。

主体因素的预防要坚持：1 早期预防原则。在个体未成年阶段，就应当对其实施全面的社会化教育，培养未成年人形成正确的道德观，价值观，掌握正确的认知方式，思维方式以及一定的知识经验和劳动技能，养成劳动习惯，防止个体的社会化过程出现缺陷。2 心理卫生原则。家庭作为未成年人活动的主要场所，不仅应担负使孩子的身体健康成长的责任，而且还应该担负使孩子的心理将康成长的责任。3 防微杜渐原则。即个体要进行犯罪心理的自我预防，就应当避免做那些极微小的损人利己之事，家庭，学校，社会应当切实关心未成年人的成长，对他们的错误应当及时指出，并进行正确的引导。4 启发自觉原则。即应当是个体自觉认识到进行犯罪心理的自我预防的重要性，并积极的用社会规范来约束自己的言行。5 持之以恒原则。这个原则有两层含义：a 进行自我预防的个体始终保持高度的警觉性，防止自己产生不良的心理品质；b 家长和教师对未成年人的思想教育和行为引导应当常抓不懈。6 导之以行原则。即引导青少年把对道德和法制的认识，情感变为行动，在实践活动和交往中，不断的消除不良的行为习惯，养成和巩固良好的行为习惯，培养和锻炼做好事不做坏事。坚持正确方向的意志力。

三、特殊心理预防

特殊心理预防的内容是预防突发性犯罪行为的发生，破除已形成的犯罪心理结构，消除实施犯罪活动的机遇。破除已形成的犯罪心理结构是一项相当艰巨的工作，其工作方法要引人而异。要针对不同的个体进行具体的分析，找出起主导作用的消极心理因素加以控制和排除。犯罪机遇大体上有两类：一是由于多种防范制度不健全造成的空隙；另一类是被害人的疏忽或失误形成的诱因。因此，消除和减少犯罪机遇有利于进行犯罪心理预防，防止犯罪行为的发生。

特殊预防消除犯罪征兆要坚持：1. 以诚相待原则。对于出现犯罪征兆的个体，要主动接近他们，尊重其人格，不能表现出歧视和不信任的态度。2. 动之以情原则。即在帮助有犯罪征兆个体时，要以真情感化他们，是他们感受到温暖和关怀，增强自己的信心，对于暂时不能解决的，要教育他们正确对待。3. 晓之以理原则。就是借助于语言文字，通过摆事实讲道理，使有犯罪心理的人接受真理，明辨是非善恶，从而使其犯罪心理发生良性转化。4. 言传身教原则。言传身教既不同于对罪犯的帮助，又区别于正常的思想政治工作。5. 正面激励原则。自尊自信是推动一个人积极向上，努力克服缺点和纠正错误的动力，因此，对于那些已经形成犯罪心理的人应该多发现他们良好的一面，使他们重新认识自我，自我转化，逐步打消犯罪念头。6. 加强管理原则。对于那些已经形成犯罪心理结构的人，仅仅强调思想教育是不够的，必须坚持说服教育与行政管理相结合的原则，对可能犯者严格要求，严格管理，严格执行制度纪律，使他们不敢随意越轨。

四、原理和特点

（一）依据

犯罪的心理预防有事实和人性上的依据。人性上的依据是因为人不仅有本能和直觉，更有理性和意识，理性和意识使得大部分的人选择受外部环境的制约，并做出符合常规的行为。所以，人的理性和意识为犯罪的心理预防提供了人性基础。事实上的依据是由于犯罪行为人往往会因为自身的人格缺陷，导致其在面对社会上某些困境或难题时，适应力和控制力都不足以应付，就选择了犯罪行为。有的是因为价值观和人生观扭曲，出于理性而选择犯罪；有的因为自我控制能力太弱，难以控制自身情绪或本能，而导致犯罪；还有的是因为心理上已经产生病态，而发生犯罪行为。

案例

1. 2004 年 2 月 23 日，在云南昆明云南大学北院鼎鑫学生生活区 6 幢 317 室男生宿舍内发现一起四人被杀案件，警方在案发现场发现大量喷溅的血迹并提取了一把石工锤。后经检验，警方认定 317 室即作案现场，被害人均系钝器打击头部致颅脑损伤死亡，死亡时间约一周左右，案发时间初步认定为 2 月 13～15 日，作案工具即现场遗留的石工锤。

警方进行了大量的调查走访和痕迹鉴定工作，专案组确定，该宿舍失踪的学生马加爵有重大嫌疑。2 月 23 日晚 11 时，云南省公安厅向全省公安机关发出公安部 A 级通缉令，24 日向全国发出 A 级通缉令。

马加爵，男，23 岁，汉族，广西人，云南大学生命科学学院生物技术专业 2000 级学生，现住 317 室。被杀害的四名大学生分别是：杨开宏，云南红河州人；龚博，陕西人；唐学李，云南怒江人；邵瑞杰，广西梧州人。据老师、学生介绍，马加爵和被害的四名大学生平时关系都不错，五人是同班同学，他们经常在一起活动。

2004 年 3 月 15 日晚 19 时 35 分，马加爵在海南三亚被抓获，经警方审讯，他交代了杀人原因，对犯罪事实供认不讳。

马加爵供述说：上大学后，他一直有很大的压力，过得不好；同时，总觉得同学们看不起他，在背后议论他的一些生活习惯甚至是个人隐私。引起这场连环杀人案件的导火索是：血案发生前几天，马加爵和几个同学打牌，有同学认为马加爵作弊，让马加爵积怨多年的怨气终于爆发，他觉得，他们既然看不起自己，不如杀了他们，惨案终于发生了……

从作案过程看，嫌疑人马加爵有明显的心理问题，心理学上称之为"人格异常"，这种人的自我概念有偏差，有一种"我不好，你也不好"的心理，往往具有攻击性和毁灭性，只要一点小事就会激起他不安全的防范心理。

这种人在攻击别人时往往想不到结局。马加爵杀完人后，并不是销毁尸体，而是放在卧室内，这明显是不成熟甚至幼稚的人做的"游戏"，从这点可以断定，他是个封闭简单的人，很少与外界接触，不了解别人的感受，做事不考虑结果，也就是具有"变态性人格特质"。

这种人格缺陷与家庭教育有关，由于成长在农村，马加爵的外部环境处于相对封闭状态，他的个人空间非常狭隘，个人需求往往得不到满足，他对社会、对别人的理解只能从图片、游戏中获得。游戏是一种虚拟的环境，很容易使人隐藏很深的东西被激发出来，马加爵很可能就是受暴力游戏的影响，将杀人也当成一种游戏，当成探索自己的途径，并从中获得满足感。

2. 药家鑫是西安音乐学院大三学生，于 2010 年 10 月 20 日深夜驾车撞人后，因怕被撞人记下车号索赔又将伤者刺了八刀致其死亡。

在庭审过程中，药家鑫较为恐慌，多次提到"害怕"、"心慌"、"后悔"，并当庭向受害者家属下跪表示歉意。药家鑫曾对朋友感叹，"也许我心理有点扭曲了"。因为父亲小时候对他太过严格，打他，还曾把他关在地下室，黑而且冷，他"常常会在背后骂父亲"，药家鑫最无法接受的是父亲的讽刺："你那么丑，没有人会喜欢你"。可见其父子关系非常紧张。弱势的孩子在强势的家长作风面前俯首臣服，可臣服的是表面，内心的叛逆性、斗争性等负面情绪却随着时间的推移，在潜意识中沉积下来，养成了一种偏执型性情：顺从的时候，是羔羊；反叛的时候，是暴徒。

心理专家分析认为：当药家鑫举起手中的刀去杀人的时候，控制他的是长期积存的负面情绪。他是对父母管教过严的一种本能性抵制，对不良亲子关系的一种报复性发泄。人们不仅会想：如果药家鑫的父母能多给予一些情绪疏导和心理关照，循序渐进的化解他潜意识中的愤怒、报复性情绪，药家鑫就不会成为偏执性格的牺牲品；或者寻求心理救助，通过专业心理师的追根求源的疗愈，提升其自我心理调节能力，将这种愤懑压抑当作心理升华的动力和机会，药家鑫的负面情绪也不会愈演愈烈。

（二）原理和特点

1. 核心是使人养成健全的人格——人的完善

犯罪的心理预防旨在通过健全人格来实现对犯罪的控制。人格健全首先是要有正常的社会认知能力和适应能力。在面对外界的压力和诱惑时，能冷静对待，还能够与社会其他人建立良好的社会关系，使自己的能力能够得到发挥。总之，就是以积极的姿态，通过合法合规的行为实现自我。

2. 强调人的内在控制和外在控制的相对均衡

人格的形成是外在因素和内在因素的合力结果，犯罪心理学理论认为人的自我控制能力极为重要，是由道德，社会责任感，良心等组成的，这一系列自我调节机制使人在面对意外环境时能够保持理性。有的人自我控制能力较强，在任何情况下都不会选择实施犯罪行为，而有的人自我控制能力较差，选择实施犯罪来解决问题。要有效预防犯罪就是要增强个体的自我控制能力。但只有外在控制和社会控制保持相对平衡才是犯罪预防的内涵。

3. 心理预防是一个过程

心理预防这个过程包括社会对个人的教化过程和个人自我修养的过程。一个人的健全人格，良好的自我控制能力和适应能力都要通过社会化和社会继续化的顺利完成来获得。可见社会化对预防犯罪的重要性，因此加强社会教育和自我教育是极其必要的。

4. 积极预防

在犯罪的心理预防中，人既是对象又是主体。要提高犯罪预防的效果不仅要把注意力放在已经实施犯罪行为的或者潜在的罪犯上，更要注重使健康人格的个体继续保持良好状态。

第二节　犯罪心理预防的作用

犯罪心理预防的作用，就是指犯罪心理预防的价值和效果。犯罪心理预防的对象一般都是正常人格的个体，通过对个体社会化和个性化产生一定效用。

一、塑造健全人格

犯罪的心理预防通过社会的教化和自我修养塑造人格，这是其最基本的作用。社会教化是指通过社会环境对个体产生影响，自我修养是指外在环境被个体接受并内化，从而对自身进行修正。通过两者的统一作用，形成个体的良心和道德感，并进一步发展了自我意识和自我控制系统，形成了自己的人生观和价值观，才能更好适应社会。

二、激励作用

犯罪心理预防能够激励主体，激发个人的主体意识、自我完善意识和创造力。外在控制和内在控制能使社会成员意识到自身的价值和地位，当他们发现自己就是整个社会的创造者时，就会用一种积极的态度去实现自我，更不可能去选择实施犯罪这种消极的行为。

三、调节作用

犯罪心理预防对个体有调节作用，能帮助个体建立起自我调节和自我控制的机制，这种机制是由道德感，责任感和羞耻心等构成的，它们都是个体在不同社会情境下的引导源，在这些成分的指引下，个体会做出符合其年龄，心理以及社会要求的行为，不受外界的刺激，诱惑或者压力，从而更不会发生越轨甚至是犯罪行为。

四、推动社会进步

犯罪是伴随着社会弊端而产生的，因此预防犯罪要以完善社会为附着点，犯罪的心理预防也不能例外，而且，还能反过来推动社会进步。相应的社会背景和政治背景会对一个人的人格形成有着极为深刻的影响，因此要培养健全人格的个体就要创造一个利于人格发展的社会环境。要在社会利益和个人利益，个人需要和物质供给，社会控制和人的自由之间寻找平衡点。将每个成员培养成具有健全人格的人是社会的责任。所以我国主张要以人为本进行一系列的决策，犯罪的心理预防需要以一个民主，法制，科学的社会为基础。

五、社会控制作用

上文提过要实现犯罪的心理预防需要外在控制和内在控制的共同合力，因此，要使外在控制和内在控制件相互平衡，不能一味地以其中一点为侧重，要使个体形成良好的社会适应力。这样的犯罪心理预防就会起到巨大的社会控制作用。

第三节　犯罪心理预防的措施

一、个性化

上文提过个性化就是指个体的自我修养和完善。随着年龄的增大，人会从一个生物个体转变成社会个体，并形成独立的自我意识，有了自我观察、自我评价、自我修养和自我控制的能力。这些能力也就是培养健全人格的方式，也就是心理预防的方式之一。

（一）学习自我调节

通过自身的意识和调控能力进行心理缓冲和克制，这样一个过程就是自我调节。作为心理预防的主体，就要善于调节和控制。第一就是要克制自身的情绪，也就是说以恰当的方式来表达自己感情和想法，当主体内心充满愤恨，不满等负面情绪时就要通过自身的调节和控制找到合理的发泄口，而不是选择暴力，发泄在无辜的人身上。第二就是要把个人的需求克制在符合社会伦理和秩序之内，倘若为了满足自己个人需要，寻求为社会所不允许的方式，那么必然会引发冲突。第三虽然要有自己的原则，但遇事仍要灵活处理，这是减少与他人产生矛盾的有效方法。最后，要培养有益生心的兴趣爱好，是自己在社会中的压力有宣泄的通道。

案例

被告人张理积，现年49岁，曾经是某市政公司的总经理。2003年7月起，他准备了大量传单，并购买了一辆赛欧汽车以及鞭炮、汽油等作案工具。10月4日开着赛欧带着作案工具来到北京，住进北京饭店最豪华的套间。

10月8日早，他喝掉客房中的5瓶酒，于8点40分，驾车由东向西行驶，到达天安门金水桥附近时开始从汽车天窗向外抛撒传单，并欲用点燃的香烟引燃车上的汽油、鞭炮等易燃易爆品，幸而被民警及时发现并制止，未酿成更严重的事端。他被捕后，拒绝接受法律援助中心指派的辩护律师，情绪暴躁。后来律师了解到他犯罪前的遭遇。他在家庭遭遇不幸之前是个性情温和的人。1996年5月27日，张的儿子女儿和妻子一起被绑匪绑架，最后绑匪扎伤了妻女，杀死了他的儿子。

从此，张便像变了个人似的，时常精神萎靡不振，经常无故与人吵架，有时会突然放声大哭……他被拘捕后，有关部门对他进行了司法精神病医学鉴定，结论是：被鉴定人张理积患心因性精神障碍——持久性心因性反应，实施危害行为时处于焦虑性激情状态，辨认和控制能力明显削弱。

（二）增强自我修养

有增强自我修养，并且善于自我修养的人，一般都具有良好的社会适应能力和自我控制能力，能有效抵御外界的诱惑，正确处理不良刺激带来的负面情绪。增强自我修养就是要在正确的自我观察，自我评价的基础上进行自我反省并完善的过程。

二、社会化

犯罪心理预防的另一措施就是实现个体的社会化，个体的社会化就是指在社会环境的影响下，了解社会规范和社会普遍价值观，学习生产生活技能，形成个性的过程。人既是社会的创造着，又被社会所影响，所以个体和社会一直处于一个相互影响，相互作用的状态下。所以为了通过社会化到达预防和控制犯罪的效果，要从以下几个方面做工作：

（一）创造有利于健全人格的社会环境

健全人格的形成是以良好的社会环境为基础的，积极的社会文化环境和政治环境对个体的人格有着间接的影响。因此犯罪心理预防的基本方式之一就是完善社会环境，一个良好的社会环境是科学的，民主的，公平正义的，法治化的，以人为本的。这样的社会和个人是统一协调的关系，而不是凌驾于个人之上的社会。

（二）普及社会文化和社会规范

了解一个社会的文化和社会规范，是作为一个合格公民的必要条件。社会普及其文化和规范，社会成员学习了解其文化和规范，在这一双向过程中，才能形成健全人格以及实现心理控制和社会控制的目的。

1. 普及社会文化和社会规范的方式

家庭不仅是社会的最小单位，更是最初的教育机构和社会控制机构。家庭教育对于儿童的成长至关重要，而儿童是社会的未来，为了充分发挥家庭教育的作用，首先，家长要注重自身的文化修养和道德修养，严格要求自己，为子女树立良好的榜样。然后，要形成良好的家风。其次，家长要掌握正确的教育方法，不能过于严厉，更不能过于溺爱。再次，要科学育儿，在儿童初期就要注意科学喂养和早教。另外，要保持家庭和睦，家人关系亲密友善。最后，要尽可能创造良好的物质环境。

2. 社会文化和社会规范的主要内容

学习道德规范是做人的基础，一个缺乏基本道德观念的人，不会懂得承担责任，尊重他人，关心他人。道德规范不仅教会我们做人，更教会我们如何做个好人，不成为一个坏人。

一直以来就有许多犯罪行为人因为缺少法律意识，走上了违法犯罪的道路，因此普及法律法规是预防犯罪的一个重要手段，而且对潜在的犯人形成威慑，学习一定的法律知识，不仅能避免无知犯罪，还能利用法律武器维护自身利益。但是单纯的了解法律法规是不够的，现实中，也有许多人知法犯法，所以在学法的过程中更要学会基本的道德规范。

案例

2003 年 8 月 6 日晚，在海淀区香山某建筑工地打工的 4 名河南籍民工，商量着弄些水果来吃。其中在林果所当过临时工的李某说林果所内种的水果好吃。当晚，四民工翻墙进入林果所院内，在李某的带领下来到葡萄研究园，偷吃葡萄并用编织袋装了 47 斤科研葡萄。

案发后，警方查实，这是业林科学院林业果树研究所葡萄研究园投资 40 万、历经 10 年培育研制的科研新品种。该项目仅有 100 余株研究对象，4 位民工的馋嘴之举令其中的 20 余株试验链条中断，损失无法计量。

了解并接受社会传统习俗是个体参与社会活动的基本前提，否则难以被社会其他成员所接受。

科学文化知识不仅是修养人格的重要途径，更是适应社会的必要条件。

（三）重视心理健康

近年，心理缺陷导致的刑事案件逐年增多，因此心理健康引起了社会和个人越来越多的关注。维护心理健康，培养健全人格的重要方式之一就是开展心理卫生工作和心理健康咨询活动，因此这也是犯罪心理预防的有效手段。政府部门要投入更多的财政资金用于全民的心理健康建设，如建立专门的心理健康咨询机构，培养专业心理咨询人才，开展多种心理健康咨询活动，制定预防心理疾病的有效措施。现代社会，竞争激烈，生活节奏加快，患有心理疾病的人逐年增长，因此，心理健康愈显重要。

第四节 非正常人格的矫正

近年来，非正常人格的人引发的犯罪现象逐年增多，而且危害后果也日益严重。因此矫正非正常人格的人是犯罪预防的一项补充性措施。

一、非正常人格类型

非正常人格是指人格特征显著偏离正常，使患者形成了特有的行为模式，对环境适应不良，常影响其社会功能，甚至与社会发生冲突，给自己或社会造成危害。

非正常人格的特点在于：首先大部分都是在早年开始，于童年或少年发病。而且人格明显偏离正常限度，人格特点间互不协调。其次，社会适应不良和内心痛苦。再次，对本人带来痛苦或贻害周围。最后，非正常人格的矫正比较困难。本书主要分析易造成犯罪的几种非正常人格。

（一）偏执性人格

偏执性人格以猜疑和偏执为特点，始于成年早期，男性多于女性至少有下列 3 项：对挫折和遭遇过度敏感；对侮辱和伤害不能宽容，长期耿耿于怀；多疑，容易将别人的中性或友好行为误解为敌意或轻视；明显超过实际情况所需的好斗对个人权利执意追求；易有病理性嫉妒，过分怀疑恋人有新欢或伴侣不忠，但不是妄想；过分自负和自我中心的倾向，总感觉受压制、被迫害，甚至上告、上访，不达目的不肯罢休；具有将其周围或外界事件解释为"阴谋"等的非现实性优势观念，因此过分警惕和抱有敌意。

偏执型人格障碍一经形成，就具有相当的稳定性，想彻底矫治好几乎是不太可能，任何形式的疗法都是收效甚微的。其原因是患者与心理医生不肯好好配合，患者总认为自己根本没有患病，医生是在胡说，因此，总是用不信任的眼光看医生、怀疑医生、拒绝与医生合作，使得医生无法介入治疗。可见，对偏执型人格障碍的治疗不宜拖迟，应该抓住患病初期的有效调节。

（二）分裂型人格

分裂型人格障碍是一种以观念、外貌和行为奇特以及人际关系有明显缺陷，且情感冷淡为主要特点的人格障碍。这类人一般较孤独、沉默、隐匿，不爱人际交往，不合群。既无什么朋友，也很少参加社会活动，显得与世隔绝。常做白日梦，沉溺于幻想之中。这类人对人少的工作环境尚可适应，但人众多的单位和环境及需要交际往来的工作就很难适应了。

诊断人格障碍者为分裂型需符合下述项目中的三项：奇异的信念和想法，或与文化背景不一致的行为，如相信透视力，心灵感应；奇怪的、反常的或特别的行为或外貌，如服饰奇特，不修边幅，行为不合时宜，不符合习俗或目的不明确；怪异言语，如离题，用词不妥，繁简失当，表达意思不清楚；不寻常的知觉体验，如幻觉，看见不存在的人；对人冷淡，甚至对家族亲人也冷淡，缺少对他人的温暖与体贴；表情淡漠，也缺乏强烈或生动的情感；几乎是单独活动，主动与人交往仅限于生活或工作中必需的接触，除主要亲属外无亲密朋友或知己。

（三）反社会型人格

反社会型人格也称精神病态或社会病态、悖德行人格等。在人格障碍的各种类型中，反社会型人格障碍是心理学家和精神病学家所最为重视的。

有反社会人格障碍的人有6种共同特征：

（1）情绪的爆发性；

（2）行为的冲动性；

（3）对社会和他人冷酷、仇视、缺乏好感和同情心；

（4）缺乏责任感和羞愧心；

（5）不顾社会准则、法律规范，经常实施反社会行为；

（6）不能从挫折和惩罚中吸取教训，缺乏罪恶感。

案例

据报道，华某于 1989 年来京打工，1993 年因 "顶替" 而进入北京某建筑公司当了一名司机，1994 年经人介绍认识了一位女友并很快确定了恋爱关系。正当华准备与其女友共筑爱巢时，却意外地发现对方竟是个卖淫女。华无比愤怒又无可奈何地与女友分手了，但仇恨的种子却就此深深地种在了他的心中。

1998 年华与一名四川籍女子结婚并于次年得子，然而当年的那次意外发现却使他心中的怨恨与愤怒与日俱增。于是，从 1998 年 7 月至 2001 年 6 月，华以极其残忍的手段先后杀害了 14 名被他视为 "脏东西" 的年轻女性，然后一律抛尸野外或水井之中。

根据正常的心理规律，当热恋中的男青年发现自己心中的 "天使" 原来竟是个卖淫女时，不免会产生悲伤、失望、沮丧、痛心、气愤、憎恨等情绪。但是，这些不良情绪会随着时间的推移而被人逐渐淡忘，尤其是在结识了新的恋人及娶妻生子之后。然而，华瑞苗不但没能随时间的推移淡忘以往的一切，反而产生了越来越强烈的仇恨与报复心理，他将内心的不满用令人发指的残忍手段发泄到其他不相识的女性身上。华的作案手法十分凶残，用手卡、用铁丝勒、用砖头砸，在短短的瞬间便可轻而易举地结果一条性命，真是令人不寒而栗！从杀人狂魔灭绝人性的残害行为中，也揭示出其反社会性人格障碍的特性。

（四）攻击型人格

攻击型人格障碍是一种以行为和情绪具有明显冲动性为主要特征的人格障碍，又称为暴发型或冲动型人格障碍，通常还有以下特点。

主动攻击型的表现

（1）情绪急躁易怒，存在无法自控的冲动和驱动力。

（2）性格上常表现出向外攻击、鲁莽和盲动性。

（3）冲动的动机形成可以是有意识的，亦可以是无意识的。

（4）行动反复无常，可以是有计划的，亦可以是无计划的。行动之前有强烈的紧张感，行动之后体验到愉快、满足或放松感，无真正的悔恨、自夷或罪恶感。

（5）心理发育不健全和不成熟，经常导致心理不平衡。

（6）容易产生不良行为和犯罪的倾向。

被动攻击型的主要特征是以被动的方式表现其强烈的攻击倾向。

这类人外表表现得被动和服从、百依百顺，内心却充满敌意和攻击性。例如，故意晚到，故意不回电话或回信，故意拆台使工作无法进行；顽固执勘，不听调动。拖延时间，暗地破坏或阻挠。他们的仇视情感与攻击倾向十分强烈，但又不敢直接表露于外，他们虽然牢骚满腹，但心里又很依赖权威。

（五）自恋型人格

自恋型人格障碍的基本特征是对自我价值感的夸大和缺乏对他人的公感性。这类人无根据地夸大自己的成就和才干，认为自己应当被视作"特殊人才"，认为自己的想法是独特的，只有特殊人物才能理解。

在实际中，他们稍不如意，就又体会到自我无价值感。他们幻想自己很有成就，自己拥有权利、聪明和美貌，遇到比他们更成功的人就产生强烈嫉妒心。他们的自尊很脆弱，过分关心别人的评价，要求别人持续的注意和赞美；对批评则感到内心的愤怒和羞辱，但外表以冷淡和无动于衷的反应来掩饰。他们不能理解别人的细微感情，缺乏将心比心的共感性，因此人际关系常出现问题。这种人常有特权感，期望自己能够得到特殊的待遇，其友谊多是从利益出发的。

（六）癔症型人格

癔症型人格又称表演型格或歇斯底里人格，其典型的特征表现为心理发育的不成熟性，特别是情感过程的不成熟性。具有这种人格的人的最大特点是做作、情绪表露过分，总希望引起他人注意。此类型人格障碍多见于女性，各种年龄层次都有，尤以中青年女性为常见，一般年龄都在 25 岁以下。

二、治疗方法

（一）物理治疗法

物理治疗法是指用药物或其他手段，对患者进行生理上的干预，以达到心理治疗的目的。具体包括电疗、外科手术、催眠疗法等等。

（二）行为治疗法

行为人的非正常行为被视作学习或外部反复刺激而形成条件反射的结果。通常对非正常人格采用心理学技术、药物或器械、个别地给予惩罚或强化，包括系统脱敏法、厌恶疗法、消退训练法等等。

（三）精神分析治疗法

精神分析法是以弗洛伊德的精神分析论为基础的，包括自由联想、移情、宣泄、释梦、奏效等几个步骤。

（四）反馈治疗法

反馈治疗法是使患者能控制和获得有关自身某一生理过程的连续信息，并进行强化或奖励的一种治疗方法。

（五）人本主义治疗法

人的非正常行为是人的基本需要受到挫折或威胁而产生的继发性的和反应性的后果。因此，该疗法首先需要满足人的基本需要，而且这种需求要在良好的人际关系中才能得到满足，包括患者中心疗法、现实疗法、存在疗法等。

（六）认识领悟心理治疗法

该疗法主要用于强迫症、恐惧症或者某些类型的性变态。一般采用直接面谈的方式，并让病人及亲友叙述症状及产生和发展过程，与病人一起分析症状，向其解释病源。

第十四章

犯罪的治安管理预防

第一节　概述

犯罪的发生有其社会基础，社会一定会存在着某些弊端，这些弊端就为犯罪的滋生提供了温床，但是由于社会存在一种公权力，这种公权力在一定程度上就可以控制犯罪。

一、犯罪的治安管理预防的概念和特征

犯罪治安管理预防，指国家专门性预防机构通过治安管理与惩戒活动所能达到的实现预防违法犯罪目标的社会控制活动及措施。

犯罪的治安管理预防是以犯罪可知论为基础的。无论何种犯罪在现实社会中总是会被客观条件和规律制约，正是因为犯罪的这一特点，犯罪治安管理预防可以利用公权力来管理利于犯罪发生的环境，以此减少犯罪发生概率。犯罪的治安管理预防有以下特征：

（一）专门性

由于犯罪的治安管理预防是针对特定的对象，所以实施这种预防的主体只能是具有公权力的专门机关。我国实施治安管理的专门机关主要是有行政权的治安管理部门。该部门运用专门的手段和技术阻止犯罪发生，是一种专门性很强的工作。

（二）有效性

犯罪治安管理预防是在犯罪准备到犯罪结果发生这个过程中采取的一种专门措施，一旦实施顺利，就会直接减少犯罪的发生。但是犯罪治安管理预防是对犯罪所需的外界条件进行控制来预防犯罪的，并不能消除犯罪产生的根源，只能降低犯罪发生的机会，所以这种预防方式只是暂时的。

（三）针对性

犯罪的治安管理预防是以特定的人员，特定的场所，特定的行业为对象，而采取的预防性措施。

犯罪的发生是一个过程，包括犯罪意识、犯罪行为，犯罪后果发生等等，因此犯罪预防可以在其中任何的一个环节采取措施来控制犯罪。犯罪治安管理预防不是针对所有不特定对象的，而是针对有犯罪可能性的人，或者可能发生犯罪的场所和行业。

二、犯罪的治安管理预防地位

犯罪的治安管理预防是通过在犯罪的各个阶段消除和改善引发犯罪发生的因素来控制和预防犯罪。例如改善社会生活中的腐败现象和不合理现象，以此减少人与社会的矛盾冲突，加强家庭和学校教育，防止犯罪意识产生等等方式。犯罪的治安管理预防通过对有犯罪倾向的人采取有效措施，降低其犯罪发生率或者成功率。因此，是一种极为有效的手段。

虽然犯罪的治安管理预防非常有效，但是不能完全替代其他犯罪预防手段，因为，犯罪的治安管理预防只针对犯罪过程，并没有从犯罪根源上着手，不能消除犯罪主体的犯罪意图，所以，犯罪的治安管理预防只能作为一种暂时性控制手段，要更有效的预防犯罪，还需要其他预防手段的补充。

三、犯罪的治安管理预防分类

犯罪的治安管理预防根据预防规模分为犯罪的宏观预防和犯罪的微观预防，另外，还包括犯罪的技术预防作为辅助手段。

（一）犯罪的宏观预防

犯罪的宏观预防是针对某个领域、某类活动进行重点控制，以降低某类或者某几类犯罪的发生率。它的对象是单一的，采用的是临时措施。

首先，社会中的犯罪种类是多样的，不可能一次性对所有犯罪进行全面的控制，因此，只能在特定时期实施，这就使得宏观预防的对象只能是某类犯罪。

其次，由于犯罪现象是不断变化的，可能原本被视作严重影响社会的犯罪在社会控制力强化后不再能够成为威胁，而可能会产生一些新的犯罪威胁。因此，宏观预防的对象在不同时期也是不同的，相应采取的措施也有不同。

（二）犯罪的微观预防

犯罪的微观预防是指在可能发生犯罪的各个阶段采取相应的专门性预防措施。微观预防是在小范围内实施的措施，来控制特点范围内可能发生的犯罪行为，因此，不会随着犯罪类型的变化而结束，而是一项长期的工作。

微观预防是犯罪治安管理预防的重要部分，多是在犯罪的多发区域进行的。只要在这些区域不是犯罪控制力量，就可以及时发现并制止犯罪，减少犯罪的发生率和成功率。因此，对犯罪率有着明显效果，如果多种微观预防结合形成一个有机联系，密切配合的网络，就能全面控制犯罪。

而且微观预防是实现宏观预防的一个途径，二者缺一不可，相互协调，相互配合。犯罪的微观预防包括以下几个方面：（1）重点对象的管理；（2）重点场所的管理；（3）特殊行业的管理。

（三）犯罪的技术预防

犯罪的技术预防是犯罪宏观预防和微观预防的重要的辅助手段，随着科学技术的进步，犯罪的技术预防的效果会愈来愈显著。

第二节　重点对象的管理

一、重点对象及其列管范围

重点对象，是指有危害国家安全或危害社会治安可疑，需要纳入工作范围由公安机关实施重点管理的人员。

重点对象管理，是公安机关对有危害国家安全和社会治安可疑的人口群体实施的特定治安行政管理。它是治安基层基础工作的重要组成部分，是公安派出所等基层公安机关的一项本质任务。

重点人口的列管范围包括：1. 有危害国家安全生产活动嫌疑的；2. 有严重刑事犯罪活动嫌疑的；3. 因矛盾纠纷激化，有闹事行凶报复苗头、可能铤而走险的；4. 因故意违法犯罪被刑满释放、解除劳动教养不满五年的；5. 吸食毒品的。

对重点对象的管理对犯罪预防有着重要意义，首先，通过对重点对象的管理能够及时发现、预防和制止违法犯罪并且及时教育、挽救违法犯罪人员，从根本上遏制犯罪。其次，可以及时为查破各类案件提供重要线索，还可以及时、广泛收集各类信息，支持各项公共安全工作。

二、教育和管理有犯罪倾向的人员

有犯罪倾向的人，一旦有合适的条件，便极有可能实施犯罪行为。因此，对这些人员进行教育和管理就显得异常重要了。

具有犯罪倾向的人是指已经养成了某些不良习惯并且实施了一定的违法行为，从而表明其有可能实施某种犯罪的人，或者是处于社会矛盾冲突中有可能实施犯罪行为的人。前者包括（1）赌徒；（2）瘾君子；（3）社会流氓；（4）多次传播淫秽物品和下流意识的人；（5）随身携带凶器的人等等。后者包括因婚姻、家庭、恋爱或者邻里关系产生纠纷冲突，特别是涉及个人利益的问题处理不当时，此时，行为人极易冲动，甚至表现出犯意。但是这些人一旦冷静，就很有可能打消犯罪念头，而前者的犯罪倾向却很难消除。

至于具有不良习惯并实施了违法行为的人，首先，应当对其已经实施的违法行为进行治安处理，并对其进行法制教育。然后，治安管理部门可以要求其所在的学校，社区，单位定期对其进行思想教育，改良其不良习惯，并进行监督。最后，治安管理部门自身也要对其定期进行监督检查，责令他们遵纪守法，控制其周围的环境。例如对管制刀具进行管理，禁黄赌毒等等，一旦发现有犯罪滋生的迹象，就要及时采取有效措施制止。

对处于矛盾冲突中的人，首先，要使其情绪冷静下来，在对其进行法制教育，逐步疏导，并可以提出解决矛盾的有效途径。与此同时，要运用手中的行政权，对其监督，预防暴力犯罪发生，及时采取措施应对。

三、调查和控制犯罪嫌疑人

犯罪嫌疑人是指有一定证据表明其已经实施犯罪的人以及正在实施某种犯罪或正在实施犯罪准备工作的人。这类人，有随时进行犯罪的可能，所以，对该类具有人身危险性的人员要及时进行监控。

要对该类人员进行监控，首先，是要及时发现这类人员的存在。此时，治安管理部门就要进行大量的调查工作，搜集信息，尤其是对户籍排查，一旦有迹象表明某人是犯罪嫌疑人就要对其进行深入调查取证，排除或确认其犯罪嫌疑人身份。

对于具有犯罪现有的人员要及时采取控制措施，防止其犯罪或者产生其他严重后果。如《刑事诉讼法》第六十一条："公安机关对于现行犯或者重大嫌疑分子，如果有下列情形之的，可以先行拘留：（一）正在预备犯罪、实行犯罪或者在犯罪后即时被发觉的；（二）被害人或者在场亲眼看见的指认他犯罪的；（三）在身边或者住处发现有犯罪证据的；（四）犯罪后企图自杀、逃跑或者在逃的；（五）有毁灭、伪造证据或者串供可能的；（六）不讲真实姓名、住址，身份不明的；

（七）有流窜作案、多次作案、结伙作案重大嫌疑的。"

四、考察和监督有犯罪前科的人员和服刑人员

此处的服刑人员是指，虽已被法院判处刑罚，但未在监狱服刑的人员，如被判处管制、缓刑、假释、监外执行或者社区矫正的犯罪分子等。

上述人员在经过司法部门的教育后多数能改过自新，成为守法公民。但仍有一小部分人屡教不改，再次实施犯罪。这些人有的在初次服刑时就未真心悔过，甚至对社会还会产生报复心理，有的在服刑时遭其他服刑人员教唆，强化了犯罪意识，还有的服刑后返回社会因无法适用新生活或找不到工作，在遭遇某些问题时，就可能实施新的犯罪。这些再次实施犯罪的人员往往手段残暴，反侦察能力强。所以要充分运用治安行政管理部门的力量，防止其重新犯罪。

对此类人员，主要实施一般性的考察监督。因为他们都是已经服刑完毕的人员，不能再对他们使用刑事强制措施。实行一般性的考察监督也要尊重他们的正常生活和工作。这种考察包括以下内容：首先，要了解其在服刑时的改造情况和思想状况，分析是否有再犯的可能性。其次，要了解他们服刑后的生活工作周围的状况，是否有利于其改过自新。最后，要考察其生活工作状况和人际交往状况，观察其表现，尤其是有无与其他不法分子接触。

若发现上述人员有再犯可能，应采取必要行政管理措施，督促其遵纪守法。对这些人员要进行说服教育工作，若其一意孤行，准备实施犯罪，则要及时采取行政拘留、重点监视、手脚犯罪工具等措施，使其无法实施犯罪。对与其他犯罪人员来往密切的，要在监视的同时及时切断他们之间的来往。

　　而社会服刑人员，由于未脱离犯罪前所处的生活工作环境，多数人未充分接受教育改造，因此，很有可能再次实施犯罪。对社会服刑人员进行考察监督，是治安管理部门依照刑事诉讼法所进行的的执法活动，也是防止犯罪发生的犯罪控制工作。对社会服刑人员的进行考察监督，首先，要向其宣布有关规定，违反规定的提出指正批评。必要时可进行一定的管束，甚至限制其一定的自由。另外，要经常对他们进行法制教育，随时了解其思想状况。最后，要注意他们的活动情况，是否与其他犯罪分子联系。对可能再犯的，应当通过法定程序及时收回监内服刑。对在服刑期间没有再犯的人员，应当宣告其服刑期满，并解除考察监督工作。

五、管理流动人口

　　流动人口是指未居住在户口所在地，而在其他地域活动的人员。

　　随着经济发展，我国的流动人口数量剧增，这是市场经济的资源分配作用，虽然流动人口的增加促进了我国经济的发展，但是也带来了严重的治安问题，犯罪率也逐年增长。导致这种现象发生的原因有：首先，流动人口过多，由于文化的差异，导致人际交往中的冲突较多，易引发暴力犯罪。其次，由于流动人口大多来自于农村，文化程度不高，法律意识薄弱，一旦来到城市，又未找到合适的工作，无法适应城市生活，就会发生盗窃或抢劫的犯罪倾向。最后，流动人口数量过多，为犯罪分子提供了逃避处罚的环境。总之，流动人口过多带来的许多社会问题都会导致犯罪率上升。

　　对流动人口的管理，主要是对流动人口中有犯罪倾向或犯罪嫌疑的人员进行管理。一般流动人口的迁移一般具有地区性，季节性，所以可以根据这一特点，安排警力，有针对性的管理。对流动人口的管理，重点是外来常住人员，要靠社区进行登记入户，以及酒店，旅馆也要及时登记住宿，有异常情况要及时上报给当地派出所。

第三节　重点场所的管理

　　重点场所是指对犯罪的发生和完成具有重要意义的场所。这类场所有利于犯罪实施，所以是犯罪多发区域，也是控制犯罪的重要领域。

公共场所治安管理，指公安机关一招有关治安管理法规的规定，对公共场所的治安秩序进行行政管理的活动。

一、控制固定的公共场所

公共场所，是相对于企事业单位、私人住所等而言的，它是指向社会开放的，供社会成员自由往来并进行社会活动的场所。如：公园、广场、游乐园、商场等。公共场所可分为公共娱乐场所、公共集会场所、公共营业场所，公共娱乐场所，包括电影院、游乐场等，公共集会场所，如音乐节，公共营业场所，包括超市，商场等。

在以上公共场所人员众多，容易发生挤压碰撞引起争执，在场的人员也容易受到有关活动项目的影响，而发生较大的情绪波动，起哄闹事，严重扰乱公共场所的秩序，某些犯罪分子，更是趁人多进行盗窃或者对在场的女士进行侮辱或者下流行为。更甚者，专门选择人多的公共场所进行恐怖活动，或者制造爆炸和放火等严重危害公共安全的行为。

对这类场所应当采取更多有效的预防性措施以减少犯罪发生的概率，并做好应急反应，及时疏导隔离围观群众。作为犯罪的治安管理预防主体，治安行政管理部门应当对众多的公共场所进行定期的管理和监督，并要求公共场所制定应急预案，并保持安全通道的顺畅。在能够全面观察公共场所的地点，安排流动的治安力量，以便及时发现和制止可能的犯罪，当犯罪发生时，治安行政管理部门应第一时间保证群众的安全。

二、控制流动的公共场所

流动的公共场所是指公交车，火车，飞机，等正在使用的交通工具，等场所这类场所，流动性强，因此，为犯罪分子提供了及时撤离犯罪现场的有利条件。往往，在流动的公共场所，扒窃案件发生率比较高，而且许多严重的犯罪分子也往往为了逃避通缉逮捕隐藏在其中，甚至有些犯罪分子，利用交通工具帮助其实施犯罪行为，如走私毒品，枪支弹药等犯罪。

要做好对流动公共场所的犯罪控制，要注意一下几个方面：首先，公共交通工具的单位就应该同治安行政管理部门保持定期联系，及时向其通报出现在公共交通工具上的可疑人员，行政治安管理部门也应当将犯罪嫌疑人的具体信息及时通知到公共交通单位。然后，要加强流动人员随身携带物品的检测、检查，防止弹药、爆炸物进入公共交通场所，从而引发恶性事件。其次，要投入更多的便衣警力进行反扒工作。最后，有配备有效的通信系统，使交通工具上的工作人员在遇到意外情况时能及时与治安管理部门的工作人员联系。

三、控制偏僻犯罪多发场所

偏僻犯罪多发场所一般是指易发生强奸、抢劫、凶杀等犯罪的工地、城乡接壤地区或者小巷小道等僻静偏远的地段。在此类场所，犯罪分子不易被他人发现犯罪行为，并且成功率较高。对于此类场所，应当加强治安巡逻，配置相应的摄像头，增加路灯个数。

案例

3月25日凌晨1时20分许，晋安区水头村11号门口（南昌铁路局福州办事处旁），发生一起出租车司机被杀案。接报后，晋安警方迅速启动命案侦破工作机制，抽调精干警力组成专案组展开侦查。市局刑侦等部门也第一时间赶至现场，指导组织案件侦破工作。

经现场勘察、调查访问等大量工作，警方发现了重要线索，一名叫杨某荣的泰宁人有重大作案嫌疑。专案组迅速转战泰宁，前往抓捕。在泰宁警方的配合下，经近8小时的预伏守候，26日11时，专案组在泰宁县广源宾馆一房间内成功抓获正准备潜逃上海的嫌疑人杨某荣。

经初步预审，嫌疑人杨某荣交代了自己因谋财抢劫并杀害出租车司机的犯罪事实：25日凌晨，其事先准备匕首、手套等作案工具，在鼓楼区北大路假装"打的"，骗被害人张某某（的士司机）前往沁园支路一偏僻的小路段后，持匕首将被害人捅死并抢走手机一部、现金1080元。

深夜守候在偏僻小巷抢劫独行妇女，作案得手后通过受害人身份证套取密码取走银行卡里的钱。16日，监利县公安局容城派出所民警深夜蹲守等待劫犯"出窝"，成功抓获犯罪嫌疑人，一举破获了9起系列抢夺案。

2月19日，汪女士在监利县城区步行街附近被一名年轻男子抢走手提包，包内有身份证、手机、银行卡数张及现金1300余元。次日早晨，汪女士发现劫犯居然将银行卡内的7900元现金也全部盗取，其前后共损失1万余元。

案发后，容城派出所民警第一时间赶赴现场，通过对案件进行细致研判，民警发现这是一起系列抢夺案，犯罪嫌疑人的作案目标均为夜间在偏僻小巷独行的妇女，作案得手后犯罪嫌疑人会通过身份证号套取密码取走银行卡里的钱。

经过充分侦查取证后，容城派出所民警决定在 16 日凌晨 3 时立即展开抓捕行动，并当场抓获涉嫌抢夺的犯罪嫌疑人范某，缴获手机、银行卡、手套、匕首等作案工具。

经审讯，犯罪嫌疑人范某交代了其先后 9 次对独行妇女实施抢夺的犯罪事实。目前，犯罪嫌疑人范某已被刑事拘留，案件正在进一步侦办之中。

第四节　特殊行业的管理

由于某些行业的特殊性容易被犯罪分子利用来进行犯罪活动，因此，对这些行业进行有效的管理，对预防和控制犯罪十分重要。

一、特殊行业管理的概念和特征

特殊行业管理是指在工商服务业中，其经营的业务容易被违法犯罪分子利用进行违法犯罪活动，根据国家法律湖地方性法规规定，由公安机关实行特殊治安管理的行业。简称为"特行"或"特业"。

首先，特殊行业是容易被违法犯罪分子利用进行违法犯罪活动的行业；其次，特殊行业必须是经国家法律法规或地方性法规明文规定的行业；最后，特殊行业是公安机关实行特殊管理的行业。

特殊行业的特征有：（1）容易被不法犯罪分子利用，危害社会治安；（2）经营情况复杂，难以监督管理；（3）潜藏着大量的不安全因素，易诱发治安问题。

二、特殊行业管理的概念与范围

（一）概念

特殊行业管理是指公安机关为了维护社会秩序，保障公共安全，依据治安行政管理的法律、法规，将社会服务业中某些与社会治安密切相关的行业列为特殊行业，实施许可审批、监督监管等特殊的治安管理的总称。

（二）特殊行业管理范围

2002 年 11 月 1 日国务院发布《关于取消第一批行政审批项目的决定》以前

我国的特殊行业包括全国性的特殊行业和地方性的特殊行业。全国性的特殊行业有旅馆业、刻字业、印刷业、旧货业（包括废旧金属收购业、信托寄卖业、典当业、拍卖业、报废汽车回收业）等。北京的特殊行业有小件寄存业、机动车修理业；上海的特殊行业有音像制品复制业；福建的特殊行业有摩托车修理业。

目前我国全国性特殊行业管理的范围是：（1）旅馆业；（2）印章业与印刷业；（3）典当业；（4）旧货业。

旅馆业包括旅社、旅店、酒店、宾馆、招待所等。印章业与印刷业包括印刷、刻字、复印、拍摄等行业。旧货业包括旧货店、古玩店、寄卖行废品收购站等。

例如，旅馆业可能被犯罪分子利用作为实施犯罪的场地，有的犯人将被害人带至旅馆进行强奸，抢劫。有的犯罪分子以旅馆为据点，将旅馆作为卖淫场所或者赌博场所，这些现象都屡见不鲜。还有印刷业，有犯罪分子利用印刷店传播淫秽信息，旧货店则成为犯罪分子的销赃地。

三、特殊行业管理的任务和基本途径

（一）管理任务

特殊行业管理的管理任务首先是要维护特殊行业正常秩序，保障合法经营，取缔非法经营，此外，要保障公共安全，预防减少治安灾害事故，其次，要预防、打击和控制利用特殊行业进行的各种违法犯罪活动，最后，要收集情报信息，掌握社会治安动态。

（二）特殊行业管理的基本途径

特殊行业管理的基本途径有完善特种行业管理的基本制度，检查和限制某些特殊行业的业务活动，并调查处理发生在该特殊行业的治安案件或者犯罪行为。

1. 完善特殊行业管理的基本制度

首先，特殊行业的开业前不仅要进行同其他行业一样的工商登记，而且还必须到治安行政管理部门报备，未经该部门的批准，不得开业。所以，要制定经营项目的开业申报备案等类似制度。

此外，在特殊行业的营业过程中，要完善安全检查制度。例如，酒店必须对旅客进行住店登记，要求其提供身份证明，印章业承接机关、企事业单位印

章任务时，应当要求其提供机关法人证明，各特殊行业，在发现有可疑人员或其他犯罪迹象时，应当及时向治安行政管理部门报告。

其次，还可制定年度审验制度和奖励制度，对特殊行业进行定期的审查，对严格遵守行业制度的相关单位进行适当奖励。

2. 检查和限制某些特殊行业的业务活动

治安管理部门可以根据需要检查此类特殊行业的业务活动，必要时对这些行业进行限制。

倘若某些特殊行业未遵守相关规定，治安行政管理部门可以对其进行警告，罚款，或者责令其停业整顿，甚至吊销其营业执照。在特殊时期或者必要时，行政管理部门可以对特殊行业进行安全检查。

3. 查处该特殊行业的治安案件或者犯罪行为

在特殊行业内发生的治安案件或者犯罪行为应当及时向治安管理部门汇报，行政管理部门也应当定期对特殊行业进行深入调查，若发现有可疑人员，或者有犯罪迹象，应及时处理，并做好安全防范工作，此外，在管理的过程中，应当向特殊行业的从业人员进行法制宣传教育工作，增强其法律意识，并向他们传授安全防范的基本技能，提高他们在发生犯罪时的应对能力。同，行政管理人员在进行管理的过程中，也应当遵纪守法，文明执法，不得妨碍特殊行业从业人员的正常经营。近几年来，治安行政管理工作面临了许多新问题，因此，行政管理部门应当协调其与特殊行业关系，在广大特殊行业的从业人员的帮助下，顺利开展治安行政管理工作。

第五节　犯罪的宏观管理

一、犯罪的宏观管理任务及依据

要对犯罪进行宏观管理，首先，要确定宏观管理的任务，由于犯罪情况是处于不断变化的，因此，犯罪宏观管理的任务也要随着犯罪的变化而变化。

因此，犯罪的宏观管理的依据就是犯罪情况的变化。社会环境以及社会适用的法律，也会使受之制约的犯罪情况发生相应变化，有的犯罪率会降低，而有的犯罪率会升高。此时，若该种犯罪严重阻碍社会发展，则需要对这类犯罪进行宏观控制。另外，确定犯罪宏观管理的任务不仅可以以犯罪现状为依据，也可以根据未来可能的犯罪状况进行确定。

二、犯罪的宏观管理的基本手段

首先，要完善法律法规，明确政府机关职能。许多犯罪都是利用法律法规或者管理漏洞而发生的，例如，职务犯罪、经济犯罪。因此，应当在相应系统的相应环节上采取一定措施，防止某些犯罪的发生。

其次，充分发挥治安管理部门的职能。运用治安管理部门的行政权力，加强控制，就可以减少某些危害社会治安的犯罪，为人民提供稳定的社会生产生活环境。

另外，刑罚是对犯罪进行宏观管理的补充。某些严重危害社会的行为，将其定为犯罪加以刑罚，可以起到抑制有犯罪意识的人实施犯罪。在一定时间内，对严重危害社会的犯罪进行侦查、检察和审判，可以有力打击该类犯罪，也可预防有此类潜在犯罪人可能的犯罪行为。

刑事立法和刑事司法是控制犯罪的首要措施，也是刑罚预防的基本措施，当法律是有局限性的，并且不能经常使用，反而，行政措施就更具灵活性、主动性，可以根据实际情况采取相应对策。但刑事措施和行政措施二者都是缺一不可的，要尽量同时运用。

第六节 犯罪的技术管理

一、概述

（一）概念

犯罪的技术管理，是指运用现代科学技术手段对犯罪进行控制预防的活动。随着科学技术的发展，控制和预防犯罪的技术手段也会越来越先进，例如，自动警报系统。犯罪的技术管理不能消除犯罪根源，但是能降低犯罪成功率，这对保障人们的生命财产安全和正常生活秩序，具有重要意义。

（二）原理

犯罪的技术管理原理，是指在现代科学技术手段的帮助下，人的视听功能和行为功能都能得到显著提升，在犯罪行为人实施犯罪时，犯罪管理部门能及时发现犯罪行为，并制服犯罪行为人，使犯罪目的无法实现。过去，人们都是利用事后物证对犯罪行为进行调查，并不能及时制止犯罪的发生。为此，人们发明了预先埋伏和跟踪记录的科技手段。犯罪的技术管理手段不仅能同现代犯罪行为做斗争，还提供了及时发现犯罪、阻止犯罪、侦查犯罪和制服犯罪的途径，如此，既可以挫败犯罪企图，又可以抑制犯罪心理。犯罪技术管理的反馈作用和威慑作用大大减少了犯罪分子实施犯罪的机会。此外，犯罪的技术管理是犯罪控制的重要补充。同时，犯罪控制手段又能帮助犯罪技术管理实现其目的，倘若，没有犯罪控制手段的配合，犯罪的技术管理就难以发挥作用。犯罪技术管理同犯罪的刑法预防也有密切关系，没有技术手段的协助，就难以对犯罪进行调查，刑罚预防的作用就无法发挥。同样，如无法对犯罪行为人进行刑事处罚，犯罪的技术管理就失去了威慑力。只有二者相互配合，对犯罪心理的抑制作用才更大。

进入 21 世纪后，新的破案方手段和技术不断涌现，比如文检技术、DNA 技术、视频监控技术、话单分析、GPS 定位、犯罪心理测谎技术等等，一系列的高科技手段都为破案加快了脚步。

如视频监控技术就是大量的录像机被连接在一个闭路或回路之中，其产生的图像被发送到电视监控或者记录装置，视频监控系统则是利用视频监控探测、监视设防区域，实时显示、记录现场图像，检索和显示历史图像的电子系统或网络系统。而目前公安机关主要是利用视频监控进行侦查，即在侦查工作中，利用监控图像资料，搜寻侦查破案所需的线索与信息，或通过实时监控犯罪动态，及时抓获犯罪嫌疑人的一种侦查方法。

在刑事案件发生后，公安机关的侦查员能通过观看监控历史直接或间接地了解整个违法犯罪过程，直观地展现犯罪嫌疑人的形象、行为特征和其他相关信息，有利于案件相关人员的寻找甚至于直接通缉犯罪嫌疑人。而且，利用视频监控手段在侦查中可以有多种途径来开展工作，如预先干预，捕捉现行，从人到案认定已发案件嫌疑人，从案到人查找认定犯罪嫌疑人等等。

案例

去年 1 月中旬，温州公安局娄桥派出所成功破获一起系列盗窃助动车、山地自行车案，成功抓获苏某、冯某、邱某等 3 名盗窃犯罪嫌疑人。在破案过程中，高清监控探头成了好帮手。

去年 12 月中旬开始，娄桥街道相继发生助动车、山地自行车被盗案件。案件发生后，娄桥派出所民警通过视频监控，清晰地辨认出 3 名犯罪嫌疑人的体貌特征。1 月 16 日下午 4 时 30 分，该所联合分局刑侦大队、便衣大队，根据前期视频监控追踪和犯罪嫌疑人的截图在娄桥街道下山头高架桥下布网蹲点守候，成功抓获苏某、冯某、邱某等 3 名盗窃犯罪嫌疑人。经审讯，上述犯罪嫌疑人交代了 20 余起系列盗车案件。

装在街头巷尾的监控探头在安全防范和警方破案、取证中起到了不小的作用。在娄桥派出所视频监控中心的大屏幕上，高清探头清晰地捕捉到街头巷尾的情况。据悉，目前娄桥街道辖区范围内安装的监控探头已有 1300 多个，基本实现辖区全覆盖。目前该街道每个村都有一个视频监控中心，配有人员 24 小时监管，并与娄桥派出所的视频监控室联网，力争实现村村联动、村所联动。据初步统计，自去年 10 月启用以来，娄桥派出所通过视频监控共抓获各类犯罪嫌疑人 20 多名。

虽然现代社会科技发展日新月异，但是在刑事侦查领域，现代科技是一把双刃剑，一方面提高了侦查取证的能力和水平，另一方面，犯罪分子也开始利用先进科技手段降低犯罪成本，提高犯罪的隐蔽性，增加了侦查破案的难度。在犯罪与侦查的互动演进之中，犯罪分子对科技手段的运用往往更加具有主动性和积极性，这也导致各种新型犯罪层出不穷。从这方面来说，传统的侦查措施已满足不了公安机关破案的需求，因此，我们需要把公安工作与现代科技相结合，寻找新的技战法，为新形势下的新战争做好充足的准备。

第七节 实施管理预防应当注意的问题

一、犯罪的治安管理预防要符合预防的总要求
由于犯罪治安管理属于犯罪预防的一种手段，所以犯罪治安管理的实施就要以预防犯罪为基本出发和落实点。但要判断采取的治安管理措施是否有利于预防犯罪，要从整体上来看，不能只从局部和眼前的效果来评定。某些犯罪治安管理手段虽能暂时对某些犯罪起到抑制作用，但长远的看，可能会引发更多更为激烈的社会矛盾，此时这种管理手段的弊大于利就不宜继续适用。尤其是为了实现犯罪宏观控制的目标时，此时可能处于某类犯罪严重危害社会秩序的阶段，人们对这类犯罪的反感程度也较深，因此在适用治安管理手段要更为谨慎。倘若不能以

预防犯罪总体要求为出发点，就可能起不到抑制犯罪的作用，反而制造更严重的犯罪。所以要采取管理手段时，要考虑其社会效果，使之服从于预防犯罪的总体要求。对于只能暂时缓解犯罪状况的手段，就必须理智看待，另谋他路。

二、争取各类社会活动主体的配合

犯罪治安管理是一项需要以行政权力为基础的专业性犯罪预防措施，但是要实现犯罪预防的总体目标，也离不开有关单位和个人的配合。由于犯罪作为一种社会现象，所以无论是犯罪准备阶段，还是犯罪实行过程都是直接面对社会现实，对某个人或某些人，某行业造成一定危害。而且社会中的各个事物，各个因素都可能对犯罪的实施起到一定程度的作用，若仅靠专门犯罪控制机关的力量是无法全面的对犯罪进行侦查，控制和惩治的。所以只有社会各个阶层，各个单位，各个领域共同努力，相互配合，犯罪治安管理才能顺利实施。

三、权衡个人利益与公共利益

通过对重点人员、重要场所、特定物品和特殊行业进行治安行政管理来实现犯罪治安管理的目的，从而控制和预防犯罪发生的概率与实施成功的概率。犯罪治安管理手段的实施必然会对某些个体的利益进行一定程度的限制，甚至在某些情况下要求其放弃自身利益，因此，犯罪治安管理应当在实现犯罪预防目的的同时正确处理好个人利益与社会公共利益之间的关系，尽可能地减小对个人利益的影响，当不得已要对他人利益进行干预时，可以在事后采用其他途径对其进行补偿。在现代社会，更强调以人为本，因此，个人的权利要充分保障，倘若个人利益遭到普遍的损害，那么治安行政部门就会失去公信力，以及重要的群众基础。

四、其他补充手段

作为犯罪预防手段中的一种，犯罪治安管理也需要同其他犯罪预防手段的补充。尤其是在犯罪宏观控制的情况下，不仅要对引发犯罪发生的源头进行控制，也要采取惩治手段制裁犯罪行为人，这些措施都能大大降低犯罪率，并提升犯罪预防的社会效果。在进行犯罪微观控制时，也是如此，事前预防和事后预防共同作用，并做好普法工作，同其他犯罪预防手段结合，犯罪的治安管理措施才能得以顺利有效的实施。

第十五章

犯罪的社会预防

第一节 概述

一、概念

犯罪的产生有其社会原因，因此，犯罪的预防也需要社会提供一定的条件。所以，犯罪的社会预防，就是指在各种社会政策的促进下发展经济，完善社会制度，解决社会矛盾和冲突，减少社会弊端，从而起到预防和控制犯罪的作用。

在社会发展的过程中，就要意识到社会的发展、进步与防御犯罪存在有机联系，要将完善社会转化为犯罪预防的手段和途径，就是将犯罪的社会预防理解为通过减少社会弊端，避免和解决社会问题，来减少可能引起犯罪发生的社会条件。

二、特征

犯罪的社会预防特征有以下几方面：

（一）犯罪的社会预防的核心在于建立一个完善的社会环境。通过社会经济、制度与文化建设，创造有利于预防和控制犯罪的完善的社会环境。只有在无论是物质还是精神都能得到满足的社会下，犯罪率才是最低的，因此社会的完善就是社会自我控制犯罪的过程。

（二）李斯特曾说，"最好的社会政策就是最好的刑事政策"，因此，要处理和协调好社会的发展规划和政策同预防犯罪的政策间的关系。

（三）另外，由于社会的完善和发展涉及众多方面，因此，犯罪的社会预防的手段也是多种多样的，如经济手段，文化手段，政治手段等。社会的各个领域都可以通过一定的方式减少犯罪率。

（四）最后，犯罪的社会预防是一种积极预防和治本措施，在犯罪产生的源头上消除引起犯罪发生的条件，是一种事前预防，而不同于事后预防。

第二节　犯罪的社会预防的作用

犯罪的社会预防的作用，就是指社会预防在控制犯罪的过程中所起到的效果，当犯罪的社会预防的实效能充分发挥时，就表明预防和控制犯罪这一目的已经得到实现。犯罪的社会预防的作用主要包括了控制社会、建设社会、整合社会的作用，以及社会预防所产生的心理作用。

一、控制社会的作用

控制社会作用是指，能够使社会成员遵纪守法，行为符合社会要求，社会秩序稳定。这种作用的发挥需要通过向个体或群体实施一定的制约，按照实施主体，可以分为正式控制和非正式控制。正式控制的主体包括政府、法院，警察等被法律授予相应职权的机关。而非正式控制的主体就是指社会的不特定主体，这些不特定主体没有法律授权，而是通过舆论，习惯，风俗等方式对社会进行一定程度的控制。显然前者的控制途径属于强制手段，而后者是非强制手段，主要靠社会成员的自我意识起作用。二者缺一不可，相互补充，前者程度深，后者影响范围广。

二、建设社会的作用

建设社会的作用，是指犯罪的社会预防的手段对于发展社会经济、文化，政治等方面有着积极作用。预防犯罪和社会发展的大方向是一致并且同步的，许多促进社会发展的手段、措施又是预防和控制犯罪的措施。例如，加强社会精神文明的建设。

三、整合社会的作用

整合社会就是意味着将社会变为一个具有共同价值观和道德感，并且有凝聚力的有机整体。这一过程就表明社会的大多数成员的目标同社会发展是一致的，因此，社会中的冲突和矛盾也会相应减少，各个利益主体得到公平对待，利益得以均衡发展。社会整合同社会解体是相反的，而社会解体会导致社会成员行为失范甚至是犯罪剧增。

犯罪在社会整合的过程中得到避免和控制，所以犯罪预防本身就需要进行社会整合。相反，为了进行预防犯罪而采取的措施又能促进社会的整合过程。如，健全法律制度、反腐倡廉等都可以有效降低犯罪发生率，而且建立政府公信力，增强社会成员对政府的信任度，减少制度上社会解体的可能性。

四、心理作用

犯罪的社会预防的心理作用包括社会心理调节和社会化两个方面。

社会心理调节作用，是指社会预防可以对个体或群体进行一定程度的慰藉，能缓解其不良情绪，需求和矛盾的作用，而社会化的作用是指，社会预防措施能对社会成员的个性形成和发展具有积极影响。首先，适当的社会预防措施能为社会成员创造有利其性格发展的微观和宏观环境，其次社会预防措施会传递正面的价值观，这些价值观会潜在的影响个体的性格特征。比如，三公经费公开的措施，就有效减少了可能的职务犯罪。

第三节　宏观社会预防

犯罪的社会预防可分为犯罪的宏观预防和犯罪的微观预防两种层次。

犯罪的宏观社会预防，是以为了创造一个能够最大限度地抑制和克服犯罪现象的宏观社会环境，以整个社会为对象进行全局性的犯罪预防活动，其特征为：第一，它与社会物质文明、精神文明、生态文明、政治文明建设进程相统一，因为社会犯罪现象的消长最终取决于四个文明建设的整体水平如何；第二，它集中表现为国家（主要是作为执政党的中国共产党和中央政府）凭借其政治权力并通过一定的社会决策机制、社会行政机制来实现对整个社会的组织、引导、规划，构建一个和谐社会。

一、公共社会政策

（一）概述

公共社会政策是社会公共权威机构（执政党和政府）为促进社会福祉以方针、政策、法令、条例、方案、规划等形式对社会经济生活的权威性指引和干预，是社会保障、经济政策、公共教育等方面的政策的总和。

公共社会政策有着重要的预防犯罪价值，具体表现如下：

首先，社会秩序是否稳定要取决于公共社会政策的是否正确。从新中国成立以来，我国也制定了许多社会政策，实践经验表明好的社会政策会有利于解决包括犯罪问题的社会问题，而不好的社会政策不仅不能促进社会进步，甚至会导致社会问题产生或者恶化。

其次，公共社会政策的预防犯罪价值优于狭义的刑事政策，公共社会政策是在犯罪产生的源头进行预防，而刑事政策则是在事后控制。如果仅仅只有刑事预防，而没有社会预防，刑事预防的效果会随着时间推移而变为"形式预防"，甚至导致犯罪率成反弹之势。虽然公共社会政策不是专门控制犯罪的途径，但是对控制犯罪却有着显著的作用。公共社会政策在于减少社会弊端，避免社会冲突和矛盾的产生，而这些恰恰是犯罪的导火索。

其三，从政党和政府的治世方略角度考虑，当政党或政府有足够的能力和自信通过公共社会政策的完善来从容对付犯罪等社会问题时，总是乐于更多地启用公共社会政策，而不是过多地依赖于刑罚手段。

（二）完善公共社会政策

要充分发挥公共社会预防的作用，就要制定完善的公共社会政策，制定完善的公共社会预防政策就需要在一定的原则下，进行民主科学的决策，并通过高效能的实施主体实施。而制定完善公共社会政策有四个原则，分别是效率与公平兼顾原则、内在一致原则、效益原则和经济与社会协调发展原则。

二、社会改革

社会制度、经济文化以及结构的建设和完善，是社会自我克服犯罪的物质基础和精神基础。而社会改革就是社会进行建设和完善的最根本途径。社会改革就是对在现行的基本社会制度之下对社会管理体制的改革和完善。

（一）意义

从犯罪预防角度来说，以下几个方面的社会改革具有重要意义：

首先，四个文明建设需要协调发展。社会物质文明、精神文明、政治文明和生态文明之间有着复杂的联系，四者的共同作用之下，社会犯罪率才能得以降低。而且分别从物质文明、精神文明、政治文明和生态文明来看，四中文明对预防和犯罪都有其独特的作用。比如，当个人的物质需求得到充分满足后，经济犯罪率就会相应降低；个人的精神文明发展到一定境界，面对社会压力，诱惑的能力也会相应提升，因此导致的犯罪也会相应降低。综合而言之，四种文明的协调发展和综合水平的提升能有效降低社会犯罪率。其次，对现行的社会管理体制进行深入改革，改善社会中存在的弊端和问题，使社会主义制度得到不断完善和发展。我国在某些领导管理制度、监督方式上还存在着许多漏洞和弊端，这些漏洞和弊端严重影响了给我国社会的发展，并引起了不少的犯罪。例如，自十八大以来，我国在领导管理机制上采取了一系列改革措施，惩治了不少犯罪，特别是公务人员的职务犯罪。再次，对社会文化变革正确引导，实现社会普遍价值观的整合和统一。最后，积极解决阶级矛盾，缩小社会差距，营造宽松的政治氛围。

案例

2009 年 5 月，沈阳小贩夏俊峰在城管勤务室里刺死了城管中队长申凯和队员张旭东。2009 年 11 月，沈阳市中级人民法院一审判决夏俊峰故意杀人罪，死刑。2011 年 5 月 10 日，辽宁省高级法院终审维持一审判决，故意杀人罪，死刑。终审判决后，民间舆论几乎一边倒地同情夏俊峰。舆论倒向夏俊峰，并非都是仔细分析案情后做出的理性反映，主要原因依然是习惯性同情弱者。

城管被刺鲜有舆论同情，反而遭遇舆论倒戈，大致说明两个问题：一是社会舆论的情绪化成分。在夏俊峰被判死刑的新闻后面，各地网友直指"城管活该被刺""相信是城管先动手的""小贩自卫无罪"……甚至有个别网友称夏俊峰为"英雄"。我们说，任何一个秉持理性崇尚法治的现代公民，都不应在不清楚事实的前提下，就妄定夏俊峰一定是出于自卫或认定是两名城管先动手、该被刺。更何况，就算城管有所动手，也不能说就该被刺死。

这件案情所产生的舆论反映了两个方面问题，首先，城管的执法管理制度存在弊端，引发了众多与小贩的矛盾，并且由于这种弊端导致了社会大众和执法人员间的阶级矛盾，使整个执法过程处于一种紧张的氛围中。其次，法律意识的影响远远不及社会普遍同情弱者的意识那样深远。因此，社会要对执法机制改革，同时，也要正确引导社会主流文化。

三、法律、道德

孔子曰："道之以政，齐之以刑，民免而无耻；道之以德，齐之以礼，有耻且格。"康德言："法律调整人们的外部关系，而道德则支配人们的内心生活和动机。"从二者所述，即可知法律与道德对于控制社会的重要性。

（一）法律

法律是道德的最低标准，可见法律对人的要求远远低于道德对人要求。法律，是指国家和政府制定的用以调整社会关系、管理经济发展以及其他社会公共事务的法规和制度的总和。

法制完善是社会完善的标志之一，同时也是实现社会整合、预防和控制犯罪的重要力量之一。要完善我国现有法律，实现法律实效要从立法、执法以及普法三个方面进行着手。立法要体制化，通过宪法或制定宪法性法律规定中国的立法体制。包括中国的立法职级，各立法机构的权利与义务，立法分工以及授权立法的范围，时限等。中国的立法职级的确定，应以集中而不应以分散为原则。立法机构宜少不宜多，宜精不宜粗，这样才能适应在社会主义市场经济建立时期对立法质量的需求。立法要有一定的超前性、预测性和稳定性，使所立的法律在市场经济下有相对长一些的生命力，这样不仅有助于保护社会主义市场经济的健康发展，也可以减少立法的数量，减轻立法机构的压力。立法机关要专门化，立法应由专门的立法机关进行。从中国目前的情况看，对立法机关专门化的要求只能是将立法作为这些机关的主要工作之一，而不能要求这些机关演变为单纯的立法机关。但在这些机关的内部可以设立专司立法的机构并制定相应的立法程序法。执法制度改革要健全和完善执法体制和程序，保证司法、行政执法机关依法独立行使职权；完善执法监督，充分调动各方面的积极性，明确各方面的监督的范围；加强对执法权限的有效制衡，改革执法机关系统内部的权力制约机制，加强自身的廉政自律建设；提高执法人员的法律素质，提高其执法水平。普法，首先要在思想上高度重视，认识上要明确到位；健全完善各项制度，职责明确责任到位；突出普法教育的重点，制定完善普法宣传内容；普法内容形式多样，宣传教育措施到位。

（二）道德

道德是一套评价善恶的规则和标准。运用道德力量预防犯罪，主要表现在两个方面：

1. 弥补法律的不足

法律以在犯罪者心中造成预测性的威慑以影响犯罪行为，具有物理性的消除犯罪行为的含义。但考虑到犯罪对于社会的意义时，就会发现法律在犯罪情景中对减少犯罪行为的危害其实毫无作用，犯罪者出于对法律的畏惧，反而会采取更为极端的手段与行为。法律对犯罪者形同虚设时，次道德可以从内心深处影响犯罪行为，指导他们加强控制自己的行为的能力。同时因为它的容许度，将具有更大的稳定性与一致性，减少人格中深度犯罪准备性。

2. 两害相较取其轻

次道德是社会对自身犯罪性的一种调整，减少社会中的犯罪必要性，对处于深度犯罪阶段的犯罪者，次道德可以作为一种整体上的减少犯罪对社会危害程度的规范力量。这里将涉及进一步的问题，怎样将次道德进行归类及确定它的具体规范内容，从而影响犯罪行为，成为犯罪者自我控制的内心力量。

第四节　微观社会预防

微观社会预防，是以社区、群体以及公民个人为单位而进行的预防犯罪活动。其主要目的在于减少犯罪目标，消除犯罪机会和条件，加大犯罪行为的困难度和风险性；从被害人学角度说，则是减少特定社区、群体或者个人的被害可能性。

微观社会预防针对性较强，所采取的种种手段、措施比较具体，预防对象具体，直接目的就是防范犯罪的发生．

一、环境预防

通过环境设计来预防犯罪，是一种具有较强应用性的犯罪预防方法。这一方法的主要目的在于利用工程建筑学方法来规划和建设物理环境，创造一个不利于犯罪发生的防卫空间。

通过环境设计预防犯罪的具体方法多种多样。环境设计应当以不妨碍或者侵犯公民私生活和个人隐私权为限。例如我国的长春明珠智能化生态园的园区安全系统。其安全系统包括围栏报警、园区监控、入园识别、园区在线巡更、单元可视对讲、家属安防系统。围栏报警即园内全部围栏有户外型四光束、双光束主动红外报警探头；园区监控是指园区围栏和园内设计安装有不留任何监控死角的户外低照度摄像机，昼夜 24 小时忠实地监控园内围栏和周界及园内情况。入园识别是在每一人进入小区时都能准确的识别其是否是小区的居民，从而做出不同的反映。园区在线巡更即园内设计有动态的在线巡更系统，在园内的各个要害地点和部门设有专门的巡更确认装置。单元可视对讲是指单元住户之间的可视性的直接地密切联系。家属安防系统指安装幕帘市电子栅窗、智能门窗管理和紧急呼救误读的自动解除系统。

二、群体和个人预防

（一）家庭预防

要达到家庭预防的效果，就应当提高家长对教育好子女重要性的认识，稳定家庭结构，进行科学家教，培养子女健全的人格。同时应兼顾子女的智力教育与品行教育，要从小抓起，教育方法要科学，最为重要的是家长应以身作则，身教重于言传。

（二）学校预防

在办学理念上，要强调学校是使个体成为合格社会成员的社会化机构，而不只是传授知识、培养智力的机构；在教育内容上，确立品行教育优先的原则；坚持开展公平、无差别的学校教育；提高教师队伍的整体素质；优化学校环境，树立优良学风。

三、社区预防

可以通过建立健全社区安全防御的组织机制，开展安全文明小区建设活动，在社区内广泛开展以人防、物防、技防为基础的综合性犯罪预防，充分发挥调解组织的作用，及时化解矛盾，制定群众自律性的行为规范，进行社会工作和社区服务，充分发挥社区功用，强化邻里关照意识，组织积极向上的社区文化活动，积极开展就业指导，有组织地开展社区矫正和帮教活动来达到社区预防的目的。

四、其他预防

（一）群众自治，主要有治安联防、人民调解、共青团等教育活动。

（二）企业、事业单位的自我管理和自我保护。

（三）公民个人的自我约束和自我防卫。

第十六章

犯罪的刑罚预防

第一节 概述

一、犯罪刑罚预防的概念

犯罪刑罚预防指国家司法机关运用刑罚的方法，揭露犯罪、惩罚和改造罪犯，从而预防再犯，并教育全体社会成员的一项特殊强制措施和防范手段。犯罪刑罚预防的主体是刑事国家刑罚权的各部门，主要是国家司法机关。其作用机制和途径，存在于刑罚自身所特有的功能作用与具体方法之中。犯罪刑罚预防是针对特定的犯罪人的一种特殊预防，但同时对社会潜在犯罪任何其他社会公民发挥着一般性预防作用，是．以刑罚为目的的。

犯罪刑罚预防有以下特性：1. 罪后性；2. 惩戒性；3. 多维性；4. 专门性；5. 局限性。

二、犯罪刑罚预防的功能

（一）特殊预防功能

特殊预防功能，是指国家司法机关通过揭露犯罪行为并对犯罪人适用和执行刑罚所具有的防止罪犯再犯罪的能力。

特殊预防的作用机制是通过惩罚和改造，分别对犯罪人进行物理强制和心理影响，以及司法机关对罪犯主观构成进行系统的思想教育、文化知识教育以及职业培训，从而扭转矫正罪犯的主观构成，把罪犯改造成为守法公民。

（二）一般预防功能

一般预防功能，是指国家司法机关在制定和适用刑罚时，对社会一般公众所产生的预防犯罪的作用与能力。一般预防功能作用的对象有潜在的犯罪人、被害人、法盲以及守法公民。

三、犯罪刑罚预防的效能原则

犯罪刑罚预防的效能原则，是指国家立法和司法机关为保障犯罪刑罚预防功能的实现与高效发挥，在制刑、求刑、量刑和行刑过程中所应遵循的准则。

犯罪刑罚效能原则的内容包括必然性原则、及时性原则、适度性原则、适时性原则、协调性原则以及合法性原则。必然性原则，是指犯罪与刑罚惩罚之间必须存在现实的必然联系，应做到有罪必罚。及时性原则，是指在犯罪行为发生之后，公安政法机关要及时发现与揭露犯罪、审理与惩罚罪犯。适度性原则，是指在制刑和量刑的轻重要符合预防犯罪的目的，既不能过轻，也不能过重，以体现刑罚更公正、更人道。适时性原则，是指在运用刑罚时，要审时度势，以时而定。协调性原则，是指在刑罚预防个主体、各部门、各项措施与手段之间应紧密配合，相互联系、协调一致，共同发挥刑罚预防犯罪的功能作用。合法性原则，是指在求刑、量刑和行刑各个刑事司法环节中，一定要严格依法办事，在法律所规定的实体和程序范围内，充分使用刑罚手段惩罚与改造罪犯，实现预防犯罪的最大化目的。

四、犯罪的刑罚预防的根据和局限

（一）犯罪的刑罚预防的依据

1. 心理学依据及其局限。

依照边沁的观点，人是一种趋利避害的动物。人们总是最大限度的追求快乐。在"利"和"利"的选择中，追求更大的"利"；在"利"和"害"的选择中，追求"利"；在"害"和"害"的选择中，追求最小的"害"。犯罪是一种恶害刑罚也是一种恶害。当犯罪之害要受到刑罚之害时，行为人就选择不犯罪。费尔巴哈将其概括为心理强制说。如果刑罚之恶大于犯罪之恶，刑罚就会抑制犯罪心理。刑罚会对犯罪人本人产生痛苦悔改的心理效应。因此，刑罚的适用应当追求最大的悔改心理，最小的对抗心理和适度的痛苦心理。对具体的个别犯罪人而言，刑罚的适用就可以有效地抑止其再次实施犯罪行为。通过心理的强制达到预防再犯之目的。心理强制说是以理性人为假设的。但犯罪的这种计算却并非是精确的、完全理性的。有的人天生就喜欢冒险。经验告诉我们，很多犯罪人在犯罪之后都不敢相信自己所犯下的罪行，对于这些犯罪，心理强制说显然没有效力。从心理因素上讲，情绪化的激情犯罪也是一种难以抑制的犯罪，也难以通过刑罚的强制而达到预防之效果。而对于以犯罪为乐和喜欢冒险的人而言，刑罚的预防效果更是有限。

从一般预防的角度分析，社会心理抑制也是存在的。刑罚之适用，通过公开或者宣传等让社会公众知晓的方式，会对社会一般人的心理造成一定的暗示，而产生威慑和教育作用。通过刑罚的适用，对犯罪行为体现否定的社会评价，使社会其他人知晓规则，并进而约束自己的行为。但是，对于部分理性犯罪人而言，这种心理抑制也是有限的。刑罚的适用只能提高他的犯罪成本。有些犯罪是因为犯罪所得的利益太大，有的是拥有宗教般的理想情怀。对这些人而言，刑罚造成的心理抑制难以形成。

2. 刑罚促成对规则的熟悉而预防犯罪。

对于部分不知晓自己行为是犯罪的犯罪人而言，通过刑罚的实施，可以使其知晓该行为的不可违反性，因而学习法律而不再犯法。对于社会一般人而言，对他人刑罚的适用，也可以使自己受到教育而加强对法律的学习，避免触犯法律。当然，刑罚的教育作用也是相对的，有的人对法律本身存在漠视态度，因而，缺乏守法的观念和行为习惯。他并不因为他人适用刑罚而学习法律。更多的则是刑罚适用的教育作用会随着时间的流逝和距离的拉大或者案件影响等原因而难以让所有人都得到教育。也即教育的效应具有递减性。

（二）刑罚预防犯罪的局限性

刑罚预防犯罪是有限的，这可以从刑罚的局限性来说明：

1. 刑罚具有事后性。

刑罚总是犯罪之后的一种处置，这是现代法治社会的一条基本原则，也是罪刑法定的要求。国外一些国家有保安处分制度，它对于具有犯罪危险性的人员采取一定的措施，但保安处分不等于刑罚。事实证明，事前预防比事后预防更利于社会的稳定和秩序的维护。但刑罚不能适用于犯罪之前。

2. 刑罚具有害恶性。

耶林说过："刑罚有如一把双刃剑，用之得当，社会和个人两得其利；用之不当，社会和个人两受其害。"它表达的观点就是刑罚的害恶性。刑罚本身在控制了犯罪人的同时，也是通过损害犯罪人的方式来实现的。刑罚如果使用过度，无疑会损害犯罪人的权利。就算是在刑罚正当行使的场合之下，刑罚所造成的恶害仍是十分严重的。对于死刑而言，它不仅导致犯罪人生命的丧失，同时，它也造成了犯罪人家庭的破裂，家庭经济来源的损害甚至丧失。对于在监狱服刑的罪犯而言，长期的服刑导致了罪犯的标签化，监狱化的生活导致罪犯难以适应社会。这种结果不是导致罪犯刑满释放时难以适应社会，就是导致重新犯罪。两者都是社会所不愿意看到的。

3. 刑罚补救功能的有限性。

刑罚可以视为对被侵害者的一种补偿，但这种补偿却无法复原业已造成的损害。对杀人者之刑罚，无法恢复被害人的生命；对强奸之刑罚，也无以恢复被害人的人身和精神损害。

4. 刑罚改造功能的有限性。

在封闭的监狱中，对罪犯进行改造的目标难以实现。在监狱服刑中，罪犯之间极容易交叉感染；罪犯长期关押于监狱，脱离于外面的社会，在刑满释放之后难以适应复杂多变的社会生活。

5. 刑罚适用于不同的人的效应不同，具有个体差异性。

对服刑人而言，不同的人对刑罚的体验是不一样的。有些犯罪人在刑满释放之后回归社会，会对于司法人员有一种本能的敬畏感，而另一些人则可能会产生抗拒感。对社会一般人员而言，有些人可能从他人的刑罚中感受到了威慑，而有些人却可能对犯罪人产生同情。

6. 刑罚适用的耐受性。

刑罚对于人虽然是一种不利的外在刺激，但过多过大的刺激也会丧失人们对刑罚的依赖。这种依赖正如人们对于药物的依赖一样。对于某一个罪犯是如此，对于社会大众的心理刺激也是如此。

四、刑罚预防犯罪的实现

如何有效地实现预防犯罪的目的，一方面有赖于利用刑罚的功能，另一方面，也有赖于刑罚的适用。从刑罚的功能来看，有以下几点考虑：

（一）从刑罚的功能实现刑罚预防犯罪的目的

1. 刑罚具有惩罚的功能。

惩罚是加之于一定对象的痛苦和利益损失。对刑罚而言，它的惩罚功能必定给被惩罚人带来肉体、精神的苦痛。一方面，刑罚通过作用于人的生理而感受惩罚。同时，刑罚也作用于人的精神，导致个人尊严感的降低。具言之，受刑的过程就是惩罚的过程，并且这种惩罚并不随刑罚的结束而结束，它会在对象的心灵中造成长久的心理伤痕。当然，惩罚并不一定必然导致预防犯罪。对于一些信念犯而言，惩罚就算残酷，也难以改变他们的信念。这是刑罚的惩罚功能实现预防犯罪目的的局限。在革命年代，作为被惩罚的革命者，他们的行为对于当时的政府而言都属于犯罪。但那时的大多数革命者不屈服于刑罚的威严和痛苦。这可以作为一个特殊的例子。

2. 刑罚具有威慑功能。

威慑是指通过对犯罪人适用刑罚造成其他人恐惧而害怕遭刑罚处罚的恶果，并因此形成一般预防。在奴隶时代和封建时代，统治者往往借用刑罚，公开行刑，威慑其他人不敢犯罪。在社会主义国家的建国初期，为了维护新生的政权，也往往采取所谓"红色恐怖"来对抗敌对分子的反抗。意图通过刑罚的威慑而实现"杀鸡儆猴"之效。这种威慑具有很大的迷惑性，并且很容易形成对刑罚的过分迷恋和自信，形成重刑主义。但重刑主义往往偏重于一时之效而难以长久。因为犯罪原因的多元性以及刑罚本身的局限性，这种力图借助刑罚的威慑而达到一般预防目的的做法，不仅不能实现其目的，更损害了犯罪人的权利和国家宝贵的司法资源。

（二）刑罚的适用与预防罪犯的实现

1. 刑罚的必定性与犯罪预防。

所谓必定性，是指有罪必罚，强调犯罪遭受刑罚的不可避免性。刑法学鼻祖贝卡里亚对刑罚的必定性颇为赞许。他说："对于犯罪最强有力的约束力量不是刑罚的严酷性，而是刑罚的必定性。"在每个社会中，总是存在一定的犯罪黑数。犯罪黑数的存在，意味着一些犯罪人逍遥法外。刑法制度中时效制度的设置，更是从法律上认可了这种犯罪黑数的存在，也说明了刑罚必定性的难以实现。造成这种现象的原因很多。既有犯罪的隐蔽性不易被人发觉，也有刑事侦查技术或手段落后、刑事侦查人员素质不高等原因。刑罚必定性既可以预防犯罪人的侥幸心理，防止其再犯罪，同时也可以对其他潜在犯罪人造成威慑，因畏惧刑罚而不敢犯罪。如果行为人犯罪后不一定受到刑罚处罚，则犯罪人或其他潜在犯罪人的侥幸心理就越大。这对预防犯罪是极为不利的。

2. 刑罚的及时性与犯罪预防。

贝卡里亚认为:"惩罚犯罪的刑罚越是迅速和及时,就越是公正和有益的。""犯罪与刑罚之间的时间间隔得越短,在人们心中,犯罪与刑罚这两个概念的联系就越突出、越持续,因而,人们就很自然地把犯罪看作起因,把刑罚看作不可缺少的必然结果。"及时的刑罚可以使犯罪者深刻的感知犯罪遭受惩罚的不可避免,也可以使社会树立公正的观念,明了犯罪和刑罚之间的必然联系。因而树立对于法律和司法的敬畏,从而达到有效的预防犯罪。

3. 刑罚的平等性与犯罪预防。

刑罚的平等性就是在适用刑法面前人人平等。在奴隶时代和封建时代,刑罚适用是不平等的。如在中国封建时代,就有所谓官当、八议制度,这是刑罚不平等的体现。在现代,刑罚的适用也有政治、经济因素左右刑罚的适用。这种不平等性对预防犯罪目的具有极坏的影响。正如培根所言:"一次不公正的裁判,其恶果甚至超过十次犯罪。因为犯罪虽然触犯了法律—但只是污染了水流;而不公正的裁判则毁坏法律—就好比污染了水源。"

4. 刑罚种类的合理适用与犯罪预防。

在刑罚体系中,有死刑、有期徒刑、无期徒刑、管制、拘役等。而在刑罚适用时,还有缓刑、假释等社会内服刑的执行方式。对于不同的犯罪,如何合理应用这些刑种及适用方法,对于预防犯罪具有不同的效果。

第二节 犯罪的刑罚预防类型

一、概述

犯罪的刑罚预防类型,是指对犯罪有着预防作用,由刑法所规定的按照一定顺序排列的各种刑罚方法的总和。

首先,根据某种刑罚方法是只能单独适用还是可以附加适用划分,分为主刑和附加刑,主刑包括管制、拘役、有期徒刑、无期徒刑和死刑,附加刑包括罚金、剥夺政治权利、没收财产和驱逐出境。

其次,根据限制和剥夺权利的权利的不同,可以分为资格刑、财产刑、自由刑以及生命刑。

二、资格刑

资格刑亦称为名誉刑、能力刑、权利刑等，是最轻之刑罚。随着刑罚逐步由严酷走向轻缓，作为轻刑的资格刑在刑罚体系中地位有所提高。资格刑就是以剥夺资格为内容的刑罚。我国资格刑主要是剥夺以下权利（1）选举权与被选举权；（2）言论、出版、集会、结社、游行、示威的权利；（3）担任国家机关职务的权利；（4）担任国有公司、企业事业单位和人民团体领导职务的权利。资格刑适用对象有三类，包括对于危害国家安全的犯罪分子，应当附加剥权；对于故意杀人、强奸、放火、爆炸、投毒、抢劫等严重破坏社会秩序的犯罪分子，可以附加剥权；对于被判处死刑或者无期徒刑的犯罪分子，应当附加剥夺政治权利终身。此外，剥权只对中国公民适用，对外国人不适用。

资格刑期限会因为适用情况的不同而不同，独立适用时或者主刑是有期徒刑、拘役附加剥权时，期限是 1 年以上 5 年以下；判处管制附加剥权，期限与管制的期限相同，同时执行；判处无期徒刑或者死刑时，应附加剥权终身；死缓减为无期徒刑或者无期徒刑减为有期徒刑，附加剥权的期限是 3 年以上 10 年以下。

计算方法是判处管制附加剥权，刑期与管制相同，同时执行；判处拘役、有期徒刑附加剥权的刑期从主刑执行完毕或者假释之日起计算，在主刑执行期间，当然不享有政治权利；死缓减为无期徒刑或者无期徒刑减为有期徒刑，附加剥权的期限是 3 年以上 10 年以下，应从减刑后主刑执行完毕或者假释之日起计算，主刑执行期间不享有政治权利。资格刑都是由公安机关执行。

对于被判处有期徒刑、拘役而没有附加剥权的犯罪分子，在刑罚执行期间是享有政治权利的。可以在原户口所在地或者在劳改农场参加选举，但是否实际享有其他政治权利，则由有关法律规定。

三、财产刑

财产刑是一种仅次于自由刑的刑罚方法。在我国包括罚金和没收财产。罚金是强制犯罪人向国家缴纳一定数额金钱的刑罚方法；没收财产是强制将犯罪分子个人所有财产的一部分或者全部无偿收归国有的刑罚方法。财产刑可以单罚、并罚或者选罚，数额应当根据犯罪情节决定罚金数额。有无限额罚金制、限额罚金制和倍比罚金制。

刑法第 53 条规定：罚金在判决指定的期限内，一次或者分期缴纳。期满不缴纳的，强制缴纳。对于不能全部缴纳罚金的，人民法院在任何时候发现被执行人有可以执行的财产，应当随时追缴，如果遭遇不能抗拒的灾祸，缴纳确实有困难的，可以酌情减少或者免除。一次缴纳、分期缴纳、随时追缴以及酌情减少或者免除。但是对于不能缴纳罚金的人，不能改为执行其他刑罚。

另外，在这要区分罚金和没收财产，没收财产重于罚金。没收财产适用于情节较重的犯罪，罚金适用于情节较轻的犯罪。没收财产可以没收其一部分或者全部财产，这种财产既可以是金钱，也可以是其他财产，如房屋和家具等；而罚金只剥夺其一定数额的金钱。没收财产只没收犯罪分子本人的财产，而罚金可以是其本人的，也可以是他人借与或者赠送的。

四、自由刑

自由刑，是指剥夺或者限制一定自由的刑罚方法，在我国包括管制、拘役和有期徒刑以及无期徒刑。

（一）管制

管制适用对象是罪行较轻，无须关押，但有必要限制其自由的罪犯。期限是 3 个月以上 2 年以下，数罪并罚不得超过 3 年。刑期从判决执行之日起计算，判决以前先行羁押的，羁押 1 日折抵刑期 2 日。执行期间应当遵守的规定，执行机关是公安机关。在劳动中应当同工同酬。

（二）拘役

拘役是短期剥夺自由，由公安机关就近实行改造的刑罚方法。一般在看守所或者拘役所执行，适用对象是罪行较轻，但需要关押的犯罪分子。期限是 1 个月以上 6 个月以下，数罪并罚不得超过 1 年。刑期从判决执行之日起计算，判决执行前先行羁押的，羁押 1 日折抵刑期 1 日。在公安机关就近执行时，每月可以回家 1 到 2 天，参加劳动的可以酌量发给报酬。

（三）有期徒刑

有期徒刑，是指对犯罪人剥夺一定期限的自由，实行强迫劳动改造的刑罚方法。适用范围最广。期限是 6 个月以上 15 年以下，数罪并罚不得超过 20 年。期限从判决执行之日起计算，先行羁押的，羁押 1 日折抵刑期 1 日。由监狱或者其他场所执行。其他场所是指罪犯被交付执行前，剩余刑期不到在 1 年以下的，由看守所代为执行；未成年犯由未成年犯管教所执行；符合监外执行条件的，可以到监外由居住地公安机关执行。凡有劳动能力的，都应当参加劳动，接受教育改造。

（四）无期徒刑

无期徒刑，是指对犯罪分子剥夺终身自由、实行强迫劳动改造的刑罚方法。是剥夺自由刑中最严厉的惩罚方法，适用对象是罪行严重的犯罪分子，执行中实行劳动改造。被判处无期徒刑的犯罪分子，真正终身服刑的，并不多见。有人认为无期徒刑应当废除。其理由在于：无期徒刑更为残忍，比死刑更使人感到无望；同时也不公平，80岁的老人和18岁的人同样被处以无期徒刑，实际执行不一样。但实际是它虽然是一种无期宣告，但仍给犯罪人以机会，尤其是任何刑罚的公平都是相对公平的，故无期应当保留。无期徒刑减为有期徒刑时，从裁定减刑之日起计算。但在执行假释时，应当从实际执行的时间即判决确定之日起计算。

五、生命刑

我国对于死刑的刑事政策是不可多杀，不可不杀，防止错杀。前两者是刑法的内容，后者是刑诉法的任务。由于对死刑作了较为严格的适用条件的限制，致使实际判处和执行死刑的情形大为减少。具体的限制体现如下：

首先，死刑只适用于"罪行极其严重"的犯罪分子；而79刑法是"罪大恶极"。这样的立法变化使其更容易把握，罪行极其严重包括犯罪的性质极其严重、犯罪情节极其严重和人身危险性极其严重等，可以从以下方面进行考察：犯罪分子的主观恶性，犯罪行为的残酷及恶劣程度、犯罪造成的危害结果的大小等方面。

其次，犯罪时不满18周岁和审判时怀孕的妇女不适用死刑。不适用死刑包括不适用死缓。

再次，对死刑的适用作了严格的程序规定。死刑除了依法由最高人民法院判决的以外，都应当由最高人民法院核准。在案件的管辖上，一般死刑案件的一审应当由中级以上的法院管辖。刑诉法也作了类似的规定，但实际上并不是如此执行。因为根据《人民法院组织法》规定：死刑案件除由最高人民法院判决的以外，应当报请最高人民法院核准，但杀人、抢劫、强奸、爆炸以及其他严重危害公共安全和社会治安判处死刑的案件的核准权，最高人民法院在必要的时候，得授权省、自治区、直辖市高级人民法院行使。

　　最后，对于判处死刑的犯罪分子，如果不是必须立即执行的，可以判处死刑的同时宣告缓期两年执行。这一规定对严格控制死刑的实际执行范围，防止错杀，挽救一切可以挽救的犯罪分子，促使其悔过自新具有重要意义。条件是两个：是否立即执行一般从自首、立功等法定的从轻情节或者犯罪的动机、手段犯罪后的态度等因素证明。"如果没有故意犯罪，二年期满后减为无期徒刑。"故其不是推迟 2 年执行而是意味着如果没有特殊情况就不执行死刑。

　　死缓执行，从判决确定之日起计算，以前被羁押的日期不计算在内。死缓减为无期徒刑的，无须考虑起日期，但减为有期徒刑的，从缓期执行期满之日起计算。其结果：执行死刑、减为无期徒刑和 15 年到 20 年有期徒刑。

第三节　保安处分

一、概念和特征

　　保安处分是指，以特殊预防为目的，以人身危险性为适用基础，对符合法定条件的特定人所采用的，以矫正、感化、医疗等方法，改善适用对象，预防犯罪的特殊措施。

　　保安处分的特征有四个方面。首先，保安处分是以特殊预防为目的而设立的。众所周知，刑罚具有一般预防与特殊预防的双重目的，但保安处分是对非刑罚所能改善者而增设的特殊处分，用以弥补刑罚特殊预防的不足。虽然保安处分可能收到一般预防的效果，但这种效果与保安处分设定的目的绝无关系。

　　其次，保安处分的适用对象是符合法定条件的特定人。其具体适用对象大致为：少年人、精神病人、吸食鸦片、吗啡、海洛因或其他毒品者、酗酒者、常业和常习惯犯、性病患者、缓刑者、假释者、累犯、外国人等。此类型的人要么是刑罚不适应者，要么是仅依赖刑罚难矫正恶习者，而只有保安处分，才能防止其发生危险和侵害社会秩序。

　　再次，保安处分的适用条件为人身危险性。这里所说的人身危险性是实施犯罪的可能性或再犯的可能性。适用保安处分不以犯罪事实为要件，而是以行为人是否具有人身危险性为要件。正因为保安处分的目的在于消灭行为人的危险性，所以在其处分期间，以人身危险性消灭为停止使用的条件，故保安处分的期限都可以伸缩增减，无绝对性可言。

最后，保安处分的方式是改善和教育。保安处分十分注重改善和教化，正因为此，它不像刑罚那样注重剥夺犯人的权利，也不像刑罚那样具有伦理非难的性质。从保安处分设置的种类即可看出，它是通过矫治、感化、医疗、援护、改善、教育等方式，矫正行为人的恶性，根除他们可能犯罪的因素，预防犯罪或再犯。

二、保安处分的性质

所谓保安处分的性质，是指保安处分与刑罚的关系问题。关于这个问题，历来是新旧刑法学派争论的焦点，存在一元主义和二元主义的区别。

一元主义认为，保安处分与刑罚没有什么区别，二者从本质上是相同的，二者的区别只是量上的差别。二元主义认为，尽管在理论和立法上存在着完全以保安处分替代刑罚的倾向，保安处分与刑罚的区别仍然是显而易见的。保安处分与刑罚的区别表现在：

第一，适用对象不同。刑罚方法只适用于犯罪人；而保安处分既可以适用于犯罪人，也可以适用于非犯罪分子。第二，适用条件不同。适用刑罚必须以行为人具备犯罪构成的该当性、违法性、有责性和可罚性为必要条件；而适用保安处分则以受处分者是否具有一定程度的人身危险性为决定性要件。至于行为的违法性和行为人的责任能力，一般情况下并不影响保安处分的适用。第三，适用机关不同。刑罚方法由刑事裁判机关依法裁决；保安处分既可以由刑事裁判机关裁决，也可以司法行政机关或者非诉讼裁判机关科处（也有人主张只能由法院统一科处）。第四，适用原则不同。适用刑罚必须坚持罪行法定和罪刑均衡的原则，严格依照法律规定的刑种、刑名、量刑幅度，根据犯罪的轻重判处相应的刑罚；而适用保安处分并不以构成犯罪为前提，处分的种类和轻重应与行为人的人身危险性大小相适应，处分期限的长短应视教育改善的效果而变更，从而不定期原则成为必要。第五，预防时间不同。刑罚对犯罪的预防是一种消极的、事后的处置，是国家对犯罪的已然状态的司法干预；保安处分对犯罪的预防是一种积极的、事前的预防，是国有对犯罪未然状态的超前干预。第六，预防手段不同。刑罚对犯罪的预防重在制裁和惩罚；保安处分对犯罪的预防则强调教育改善。

与一元主义、二元主义相关的还有一种观点，试图对一元主义与二元主义进行折中，认为保安处分有行政法意义上保安处分与刑事法意义上的保安处分。

关于保安处分的性质，一元主义认为保安处分与刑罚没有区别，是同一的，保安处与刑罚都是刑事制裁措施。因此在立法上，主张保安处分在刑法典中进行规定。在刑罚与保安处分的执行中，要么以刑罚代替保安处分，要么以保安处分代替刑罚。二元主义认为，保安处与刑罚不是一回事，即保安处分是一种非刑事制裁措施。表现在立法上，二种不同性质的措施不能规定在同一法典中，在适用中也不能以其中的一种代替另一种。折中主义认为保安处分既是刑事制裁措施，又是行政制裁措施。

本书认为，保安处分是一种刑事制裁措施。首先，保安处分区别于刑罚但更接近刑罚。保安处分是在刑事古典学派对犯罪预防无能为力的情况下，由刑事实证学派提出的一种注重个别预防的预防犯罪措施，它是以预防犯罪为目的的，直接与刑事法相联系；刑罚主要是惩罚已然犯罪，同时考虑犯罪人的人身危险性。保安处分是以预防未然犯罪为其主要功能，主要适用于对刑罚反应迟钝或者没有刑罚感受能力之人或者有严重危险性的初犯；同刑罚一样，保安处分也表现为对适用对象一定权利的剥夺，这种权利通常是自由和财产。其次，保安处分区别于行政法意义上的制裁措施。保安处分与行政制裁措施的适用对象不同，前者主要适用于已经犯过罪的人，或者具有严重的人身危险性的初犯；后者则只能适用于轻微的不构成犯罪的危害行为的实施者，常表现为轻微的违法行为人。保安处分与行政制裁措施的适用目的不同，前者的适用目的在于预防犯罪、保卫社会；后者适用目的虽也有一般预防与特殊预防功能，但主要是想纠正轻微违法行为。保安处分与行政制裁措施的适用条件不同。保安处分由于涉及处理有关当事人的重大权利，所以在适用时要求的条件很严格，行为人必须具有特定的经过严格程序认定的人身危险性，并且这种处分的适用主体通常由法院或者司法行政机关依照一定的程序来进行；而行政制裁措施则没有这么严格的条件与程序，这一方面由于这种制裁措施涉及的权利不那么重大，另一方面行政机关的性质决定了行政制裁措施的适用程序也没有法院的复杂。

三、保安处分的种类

保安处分的种类，根据不同的标准，可以有不同的分类。比如，从适用对象上分，有对人的处分与对物的处分；从处分的强度上来分，有限制自由的处分与剥夺自由的处分；等等。纵观各国刑法，其中规定的保安处分的种类大致可分为三种：剥夺自由的处分，如监护、监管、矫正、收容等；不剥夺自由的处分,如禁止就业,限制住所,保护管束,禁止出入酒店,放逐,驱逐出境等;财产上的处分,如没收,善行保证等。关于保安处分的各具体适用方法及适用对象,各国刑法的规定不尽相同,在此只能根据主要的规定加以说明。

(一)对人的保安处分

对人的保安处分,又分为监禁性处分和非监禁性处分两种。其中监禁性处分主要有:

1. 保安监置。也称预防监禁、保安监禁,主要适用于已受长期刑罚的执行而未能矫正的习惯犯与常业犯,以及待刑执行完毕后仍有实施严重罪行的如杀人、放火、强盗等的虞犯者,一般为不定期,是一种隔离罪犯的保安措施。

2. 监护隔离。又称疗护处分,监护处分,是对无责任能力者或限制责任能力者所适用的旨在隔离排害和强制医疗措施。这种保安处分的对象,主要是两种人,一是无责任能力者,或精神障碍者,一是限制责任能力者,或精神耗弱者,前者,不发生刑罚执行问题,送专门医疗机构(精神病院或监护所)施行监护隔离或治疗即可,后者,如其犯罪可以减轻其刑,刑罚与保安处分并科,至于何者先执行,规定有先刑罚后保安处分,或者相反。对先天喑哑人是否适用监护隔离,各国刑法规定不一。监护隔离对无责任能力的精神病患者来说,主要着眼于保卫公共安全的需要,并不要求受处分者有现实的危害行为。

3. 收容矫正。又称禁戒,是对病癖性违法犯罪者所采取的一种禁戒、强制矫正的措施,主要适用于酗酒者、嗜毒者或有其他恶癖的人。这种保安处分的目的是双重的,一是为了戒除受处分者的病癖,一是使受处分者获得适应正常社会生活的能力,复归社会。如果矫正与刑罚并科,一般先执行矫正,后执行刑罚,或者矫正处分执行后,法院认为无再执行刑罚的必要,可免除刑罚的执行。

4. 强制劳作。又称强制工作,是对有劳动能力而厌忌劳动的职业乞丐、常习性流浪者、一贯营利性卖淫者所采用的一种强制措施,其目的是通过劳动使这些人养成劳动习惯,成为自食其力适应社会生活的人。劳作可与刑罚并科。劳作期限一般在三年以下,也有规定不定期刑的,由法官视情况裁量。由于劳作处分是现代刑事政策的重要体现,为各国普遍采用。

5. 少年保护。又称感化教育,是对犯罪或有犯罪危险的少年人所采取的感化教育措施。主要是通过教育、改善、医疗、救助、监视、保护等方法和环节对适用对象施加影响,排除其反社会性格,使其不去犯罪或不再去犯罪,以促使社会安宁。主要适用对象，是已犯少年和虞犯少年，感化教育的内容涉及身体锻炼，道德培养、性格陶冶，知识增长和职业训练，都不具惩罚性质。少年法院、少年法庭、少年裁判所和家庭裁判所有权适用这种处分，当今各国刑法大都有少年保护处分的规定，执行少年保护的机构有少年院、救护院、保护观察所。

非监禁性处分有：

1. 保护观察。又称保护管束，是对危害较小的犯罪人所采取的一种监督与保护的措施，对少年犯可以代替刑罚的适用，对缓刑、假释犯人是作为附随处分适用的。保护观察的特点是社会性强，以社会力量对保护观察对象实行监督与保护。一般由法院或检察官宣告，保护官署指挥、执行观察任务，也可由寺院、教会、慈善机构、社会团体承担观护责任；另一特点是采取的方法比较缓和，对受处分者不予拘禁，依靠社会力量对受处分者进行教育和训练，改善其生活环境，调整家庭关系，排除自新障碍，促使其健康地重返正常的社会生活。在保护观察期间，如其无悔改表现，可延长期间，或改处其他更合适的保安处分。

2. 更生保护。又称司法保护，是对受过司法处理的犯罪人，为促其自力更生，适应社会生活所适用的司法保护措施。更生保护的对象原限于刑罚执行完毕的出狱者和假释出狱者，后扩大到对未进监狱但仍需保护者，如缓刑、免刑、不起诉等司法处理者以及少年院退院的人，对于更生保护的对象，国家和社会有关机构有责任为其提供适当的医疗、住宿、职业和教养，以保证他们能适应正常的社会生活，实施更生保护。各国都重视组建更生保护组织，一般有三种形式：私人团体和民间组织组成，负责办理全部更生保护事务；国家委托由私人和民间团体办理具体更生保护事务；以政府机构为中心的官方组织负责实施更生保护措施。

3. 限制居住。又称限制居住自由，是限制犯罪人在一定期限内不得擅自离开被指定的居所或进入被禁住的居所。主要适用于政治性犯罪和具有一定地域性的犯罪。这种处分一般限制在一年以上，如有违反，期间中断，另行开始，并得附加适用"善行保证"。设置此项处分的目的是防止受处分者在特定区域内又犯类似的罪。

4. 禁止从业。当某种职业或营业成为犯罪的直接或间接条件时，对其从业者禁止从事该项职业或营业活动的处分。

5. 驱逐出境。主要适用于犯罪达到一定的严重性或者犯危害国家安全犯罪的人。

6. 禁止出入一定的场所。比如禁止出入酒店，娱乐场所、公共场所等。

第四节　罪犯矫正

在执行刑罚的过程中对罪犯进行适当的矫正，可以降低再犯率，是发挥刑罚特殊预防功能的途径。罪犯矫正，是指在自由刑执行时，对犯人配以有针对性的思想教育，帮助消除其犯罪习性和犯罪心理。主要包括犯罪习性矫正和犯罪心理矫正。

一、犯罪习性矫正

（一）概念

犯罪习性矫正，是指对形成的习惯性犯罪的个体进行改造，降低再犯率。这类对实施某种犯罪已经形成习惯的犯罪个体，在实施犯罪时，大多是非理性的，不由自主的，如惯偷。

（二）矫正措施

1. 矫正条件。进行犯罪习性矫正需要在一定的场所、一定的时间，并且在罪犯处于一定心理状态时，才能进行。由于犯罪习性不是短时间养成的，因此，要进行矫正，也不是一朝一夕能够改善的，而且，矫正要在犯罪主体认识到自身行为的习惯性和危害性，能配合矫正，才能收到实质效果。

2. 矫正方式。犯罪习性矫正的方式主要有两种，一是严格狱政管理，二是加强劳动改造。进行严格的监事和控制才能为矫正提供良好环境，而劳动生产可以为犯罪主体重新建立积极的人生观和价值观。

二、犯罪心理矫正

（一）概念

犯罪心理矫正，是指通过有针对性的思想教育使犯罪主体消除犯罪意识，培养遵纪守法意识。

（二）矫正措施

1. 矫正内容。犯罪心理矫正的基本内容包括三个方面：首先，是生活态度方面。反社会的生活态度使许多罪犯无法融入社会生活，易对他人，社会产生怨恨情绪，从此，走上犯罪道路。其次，是健全的意识结构。健全的意识结构能帮助罪犯形成理性思维，抵制住外界的压力和诱惑。最后，是消除思想障碍。犯罪主体实施犯罪往往是因为无法正确面对生活中的问题，进行犯罪心理矫正可以帮助其正确认识，消除障碍。

2. 矫正方式。对犯罪人进行心理矫正可以利用社会力量、家庭力量协助矫正。并帮助犯罪主体学习科学文化知识，以及某些工作技能。强化狱政管理，为他们的矫正创造良好的矫正环境。

第五节　罪犯矫正的原理

原理，通常是指某一领域、部门或科学中具有普遍意义的基本规律。从这个意义上理解罪犯的矫正原理，它是指对罪犯矫正具有普遍指导意义的基本理论。罪犯矫正原理应当包含认识论原理和方法论原理。认识论原理是指解决罪犯能否矫正、罪犯矫正的内容、罪犯矫正内在联系等；方法论是解决罪犯矫正的实际操作方法，主要指的是操作技术。

一、罪犯矫正的认识论原理

（一）罪犯矫正是全社会的共同责任

罪犯矫正之所以要由全社会来共同承担，主要是因为：第一，罪犯犯罪的原因是多方面的。罪犯矫正，不能仅仅看作是监狱行刑这一环节和过程就能完成。因为在犯罪原因诸要素中，不仅要消除罪犯个体的主观原因。还需要消除诱发犯罪的客观原因。第二，监狱矫正功能有其局限性。少数罪犯由于其本身的主观恶习太深，矫正难度很大，加之矫正所需的时限与罪犯刑期发生冲突，没有达到预期的矫正效果，这就需要全社会来关注这类群体，做好矫正的接茬帮教工作。第三，罪犯矫正需要全社会提供科学技术支持。罪犯矫正，尤其是矫正技术的运用，离不开人类科学技术发展成果的支持。罪犯矫正技术本身，就有一个不断发展和不断革新的过程，而促使它的发展、创新，其最根本动力来源于社会科学技术的发展。因此，罪犯矫正技术的发展和进步，不仅是监狱要利用社会科学技术发展的成果，而且更需要社会主动来关注和研究。第四，罪犯矫正涉及社会上的人员，需要社会相关部门的参与和支持。第五，罪犯再社会化的需要。罪犯刑满重返社会后，还面临着新的人生挑战，需要全社会给予宽容、关注和帮助，真正地去解决他们在再社会化过程中遇到的实际困难，以巩固矫正效果。

（二）罪犯在矫正中的主体作用

罪犯有接受矫正的可能性，主要来自于罪犯存在接受矫正的内在需要和动机。如，对自己犯罪行为的悔恨；对自己所处生活环境的焦虑与不安；对未来美好生活的憧憬和向往；对亲人的思念和牵挂；对被害人的忏悔和对社会的责任，以及希望早日得到减刑或假释；等等。并且罪犯接受矫正的需要具有一定的层次性，即从低层次向高层次方向发展。罪犯在矫正过程中，不断地为了满足自己的需要，改善自己的生存状态和行为模式，为了进一步对自己的矫正树立起信心，从而产生追求更高层次的需要。这种需要的不断递进和发展，促使罪犯更加自觉地接受矫正，主动参与矫正的实践活动。罪犯矫正的动机，是直接推动罪犯接受矫正，并达到矫正目的的内在动力源泉。罪犯矫正动机是一种内在推动力，即罪犯具有接受矫正的主观能动性。

罪犯矫正还必须具备一定的条件，罪犯矫正需具备的外部条件主要有：矫正工作者、矫正技术、矫正的物质与装备、矫正所处的环境影响等。

矫正工作者是实施罪犯矫正措施的工作人员，他是以监狱工作人员为主，吸收社会志愿者参加而构成的。矫正工作者素质的高低，直接影响到罪犯矫正的效果。矫正工作者的素质包括很多方面的内容，如政治素质、法律素质、业务素质等。

矫正技术是罪犯矫正所需要的各种方法的知识体系。矫正技术是解决罪犯所需矫正问题的方法。当前，罪犯矫正技术种类有多种，且每种矫正技术都有独自的方法和知识体系。矫正技术必须根据罪犯自身所存在的问题来选择，需满足罪犯的内在需要和动机，这样才能为罪犯所接受。如果罪犯不予配合，不愿接受该项矫正技术，即使矫正技术再好、再先进，也不能发挥矫正作用。

矫正的物质和装备设施，是罪犯矫正的物质条件，包括监狱的建筑物和构造物，各种技术装备和设施等。监狱建筑物必须具备监狱的特殊要求，体现监狱的性质和刑罚执行的威严，但这种建筑物的造型与矫正技术所需要的建筑物的造型与功能可能会发生冲突。如心理矫正技术的实施，需要相当于医院的建筑物而不能给人以高墙、电网、森严壁垒的感觉。

矫正环境有狭义和广义之分。狭义的矫正环境是监狱内的矫正环境，包括矫正工作者的人格魅力、罪犯间的人际关系、矫正秩序、监狱内部文化建设、生活卫生状况等。广义的矫正环境除监狱内的矫正环境以外，还包括本国社会与经济发展状况、社会治安状况与国家的刑事政策、劳动收入与就业政策、亲属生活状况等。这些环境因素对罪犯矫正也会产生很大的影响，它既可能加速罪犯矫正的进程，也可能延缓矫正的步伐，降低矫正的效果。

罪犯矫正的外部条件是罪犯可以矫正的外因，必须通过罪犯的内因起作用。而罪犯矫正只有通过外部条件和罪犯矫正内在的需要和动机相结合，才能将罪犯矫正的可能性转化为现实，促进罪犯矫正。

（三）罪犯矫正是渐进式的发展过程

罪犯矫正，从其内容来看，是改变罪犯原有的行为恶习和心理缺陷，促进罪犯素质的提高和发展，其实质是以新的行为、心理、素质来代替罪犯原有的行为、心理、素质方面的内容。而矫正的目标和要求就是新内容替代旧的内容获得成功，即新的内容完全战胜旧的内容。这需要一个相当长的发展过程。在这一过程中，既有量的积累，又有质的飞跃，存在着排斥与斗争，会出现曲折、反复。新的内容通过逐步积累，最终战胜旧的内容，使罪犯改恶从善，重新做人。这是一个渐进发展变化过程，呈现出螺旋式的发展变化，并且可能出现反复。

罪犯矫正发展过程的原理具有非常重要的现实意义：一是罪犯矫正的发展趋势是矫正取得实效，但需要一个相当长的时期，矫正工作者要耐心细致地做好矫正不同发展阶段的各项矫正工作。二是要正确对待罪犯矫正中的反复。要分析罪犯出现反复的原因，适时调整矫正内容和方法；要允许出现反复，不能气馁；要在困难中认清罪犯矫正的发展趋势，树立信心；要通过解决反复来巩固、提高矫正成效。三是要依法加强管理，对拒不接受矫正的罪犯进行适时惩戒，努力创设有利于罪犯矫正的秩序和氛围。

（四）罪犯矫正必须实现矫正个别化

在罪犯个体的犯罪行为中，其行为的表现形式是千差万别的，引起犯罪的原因也是因人而异的。因此，对犯罪人实行刑罚个别化，已是世界各国刑罚制度的一项重要原则。罪犯矫正是将刑罚个别化的要求具体化。应针对罪犯个体的差异性，实现矫正个别化。

矫正罪犯就像治病一样，要实行一人一个处方，反映罪犯个体的差异性，这样才能取得良好的矫正效果。

三、罪犯矫正技术实施过程的一般原理

罪犯矫正的原理应当是罪犯能否矫正的依据，即罪犯矫正的哲学、行为学、生物学、心理学等理论依据。而这一原理仅为我们开展罪犯矫正提供了认识论，但并未告诉我们如何解决罪犯矫正技术实施的问题。在解决了罪犯能否矫正这一重要基本理论之后，我们还需研究和解决在罪犯矫正技术实施过程中所遇到的诸如矫正的内容、矫正的目标、矫正的物质基础以及矫正工作者和矫正对象的关系等问题，可称之为罪犯矫正技术实施过程的一般原理，它对指导罪犯矫正实践具有重要的现实意义。

（一）矫正者与被矫正者之间互动的原理

罪犯矫正是一种社会实践活动，它是矫正工作者根据行刑的目的和矫正的需要，对被矫正者的心理和行为施加影响，以调节、控制和改变罪犯的心理与行为发展方向，从而实现矫正目标的活动过程。在这一活动中，矫正的主体是矫正工作者，即监狱工作人员，发挥着主导作用；矫正的对象是被矫正者，即罪犯，是罪犯的心理和行为。由于罪犯是具有生命力的人，对矫正工作者的矫正起着能动作用，实际构成了矫正活动的另一主体罪犯矫正需要矫正者与被矫正者之间相互作用。在矫正过程中，主体与客体的关系，不仅表现为主体对客体的作用，也表现为客体对主体的能动作用。矫正者的任何活动都要受被矫正者自身的属性如文化水平、心理性格特征等的限制。被矫正者以自身的属性积极影响着矫正者的活动的性质和方式。矫正者必须根据被矫正者的自身属性来安排适宜的矫正内容和措施。同时，被矫正者是具有自己的主观意志和意识的人，被矫正者以自己的思想和认知程度作用于矫正者，矫正者的目的活动受到被矫正者的目的活动的制约。如被矫正者对矫正内容和措施所反映的认同态度和各种思想情绪，要求矫正者必须选择那些与被矫正者认同程度较高的矫正项目来实施。从这一意义上讲，矫正过程中并不存在绝对的主体。二者是互动的关系，在矫正工作者的主导下发挥作用。

（二）矫正内容以矫正手段为载体，通过矫正项目和技术的实施发挥综合作用的原理

　　矫正罪犯的内容是提高罪犯的自身素质，即通过矫正，罪犯原有的心理缺陷和不良行为习惯得到改善，自身素质有了提高和发展。矫正的内容需要通过一定的途径来实现，即要有相应的措施、方法和方式。离开了矫正的措施、方法和方式，矫正的内容就会成为空中楼阁，无法成为现实。

　　矫正手段，是为了将矫正内容变成现实而采取的方法和措施。一般意义上讲，矫正手段是某一类矫正方法和措施的集合，即将一些相近的矫正方法和措施或者同属于某类性质的矫正方法和措施，统称为矫正手段。如我国传统的改造罪犯手段有管理、教育、劳动三大基本手段。其中，管理手段包括罪犯的行为管理、处境管理、刑务管理等。西方国家对罪犯采取的矫正计划，每个矫正计划就是一项矫正手段。如心理学计划包括心理诊断、心理咨询、心理治疗等矫正方法和措施。每个矫正手段都有自己的矫正内容和独特的矫正功效，若干个矫正手段的矫正内容的综合，就构成了矫正罪犯的全部内容。如我国现阶段对罪犯改造手段包括管理、教育、劳动和心理矫正，它们的内容综合，就构成我国改造罪犯的基本内容；西方国家，对罪犯的矫正计划有教育、医疗、心理学、劳动、宗教服务和娱乐活动等，每个矫正计划的内容综合，也就构成矫正罪犯的全部内容。因此，矫正手段就成为矫正内容的载体，是实现矫正内容的途径。

　　由于每种矫正手段以及它所包含的矫正项目与技术，只能反映出部分的矫正内容，也只能发挥出部分的矫正功效，缺乏系统性。而罪犯犯罪的原因是多方面的，对罪犯的心理和行为改善是综合的、全面的改善。而且现代社会对人的素质要求是综合的，而促使罪犯的素质提高也是多方面的，是整体和系统的发展。因此矫正罪犯的内容必须具有系统性和完整性。矫正内容的系统性决定了矫正手段也必须是多样的、系统的。西方国家对罪犯的矫正强调系统性，我国改造罪犯的实践也证明了罪犯改造手段必须是多样性和系统性的。不仅是在改造手段上具有系统性，而且在每个矫正手段下，矫正项目和技术也具有系统性。只有改造手段、项目和技术具有系统性，才能保证矫正内容的完整性，也才能使矫正手段、项目和技术的矫正功效得到全面发挥，才能产生矫正罪犯的效果。

　　（三）矫正需要有科学的制度、完备的物质设施与之相匹配的原理

　　从中外矫正罪犯的实践来看，矫正罪犯需要有科学的制度和完备的物质设施与之相匹配。科学的制度对矫正活动起着规范和指导的作用；完备的物质设

施是开展矫正活动的物质保障。

罪犯矫正制度是指一个国家在一个时期内对罪犯矫正所包含的措施和行为的规范总和。它包括了罪犯矫正的基本运行程序和模式、罪犯矫正各种措施和方法以及监狱内部人员的行为规范等。如果制度设计不科学或内容不全面，有缺失，就会使矫正罪犯实践活动失去依据，容易导致矫正秩序的混乱，严重影响矫正的效果。所以，罪犯矫正需要有科学的矫正制度来对矫正实践活动进行规范、约束和指导。

罪犯矫正必须具备相应的物质条件。从矫正措施来看，每一项矫正措施都需要与之相配套的物质设施。如教育需要有教室、教学设备、教材等；劳动需要有厂房、设备、材料等；娱乐活动需要有活动场地、运动器材等。总之，无论何种矫正措施，都离不开必要的物质设施和装备。现代矫正制度的发展，不仅需要有实施矫正手段、项目、技术的场所，而且还需要有各种物质设施，且设施的品种、功能都要齐全，能够满足矫正的要求，同时要尽可能地改善物质设施的现代化程度，以满足矫正中先进技术应用的需要。

（四）矫正重在过程，目标与效果可控性的原理

在罪犯矫正过程中，通过管理，监狱工作人员能够及时了解和掌握矫正目标与效果的状态，不断改进矫正措施、方法，对罪犯行为加以调节和控制，努力提高矫正效果，实现预期的矫正目标。

矫正目标的设计要充分考虑到相关因素，如行刑的目的和指导思想、罪犯的心理特征与行为状况、监狱矫正罪犯的条件与水平等。矫正目标的设计要符合实际，具有可行性。矫正包括总目标、矫正阶段目标、单个矫正计划的目标。矫正目标应有具体的质量标准，并形成量化指标体系，便于检测和评估。

矫正效果是通过矫正所取得的成果。从矫正内容上看，就是罪犯通过矫正后所反映出来的其心理和行为改善的状况，或者说是罪犯素质提高与改善的程度。矫正效果的大小。反映了矫正的难易程度，也反映了矫正的工作绩效。矫正效果与矫正目标之间是有联系的。当矫正效果完全反映在矫正的质量时，与矫正目标的质量标准是一致的。矫正效果也可以分为阶段性的矫正效果和单项矫正措施的效果。但效果更侧重于实际结果，当效果出现零值或负值时，与矫正目标就存在很大差距。

第六节　监狱罪犯矫正的方法

生活在监狱内的罪犯，不但对衣、食、住、行、娱乐健康有着本能性的需要，而且对奖励、减刑、假释和离监探亲等有较强的功利性需要。监狱在国家监狱政策和相应法律允可的范围内，可以按照"趋利避害"的原则把罪犯的满足需要与矫正激励有机地结合起来，采取激发、鼓励等矫正激励方式，充分发挥罪犯由之振奋的功效，通过矫正激励机制，引导罪犯的思想和行为观念向有利于监狱稳定和社会的发展方向转化，把罪犯改造成为思想素质比较好、道德品质相对高、生存能力比较强的社会守法公民。

一、当前监狱矫正激励罪犯的现状。

我国监狱经过六十多年的建设和发展，形成了一整套的矫正激励机制，当前监狱的矫正激励机制主要由行政矫正激励和刑事矫正激励构成，其中行政矫正激励主要通过表扬、记功、改造积极分子、物质奖励和离监探亲等形式来实现；刑事矫正激励通过减刑和假释等形式来实现，这些矫正激励机制对罪犯的改造起到了一定的作用，但在实施过程中还存在一定的问题。例如，罪犯分级待遇矫正激励不够完美，我国刑法和监狱法对罪犯的奖励不够科学，罪犯的百分考核奖励制度不够完善。罪犯公平权在操作中仍然有不公平的现象，公平权的矫正激励失去作用。总之，监狱的矫正激励机制还不够完善，存在矫正激励内容单调、矫正激励手段简单、矫正激励措施不公平、矫正激励实施不规范、矫正激励强度比较弱和矫正激励动力不足，矫正激励效果不明显。

二、完善罪犯矫正激励教育的有效方法和可利途径。

监狱建立矫正激励机制一定要遵循实事求是的原则，把能否提高罪犯教育改造质量和矫正质量作为矫正激励机制建设的核心，按照"法制化、科学化、社会化"监狱"三化"建设来构建监狱对罪犯矫正激励机制。矫正激励既是惩罚矫正的一种补充，也是惩罚矫正的进一步完善，因此，我们在考虑建设罪犯矫正激励机制时，要充分利用罪犯矫正激励机制的功效性，把精神矫正激励和物质矫正激励有机地结合起来，同时要考虑罪犯劳动改造所产生的经济利益在一定程度上会影响到罪犯的功利性利益，因此，在罪犯的现代管理教育中通过完善百分考核奖励体系、改进分级待遇、扩大罪犯再社会化教育、强化社区矫正激励作用和采取相应的劳动报酬来满足罪犯功利性需要等方式来促进罪犯矫正激励机制的建设。

（一）进一步完善罪犯百分考核奖分体系，促进不同层次罪犯的共同改造。

1. 罪犯百分考核要根据服刑人员的犯罪类型，分为重刑罪犯考核档次和轻刑罪犯考核档次，如有期徒刑在十年以上、无期徒刑和死刑缓期二年执行罪犯按重刑罪犯百分考核方案进行考核；有期徒刑在十年以下的罪犯按轻刑罪犯考核档次进行考核。重刑罪犯可以说是罪大恶极、对社会的负面影响比较大，他们的思想比较顽固，不良行为和社会恶习比较严重，针对这部分罪犯，监狱只有从严考核，也就是说处罚的力度要大于奖励的力度，奖励分的矫正激励作用才能得到应有的发挥。轻刑罪犯的罪行相对较小，社会负面影响不大，不良行为和社会恶习没有重刑罪犯严重，在宽松的奖励分的奖励制度下就能得到有效的矫正，对于轻刑罪犯的考核，奖励的力度要大于处罚的力度。

2. 百分考核要根据罪犯具备劳动能力和丧失劳动能力二个档次来进行考核。有劳动能力的罪犯百分考核，监狱要按考核分所占比重，具体落实到基本规范、劳动规范、生活卫生规范、学习规范和文明礼貌规范等五个规范进行考核分的奖励，在实际操作中，监狱一定要把监规纪律也就是基本规范考核作为罪犯考核的前提，监规纪律（包括思想改造）不过关，可以否定所有内容或部分内容的考核，只有在保障监规纪律的前提下，劳动改造的考核奖励在矫正激励中才能起到主导作用。对于丧失劳动能力的罪犯，他们的百分考核内容可以由基本规范、生活卫生规范、学习规范和文明礼貌规范等四个规范进行考核，监规纪律同样作为考核的前提，这部分罪犯的监规纪律的考核奖励，是矫正激励的重要方式，只要罪犯的改造达到了刑法和监狱法所规定的"确有悔改表现"的情形，应该享受同一层次考核分的奖励，这样，罪犯百分考核的矫正激励作用才能得到有效的发挥。

（二）设置开放式的分级待遇级别，完善分级待遇制度，充分发挥分级待遇矫正激励作用。

国家司法部监狱管理局颁布的《对罪犯实施分押、分管、分教的试行意见》，把罪犯分为特别从宽管理（定为一等罪犯）、从宽管理（定为二等罪犯）、一般管理（定为三等罪犯）、从严管理（定为四等罪犯）和特别从严管理（定为五等罪犯）等五个等级，规定了不同级别的罪犯享受不同的管理待遇，在矫正激励中起到了一定的作用，但在实施过程中，对罪犯的矫正激励作用不够明显，有些分级待遇没有拉开奖励档次，在一定程度上影响到罪犯的改造积极性。

1. 罪犯待遇差别不够明显。如一、二等罪犯的待遇基本上相似，特别是一些直接影响到罪犯改造的功利性待遇，只是字面的不同，内容都是一样的。一、二等的罪犯在奖励、减刑、假释、离监探亲、接见同餐、配偶同居和劳动安排等方面没有明显的条件差别，只要达到一、二等级别都能享受同等的待遇，一、二等罪犯要有所区别。他们只有在接见次数、接见时间上稍有差别，监狱组织的外出参观或回乡汇报活动上有不同的限制，而这些待遇对于大多数罪犯来说，可以说是可有可无的，这样，对二等罪犯的矫正激励没有起到多大作用，反而，对一等罪犯的矫正激励还存在一定的打击性。三、四等级罪犯的待遇，存在同样的问题，他们都没有假释资格，而奖励、减刑等待遇条件又一样，如三等罪犯"符合条件的，依法呈报减刑"，四等罪犯"符合法定条件，可报请减刑"，字面上有所差别，仔细推敲还是一回事，都是"符合条件，依法减刑"，三、四等罪犯在减刑条件方面没有多大的差别，他们都没有资格享受共餐和同居，这一点对一、二等罪犯是一种矫正激励。对四等罪犯有"严格限制活动范围"这一条，监狱本身活动范围就小，没有自由活动时间和活动空间，限制与不限制本身都是一样，没有明显的差别，三、四等罪犯的待遇条件没有明显的区别，因此，分级待遇矫正激励作用对三、四等罪犯也没有起到好的作用。

2. 分级待遇的有些差距拉开太大。投入改造时间不长的罪犯，有些表现突出，由于入监时间短，减刑次数少，如果是无期徒刑和死刑缓期二年执行罪犯，没有十年以上的时间是达不到一、二等等级的，大多数被列为三等罪犯，这部分罪犯假释、离监探亲、接见同餐、配偶同居和劳动特殊安排等待遇是享受不到的，新入监罪犯的等级都定为四等从严管理级别，这部分除了享受每月接见一次外，没有什么矫正激励的具体措施，而且规定每次接见时间不超过三十分钟，通信会见只限制直系亲属，25 岁以下罪犯其中独生子女罪犯占新犯的81.5%，刚刚入监的罪犯在情感上很大程度的依赖家庭和社会，社会帮教范围和帮教的作用并不逊色于直系亲属的帮教作用，面对面式的帮教它至少要通过情感的唤起、情感的沟通、情感的转变和情感的巩固四个阶段才能起到教育和感化的作用，如果较短接见时间就是顶尖级教育专家也束手无策，对于从严管理级别罪犯，我们可以通过加大监控力度来进行强管理和教育，接见的时间，我们既要考虑时间的安全性也要考虑时间的有效性，同时要根据罪犯的年龄和心理特征，做到男性罪犯与女性罪犯、少年罪犯与成年罪犯的分级待遇有不同的规定，一些人性化待遇可以适当考虑，同样能促进分级待遇的矫正激励作用。三分等级的建立和实施，做到等级的升降条件可以适当放宽，不同级别的待遇要从严控制，不同级别的待遇不能有相同或相似的内容，只有这样，分级待遇矫正激励作用才能得到很好的发挥。

（三）加大物质奖励力度，通过劳动报酬来激励罪犯劳动矫正功能。

劳动改造是改造罪犯的重要手段，实践证明，劳动改造对罪犯好逸恶劳、不爱劳动等恶习起到了积极的矫正作用，监狱为了加强罪犯劳动观念的教育，采取了多种矫正激励的方式，通过对罪犯的奖励来促进劳动态度的改造，并把劳动改造的成绩作为罪犯减刑、假释的重要量化指标，对超额完成生产任务的罪犯，监狱还给予一定的物质奖励，这些激励措施对罪犯在劳动改造中的矫正激励起到了一定的作用。重刑犯监狱，罪犯的服刑时间，少者六、七年，多者十几年，他们为监狱的经济发展和物质财富的创造做出了一定的贡献，监狱应当根据罪犯服刑时间长短和历年的劳动积累来调整罪犯的奖励和考核方式，重刑犯监狱，在余刑三年以下的，应该考虑采取劳动报酬全额奖励罪犯，罪犯的劳动报酬是在完成劳动任务的前提下，对超额完成生产任务的部分以全额的方式奖励给罪犯，监狱为罪犯单独设立账户并由监狱统一管理，作为罪犯回归社会的第二次创业资金。满足罪犯的物质欲只能提高罪犯在服刑期间的劳动积极性，对罪犯劳动观念的端正起不到长期的巩固作用，一时的物质欲满足更不能解决罪犯释放后就业后的资金困难，如果采取支付全额劳动报酬等方式对罪犯进行矫正激励，不但能加强罪犯在服刑期间的劳动教育，而且能正确树立罪犯终身不变的劳动观念，同时，罪犯有了再就业的创业资金，加大了就业机会，减轻了社会的压力和家庭负担，对社会的稳定和降低重新犯罪率起到不可估量的作用。

（四）加强罪犯再社会化建设，以罪犯再社会化管理来促进罪犯的矫正激励。

罪犯再社会化，就是指罪犯在即将刑满释放前以社会人的身份参与部分社会活动和履行部分社会责任，让罪犯接触社会、了解社会，做好释放前的各种准备，是罪犯适应性教育。当前，监狱因条件的限制，罪犯的出监教育还是一个薄弱环节，罪犯释放后的社会生活和工作能力可能因为年龄和实践经验的不足，比入监前还要有所降低，如果这样，他们的释放又可能成为社会的另一包袱。全国部分省区监狱体制改革已经完成，监狱企业应尽可能为罪犯劳动改造提供与社会发展相适应的劳动场所和劳动岗位，为罪犯再社会化创造有利条件，监狱对确有悔改表现、余刑在三年以下的罪犯，监狱可以设立半开放式监区，罪犯在一定的范围内去接触社会、了解社会和适应社会，罪犯在不脱离监狱的监管教育下，可以让他们在半开放式的劳动场所与社会工人共同劳动，享受社会工人相当的劳动报酬，担当起部分社会责任，这样，对罪犯的劳动态度和劳动观念起到积极的矫正作用，罪犯在劳动改造中既提前进行回归社会适应性锻炼，又为罪犯第二次就业积累创业资金，让罪犯有适应社会的能力和回归社会的思想准备。

（五）适当放宽假释和监外执行条件，充分发挥社区的矫正激励作用。

我国刑法对罪犯假释做出了特殊规定，如累犯以及杀人、爆炸、抢劫、强奸、绑架等暴力性犯罪被判处十年以上有期徒刑、无期徒刑的犯罪分子，不适用假释。杀人犯在是否适用假释上，不能一概而论，如女性犯罪，大多数是在家庭暴力的情况下产生的，她们虽然属于暴力性犯罪，但她们本身也是受害者，少数男性犯罪也有类似的情况，现在社会上发生的家庭暴力，虽然有相应的政府机构和民间组织进行调解和处理，但由于受到传统势力的影响，不能从根本上解决问题，女性在社会中担任多种社会角色，特别是母亲的角色尤其显得重要，但在现实生活中，她们以是家庭生活的弱者，又是家庭暴力最大的受害者，当前社会，承担小孩教育的责任，基本上由母亲来完成，如果对她们不适用假释，势必会加剧家庭暴力的发生，由于家庭缺少母亲对子女的教育，子女的成长受到一定的影响，现在社会对家庭中母亲犯罪或家庭父母双方犯罪的子女的教育没有专门的教育机构，造成多数家庭未成年子女流落到社会，成为危害社会的又一隐患。因此，监狱应当根据女性犯罪的性质和余刑情况，在假释和监外执行时可以酌情考虑，把是否有利于社会稳定和家庭的健康成长作为重点考虑，如果她们的假释和监外执行，所带来的社会效益远远大于在监狱服刑改造所产生的经济利益，监狱应充分利用社区的力量，对她们进行监督和矫正，在社会力量的帮助下保证她们既能服完余刑，又能担当起教育小孩的社会责任，因此，对于刑期比较短、罪恶影响不太大的罪犯，应当充分利用社区矫正激励机制，给她们创造一个更好地改造环境。

总之，监狱对罪犯实施多种形式的矫正激励，既能促进罪犯的教育改造和劳动改造，又能为维护社会的稳定和监狱的稳定起到积极的作用，因此，监狱要不断地创造条件，建立起科学的矫正激励机制，保障罪犯教育改造质量和矫正质量的提高，为促进和谐社会、和谐监狱做出积极的贡献。

第十七章

犯罪的刑事政策

第一节 刑事惩罚政策概述

犯罪的刑事惩罚政策包括犯罪的刑事立法政策、刑事司法政策和刑事执法政策。

一、刑事立法政策

犯罪的刑事立法政策通过国家的刑事立法活动来实现。刑事立法活动是指国家立法机关依照一定程序创制、修改和补充刑事法律规范的活动。体现在刑事立法活动中的刑罚政策，主要包括下列内容：（1）要确立科学的刑罚哲学；（2）要发展良好的刑事司法制度；（3）要建立合理的刑罚体系；（4）要对犯罪规定合理的刑罚，要关注非刑罚化和轻刑化。

二、刑事司法政策

刑事司法政策，就是指贯穿于侦查、起诉、审判和行刑过程的政策。

发展良好的刑事司法政策，应该关注下列内容：首先要确立合理的刑事诉讼理念。其次，要保证侦查的合法性。最后，要增强量刑的合理性。具体途径有（1）推进审判体制的改革；（2）提高法官素质；（3）缩小量刑差异。

三、刑事执行政策

要提高犯罪对策的有效性，就要坚持科学的刑事执法理念，即行刑理念。行刑理念就是指导刑罚执行活动的基本观念。在死刑的执行中，应当确立"依法办事、文明行刑、人道待人"的理念。

在监禁刑的执行活动中，应当切实贯彻"惩罚与改造相结合，以改造人为宗旨"的行刑理念。

在非监禁刑的执行中，要树立"惩罚与改造相结合、监控与帮助相结合"的行刑理念。

四、刑事惩罚政策在刑事司法中的地位和具体作用

刑事惩罚政策在刑事司法活动的地位、作用可以从以下几个方面来说明。

第一，刑事司法的基本价值取向是由刑事惩罚政策所决定的。

刑事司法是国家运用刑事法律打击犯罪、保护国家和公民利益的活动。所有的刑事法律法规的目的都是是有罪的人受到刑事处罚，此外，更为重要的是保护人权，使无罪的人不受到法律追究。打击犯罪和保障人权二者并不矛盾，反而是协调统一的。但是由于社会形势的不同，刑事司法可能会偏重其中一个方面，而忽视了另一面的重要性。

第二，司法实践活动以刑事惩罚政策为指导。

具体的实践当中，刑法、刑事诉讼法等作为法律依据，但刑事惩罚政策却是起指导作用的。刑事惩罚政策会根据社会形势对法律的适用进行调节，可使法律法规到达更好的法律效果。基于各方面条件的差异，不同社会发展阶段的刑事惩罚政策可能会对同一法律条文的含义做出不同的理解和解释，从而影响到法律的适用。而且，在社会政治、经济、文化等形势发生变化的情况下，刑事惩罚政策对某一类或某几类犯罪评价的严厉程度也会相应发生变化，进而影响到司法对这些犯罪的社会危害程度的评价以及对它的处罚轻重。

刑事惩罚政策就是这样以某种原则、精神的方式指导着法律在司法中的理解、解释和适用，最大可能地实现着刑事司法抑制犯罪、保护人民的最终目的。

第三，刑事惩罚政策可以弥补法律漏洞。

法作为调整社会生活众多规范中的一种形式，它的作用是其他规范不能代替的，但作为规范它又不是唯一的，因为社会规范除了法律以外，还有道德、

习惯、政策、教规、纪律、乡村民约等；法律只是处理各种社会问题众多方法中的一种。法律本身也具有滞后性、不周严性和保守性的局限，因注重形式而与现实存在着一定差距的局限以及实施条件的局限性。这种情况下刑事惩罚政策就发挥着弥补法律的功能。比如，我国没有未成年人刑事案件诉讼程序的专门法律，只有很少的一些零散性规定。但是基于该类刑事案件的特殊性，实践中又需要采取与普通刑事案件不同的办案模式。对此，我国各级司法机关以"教育、感化、挽救"和"尽量减少司法干预，尽量避免关押"等办理未成年人案件的基本刑事惩罚政策为依据和指导，在刑事司法实践中逐渐摸索出适用于未成年人案件的特殊办案程序，弥补了法律上的不足。另外，法律规定是相对稳定的，而具体案件则是千姿百态，出现的实体问题、程序问题也是各种各样，对有些法律没有明确规定而又极具争议的问题应当如何处理，很多情况下都需要刑事惩罚政策来指导。

五、适用刑事惩罚政策应当注意的问题

刑事惩罚政策对刑事司法实践活动具有重要的影响，在刑事惩罚政策一直占据重要地位的我国就更是如此。但是在运用刑事惩罚政策打击犯罪、保护人民的过程中，必须尽量避免可能产生的负面影响。对此，我们认为应当注意以下几个方面的问题：

第一，协调好法律与刑事惩罚政策的关系。

刑事惩罚政策的作用和功能并不是法律所能替代的。在刑事司法中，它们之间既有区别，又有统一。二者的统一性主要表现在追求目的的一致，基本价值取向和基本原则的一致，以及基本内容的一致。如果只强调法律，舍弃刑事惩罚政策，那么刑事司法活动的进行就会受到影响，许多司法工作中出现的复杂问题包括司法标准、界限等方面的问题，就不能得到正确、合理的解决，法律也不会得到很好的适用。而且从各国的治国经验看，由于刑事惩罚政策能够根据社会形势变化及时做出变化，有利于国家对犯罪的控制和打击，因此世界各国的刑事司法活动中几乎都存在着"钟摆式"的刑事惩罚政策，不断调整打击犯罪的重点和力度。

虽然刑事惩罚政策对刑事司法活动起到价值导向作用、具体指导作用、具体化和弥补法律缺失的作用，但是刑事惩罚政策毕竟不是法律，它更重要的是对刑事司法起指导的作用，不能作为司法机关定罪处刑的直接依据。因此，在

贯彻刑事惩罚政策、充分发挥其价值功能时，必须在法律的范围和限度内进行，不能以实施刑事惩罚政策为借口而超越法律的规定。在刑事司法活动中，对法律有明确禁止性规定的案件，不能离开法律另立标准或者擅自更改法律，以所谓政策作为依据来办案。

第二，刑事惩罚政策必须符合法治的基本价值要求。

由于刑事惩罚政策往往影响刑事司法的基本价值取向，因此，刑事惩罚政策也必须符合法治的基本要求，不能为了达到严厉打击犯罪的目的，就以违反罪刑法定原则为代价；不能为了严厉制裁犯罪就以任意羁押公民为代价，而随意背离法治的基本价值标准。某些不符合法治基本要求的做法，应当及时予以调整和废除，否则不仅会给我们的观念带来负面影响，也会给实践工作造成一定的误导，不利于刑事司法目的的实现。

第三，减少制定和适用阶段性、临时性刑事惩罚政策。

同法律相比，刑事惩罚政策的一个特点就是灵活性强，能够根据形势发展的需要而适时调整。但是从维护法律的权威性出发，国家应当制定相对稳定的刑事惩罚政策，尽量减少阶段性、临时性刑事惩罚政策的出台，避免过于频繁地修改、调整刑事惩罚政策，否则，容易让人对法律的价值、作用及司法的权威和严肃性产生怀疑，这样的话，就会严重阻碍我国民众法治观念的确立，影响到我国法治化建设的进程。

第四，全面贯彻刑事惩罚政策。

法律和刑事惩罚政策二者不是互相割裂、单独存在的，刑事惩罚政策与法律的各种具体内容构成了一个相互关联、相互融合的有机统一体。在这个有机体中，各种刑事惩罚政策具有紧密的联系，任何具体的刑事惩罚政策都必然处在这一体系的不同层次中，每一个具体的政策都在这一整体中发挥着作用。因此，对刑事惩罚政策不能简单、片面、孤立地运用，而必须注重其整体效应，不能只着眼于一点，而忽略其他政策的贯彻，否则就可能出现不应有的失误。

另外，在刑事司法实践中，必须正确地贯彻刑事惩罚政策，不能片面理解，更不能曲解刑事惩罚政策的精神。

刑事惩罚政策在刑事司法中发挥着各种作用，但在运用刑事惩罚政策时，必须注意处理好多种关系，防止产生负面效应。

第二节 犯罪的社会预防政策

一、概述

德国著名犯罪学家李斯特曾经说过："最好的社会政策就是最好的刑事政策"。好的社会政策将有助于从根源上预防犯罪，社会政策的预防犯罪价值日益受到重视。在西方国家，社会政策在犯罪学家眼中备受青睐，因为较之刑事政策，它更为积极主动，也更符合人道精神。就我国当今犯罪现象变化状态而言，出现这种局面的真正原因是我们在社会政策的制定和执行方面出现了不同程度的失误。犯罪实际上是社会关系紧张到了不可调和程度的产物。如果能够调和社会关系，使其保持平和的状态，就会减少犯罪的发生，而社会政策恰恰可以发挥这种调和作用。

与刑事政策相比，社会政策预防犯罪在于治本，而刑事政策所侧重的刑罚方法控制犯罪在于治标，并且社会政策的目标不是仅仅局限于控制犯罪，而在于整个社会的改良和完善，在于调整、润滑社会关系，所以良好的社会政策会带来更为丰厚的社会收益，况且有些社会政策成本比刑罚成本要小得多。

但在我国预防犯罪的实践中，我们偏重于打击和控制，而忽视了预防和防范，尤其是忽视对犯罪产生的原因和条件的控制。打击有余，防范不足；重视刑事政策的打击作用，忽视社会政策的调整作用。今后我们应该更重视社会政策在预防犯罪、维护社会安定中的价值。

所谓社会预防政策，是指以控制和预防犯罪为主要目的，以国家的立法和行政干预为主要途径而制定和实施的一系列行为准则、法令和条例的总称。

二、社会预防政策的优势

（一）刑罚功能的有限性

法国社会学家迪尔凯姆所指出，犯罪并不是孤立的现象，而是由一定的社会形态与社会结构所决定的社会现象。因此，犯罪问题仅仅靠刑罚是难以解决的，只有消除导致犯罪产生与存在的社会条件，才是治本之道。社会原因总是引起一个社会犯罪现象消长的主要原因，正是在这个意义上，刑事社会政策对预防、减少犯罪具有根本性的意义。不仅李斯特的"最好的社会政策是最好的刑事政策"可以恰到好处地表明刑事社会政策的重要,菲利的下面一段话也能给我们以振聋发聩之感:"刑罚的效力很有限这一结论是事实强加给我们的。并且就像边沁所说的,刑罚只是社会用以自卫的次要手段,医治犯罪疾患的手段应当适应导致犯罪产生的实际因素。而且,由于导致犯罪产生的社会因素最容易消除和改善,因此我们同意普林斯的观点:对于社会疾病,我们要寻求社会的治疗方法。"

（二）贫富差距原因

从犯罪学的角度看,贫穷是产生犯罪和导致社会不稳定的一个重要因素。我国贫富差距逐年拉大,低收入群体中存在的"相对被剥夺感"和与此相联系的不安定情绪普遍滋长,这种社会心理在一定条件下的激化、扭曲已成为新形势下许多犯罪现象的"导火索",为了缓解这种矛盾,国家正采取政策对低收入群体和弱势群体进行扶持,加快建立健全社会保障制度。这是十分正确的,在刑事政策上也具有重要意义。如果人们的生活问题能得到解决,贫富差距缩小,人们的幸福感就会增强得多,社会矛盾自然地缓和,那么犯罪也会相应地减少,好的社会政策犯罪的减少有着举足轻重的作用。

三、社会政策在预防犯罪中的作用

在以上的论述中,我们已经可以看出社会政策在预防犯罪中是不可或缺的,它的功能决定着它的作用,因为犯罪是一种社会问题,是社会各种消极因素的综合反映,它在发生、发展及其演变消长的过程中,必然与社会政策发生者联系。因此如果社会政策功能得以实现,那么它预防犯罪的作用自然而然地得到了体现。

（一）社会调节与矛盾化解功能

制定社会政策的目的是为了保证与促进是平衡发展而社会又是在错综复杂的矛盾之中,是平衡发展不是统治阶级一厢情愿的事情,不同的阶级、阶层与不同的利益集团之间存在着矛盾与冲突。犯罪原因的研究表明,在许多情况下,犯罪行为大量的是社会矛盾与冲突的产物,或是是矛盾激化的表现形式。改革开放后,随着社会体制改革的深入,我国的社会政策不仅没有趋向全民性,趋向"同一",相反还加剧了"非同一性",依然是区别对待,城市居民在社会保障、社会福利、劳动就业、教育、税收等许多方面所享受到的社会政策远远优于农村居民。在税收方面,农村居民不分年龄,不分收入多少,不计劳动成本,都是纳税。"社会各阶层之间、各地区之间、城乡之间的差距急剧扩大，这与我国目前收入分配调节机制有较大关系，所有省市的个人所得税主要依靠的是中低收入工薪阶层，而先富阶层和企业家所缴个人所得税远低于其收入水平，没有承担其相应的社会责任"。社会政策就是国家权力和执政党对社会生活的实际干预，以防止这种矛盾与冲突发展成为不可收拾的严重社会威胁。因此，社会政策要协调各方面的社会关系，化解社会矛盾，实现社会整合作用。具体表现为，通过制定和执行分配政策、税收政策、就业政策、住房政策等，协调社会各方面的物质利益分配关系，避免分配不公和贫富差距过大；通过制定和执行民族政策，协调不同民族之间的利益关系；通过制定知识分子政策、城乡关系政策等等，如果社会政策是正确的并且能够切实执行，便会达到预期的效果，收到良好的效果，从而减少作为是矛盾与冲突的表现犯罪。

（二）社会管理与社会控制功能

社会政策的管理与控制功能，是指国家政权为后盾的社会政策，对社会生活的权威性干预、组织功能，以及对社会秩序的维护和对违法犯罪行为的抑制功能。这一社会功能是与社会政策本身所具有的国家意志分不开。社会政策是国家以及执政党用来组织和管理是的主要手段之一，它直接表现了国家意志，它的实施便意味着国家以及执政党权利的实现。因而他表现为明显的国家强制性，甚至可以以法律的形式来表达和落实。公正作为制度安排的一种基本价值取向与规则，它通过社会政策在社会领域中得以具体化。"现代意义上的公正是由几项基本规则所共同构成的一个有机体系：基本权利的保证亦即底线保证规则；机会平等的规则；按照贡献进行分配的规则；必要的一次分配后的再调剂亦即社会调剂规则"由于社会政策的覆盖面极广，社会成员或群体的行为都在其干预之下，接受其调整或指引。犯罪问题以及其他社会问题的多发与恶化，总是与社会政策的失误或滞后性有因果关系或连带关系。积极的、正确的社会政策，若能以国家力量保证社会关系得到正面的调节，就能够起到避免、抑制社会动局面的出现和违法犯罪行为的大量发生的作用。

（三）价值导向与价值整合功能

社会政策是基于国家或执政党对社会关系的认识做出的，因而体现了决策者的价值取向与价值判断。有反过来影响整个社会的价值判断与取向。由于社会政策可以凭借国家政治权力推行，由其表达出的决策者的价值取向总是代表了社会价值取向的主流与发展趋向，因而社会政策对社会价值准则的确立、取舍或整合，有着十分重要的导向与影响作用，甚至影响到社会的道德状况和治安状况。一个新的社会政策出台，如果正确的处理了公平与效率、发展与稳定、物质文明与精神文明的等的关系，就能够促进新的道德观念的形成，是全社会形成良好的风气，从根本上有助于预防犯罪的发生。

　　我们既要有公正合理的社会政策，更需要保证良好的社会政策被得以正确、及时地执行。德国刑事社会学派创始人李斯特在探究对犯罪预防时提出"最好的社会政策，也就是最好的刑事政策"，这一观点，我们不能仅仅停留在记忆层次上，还要深入理解，更需要的是付诸行动。

　　从以上的论述中，我们可以看出社会政策的重要性，完善社会政策也是当下极其重要的工作，为了从根本上减少犯罪，我们需要重视社会政策的预防犯罪价值，针对犯罪产生的社会原因，采取有针对性的策略措施，以达到社会的长治久安。社会政策是解决或对付社会问题的基本原则或方针，它在现代社会政治中日渐重要，因为现代社会问题越来越多，没有社会政策，社会问题将得不到适当或合理的解决，个人与团体的安全和福利也得不到合法的保障，社会和国家均受其害。因此在治理犯罪的实践中，我们应该重视社会政策的预防犯罪价值。